하룻밤에 읽는
조선시대사

일러두기
이 책에 나오는 연도와 날짜는 태양력을 쓰기 시작한 1896년 이전까지는 음력을,
그 이후에는 양력을 기준으로 합니다.

하룻밤에 읽는
조선시대사

이문영 지음

페이퍼로드
paperroad

책머리에

조선사는 우리와 상당히 가깝게 느껴진다. 조선사의 각종 사건들은 드라마, 영화를 통해서 몇 번이나 재현되었기 때문에, 우리 누구나 조선사에 대해 그런 대중매체를 통해 만들어진 하나의 상을 가지고 있게 마련이다.

그런데 그런 상은 실제와 얼마나 가까운 것일까? 조선이라는 나라는 1392년에 건국하여 1910년에 망할 때까지(물론 1910년에 망한 나라의 이름은 조선이 아니라 대한제국이기는 하다) 518년간 존재했던 나라다. 5백 년이라는 세월은 정말 어마어마하게 긴 세월이다.

오늘날의 젊은이들은 스마트폰이나 컴퓨터가 없는 세상을 상상하기 힘들 것이다. 하지만 아직도 현역으로 뛰는 그 이전 세대는 대학 시절까지 컴퓨터가 없었던 경우가 대부분이었고 어렸을 때는 동네에 텔레비전이 있는 집도 몇 없었던 시절을 거쳐왔다. 불과 한 세대 정도에서도 변화가 이렇게 극심한데, 과연 1400년대의 조선과 1800년대의 조선이 같은 체제를 가진 나라였다고 볼 수 있을까?

전근대 시대는 변화가 오늘날처럼 그렇게 크지 않았을 것 같다고 생각한다면 그것도 큰 오산이다. 조선 전기에는 화폐 경제가 미미했고, 조선 후기에는 화폐 경제가 발달했다. 조선이라는 나라가 태종-세종 대에 만들어진 시스템만 가지고 영조-정조 시대까지 계속되었다고 생각하면 안 된다. 그동안 지배 계급도 변화했고 국가의 조세 체제도 바뀌었다.

역사는 현재의 해석으로 보는 과거이다. 현재의 해석은 학문의 발전, 새로운 사료의 등장으로 인해 변화할 수 있다. 다양한 해석이 존재한다는 것이 역사학이 오락가락한다는 것을 의미하는 것은 아니고, 오히려 풍부하게 인간 정신을 고양시키는 역할을 한다는 점을 이해해야 한다. 이 책에서도 여러 해석들이 선보이게 될 것인데, 절대적인 진실로 제시하는 것은 아니며 현재의 시점에서 가장 합리적이라고 생각하는 모습으로 재구성하여 독자 여러분께 보여주고자 하는 것이다.

당장 조선 개국을 한 사람들에 대해서도 역사학계의 논쟁이 뜨겁다. 개혁 세력이 새롭게 등장했다는 것이 기존의 해석이었지만, 최근에는 고려로부터의 연속성이 훨씬 많이 부각되고 있다.

광해군의 평가 같은 경우도 대중들에게는 광해군이 실리 외교의 달인이었으나 서인들에 의해 부당하게 쫓겨난 군주로 이해되는 경우가 많지만 이에 대한 반론 역시 만만치가 않은 상황이다.

조선 5백 년 역사에는 중요한 사건들이 너무나 많고, 하나하나의 사건만 가지고도 책이 한 권 이상 나와야 되기 때문에 정말 커다란 이야기들을 위주로 툭툭 건너뛰면서 서술할 수밖에 없다.

이 책에 나오지 않는 이야기라 해서 중요하지 않은 것이 아니라, 그저 보는 관점이 다르고 책의 분량이 제한되어 있기에 빠졌다는 것을 말해두고 싶다. 시중에는 이런 점을 보충할, 좋은 학자들이 쓴 좋은 역사서들이 많이 있다. 이 책을 통해 조선시대의 큰 그림을, 그리고 새로운 시각을 볼 수 있다면 참으로 반가운 일일 것이다.

역사는 다 그려서 미술관에 걸린 작품 같은 것이 아니라 끊임없이 보수하며 새로워지는 살아 있는 생명체와 비슷하다. 이 책을 통해 이런 점에 대해서도 생각해 주길 간절히 바란다. 오랜 시간 원고를 기다려주고 초고를 꼼꼼히 검토해 준 출판사 페이퍼로드에 감사의 말을 전한다.

이문영

차례

제1장   나라를 만들다

제5장   왕조의 황혼

한국사

세계사

1380년

위화도 회군 ——— 1388년

1390년

조선 건국 ——— 1392년

한양 천도 ——— 1394년

제1차 왕자의 난 ——— 1398년
개경 환도 ——— 1399년 ● 1399년~1402년 ——— 명, 정난의 변으로 영락제 등극
태종 즉위 ——— 1400년

1400년

한양 천도 ——— 1404년

● 1405년 ——— 명나라 환관 정화, 원정 시작

● 1410년 ——— 명 영락제, 타타르 원정

1410년

호패법 시행 ——— 1413년
● 1414년 ——— 명 영락제, 오이라트 원정
4군 설치 시작 ——— 1416년 ● 1415년 ——— 포르투갈, 아프리카 서해안 탐험

세종 즉위 ——— 1418년
쓰시마 정벌 ——— 1419년

1420년

제 **1** 장

나라를 만들다

사회적, 경제적 모순에 사로잡혀 더 이상 발전 가능성이 없을 때 조선이라는 성리학으로 무장한 새로운 나라가 나타났다고 생각하기 쉽다. 고려는 중세, 조선은 근대라는 식의 이분법적 사고다. 고려와 조선은 여러 가지 면에서 다른 나라인 것은 분명하고, 조선이 고려보다 더 중앙집권적이고 효율적인 통치 체계를 가진 나라였던 것도 분명하다. 그런데 이런 조선의 통치 시스템이 고려에서는 나올 수 없는 것이었을까?

　나올 수 없었다면 고려의 지배 계층과 조선의 지배 계층이 완전히 다른 사람들이었어야 한다. 과연 그랬을까? 유교의 새로운 해석으로 등장한 성리학은 고려 말부터 이 땅에 들어왔다. 이것을 공부한 사람들을 신진 사대부라고 부른다. 그런데 새 왕조 개창에 가장 걸림돌이 되었던 정몽주는 성리학의 대가로 이름을 날렸다. 조정의 중심으로 이성계 일파와 대립했던 이색 역시 성리학의 대가였다. 이들 정몽주, 이색의 제자들은 훗날 사림파로 조선을 이끄는 세력으로 등장한다. 그렇기에 고려에서 조선으로의 변화는 혁명적 단절로 인한 새로운 시대의 등장이라기보다는 고려로부터 지속되어 오던 발전으로 이해하는 것이 더 옳을 수 있다.

　고려는 말기에 두 가지 어려움에 처해 있었다. 외적의 침입과 재정 부족이었다. 홍건적과 왜구의 침입은 국가의 안정을 무너뜨렸고, 대농장의 확산으로 인한 국가 세수의 침탈은 경제를 망가뜨렸다. 이 사태는 결국 왕권의 약화로 이어졌다. 강력한 왕권만이 문제를 해결할 수 있다고 한다면 이제 왕씨의 지배로는 불가능해졌다는 결론에 쉽게 도달할 수 있다. 외적들을 무찌르며 백성들의 영웅으로 등장한 이성계가 새로운 왕으로 자리잡는 것 역시 충분히 가능한 일이었다. 그리고 건국 세력은 가장 큰 어려움이었던 재정 문제 해결을 위한 개혁에 착수했다.

조선을 건국한 세력은 무력에 의한 정권 탈취보다 최소한의 희생으로 왕조를 교체하고자 했다. 물론 건국 이후에 고려 왕실을 조직적으로 탄압하여 말살하였지만 일반인들이 고통받는 전쟁과 같은 일은 벌어지지 않았다.

새 정치 세력은 영웅을 통해 새 왕조를 만들었지만, 그 영웅이 없이도 지속되는 나라를 만들고 싶어 했다. 그를 위해서는 현명한 신하들이 권력을 지녀야 했다. 하지만 영웅의 후계자들은 그런 시스템을 용납하지 않았다. 그런 결과 조선 초는 왕권과 신권의 충돌로 얼룩졌다. 태종 이방원과 정도전이 부딪친 왕자의 난은 왕권의 승리를 가져왔고, 이로 인해 조선 내내 지속된 강력한 왕권의 수립을 이루어낼 수 있었다.

기생 때문에
생긴 일

이성계의 집안은 전주에서 출발해서 몽골로 넘어가 몽골에서 벼슬을 했다.
그의 부친 대에 고려로 돌아온 변경인이었다. 이성계 휘하에는 여진 출신 병사들도
많았고 그것이 이성계의 무력 기반이기도 했다.

이안사, 전주를 떠나다

조선의 왕 이름은 노랫가락에 맞춰 외우면 쉽다. '태정태세
문단세, 예성연중 인명선'으로 이어지는데, 이들 이전의 왕들이 있
다. 목조, 익조, 도조, 환조가 있는데 이성계李成桂(1335~1408)의 조상
들이다. 왕조가 만들어진 뒤에 고조부, 증조부, 조부, 부친을 모두 왕
으로 추증하여 시호를 붙여준 것이다.

확인되는 이성계의 조상은 고려 중기의 무신란까지 올라간다. 이
의방(?~1174)과 같이 무신란에 참여했던 이린李隣(1130년대?~1174?)
이 이성계의 6대조이다. 원래 전주 출신으로 이의방이 정중부
(1106~1179) 일당에게 살해당했을 때 이린도 살해당한 것으로 여겨
진다. 이린의 아들 이양무李陽茂(?~1231)는 고향인 전주로 돌아갔다.
이들이 전주 이씨라 불리는 이유다.

이양무의 아들 이안사李安社(?~1274)는 불과 20여 세에 이미 용맹
과 지략이 뛰어나 그를 따르는 사람들이 적지 않았다. 그런데 이안

사가 산성방호별감山城防護別監과 충돌하는 일이 벌어졌다. 산성방호별감은 몽골군의 침입 때 그들과 싸우기 위해 각지에 파견된 지휘관으로 권한이 막강했다. 이때는 몽골의 3차 침입 때(1235~1239)로 아직 고려가 몽골에 항복하기 전이었다. 전주는 이때까지 몽골군의 침입을 겪지 않은 상태였다. 최씨 정권의 최고 집권자인 최우(?~1249)는 몽골의 3차 침입 때문에 방호별감이라는 새로운 직책을 만들었다. 그런데 이들은 몽골과의 전쟁에서 공을 세우기도 했으나 민폐를 끼치는 일에 더 능한 편이었다.

산성방호별감이 전주 객관에 머물게 되자 전주 사또는 관기를 보내 수청을 들게 했는데, 이 관기와 이안사가 서로 사랑하는 사이였다. 평소에도 눈꼴시던 산성방호별감에게 총애하는 관기를 내보낸 것은 불에 기름을 끼얹은 격이 되었다. 이안사가 산성방호별감에게 가서 난리를 피웠고 이에 전주 사또가 이안사를 불러다 야단을 쳤는데, 이안사는 사또에게도 욕지거리를 해댔다. 사또는 이안사의 행패로 분노한 산성방호별감을 달래는 한편, 안렴사按廉使(조선시대의 관찰사 격)와 의논하여 군사들을 보내 이안사를 잡아들이고자 했다.

이안사는 전주에 발을 붙일 수 없게 되었다는 것을 알고 일족과 함께 전주를 떠났다. 이때 170여 가구가 그를 따라 함께 움직였다. 이안사의 집안은 원래 초기 무신 정권에 참여했다가 쫓겨난 집안인 만큼 이때 정권을 잡고 있던 최씨 무신 정권에 대해서도 그다지 호의적이지 않았을 것이다. 그와 함께한 사람들 역시 같은 정서를 가진 사람들이었을 것이다. 더구나 곧 몽골군이 전주를 공격할 것이라는 점도 이안사의 탈주에 영향을 주었을 것이다. 실제로 1236년(고

려 고종 23년) 10월 몽골군은 전주를 공격했다. 이안사는 몽골의 침입
에서 안전한 곳을 찾아 이동했다. 이안사는 그동안 몽골의 침입이
없었던 삼척으로 피신했다. 이안사 일행은 이곳에서 17년을 살았다.

이안사, 몽골에 투항하다

몽골군은 결국 삼척으로도 쳐들어왔다. 몽골의 5차 침입(1253) 때
삼척도 공격받았고 이안사는 인근 산성으로 피신했다. 이안사는 몽
골군이 쳐들어올 때를 대비해서 배를 15척 만들어두었는데, 미처
배로 피할 시간이 나지 않았던 모양이다.

그런데 하필 이때에 전주에서 악연을 맺었던 산성방호별감이 삼
척으로 부임해 왔다. 이안사는 만들어놓은 배를 이용해서 더 북쪽인
덕원(지금의 함경남도 원산) 지방으로 이주했다. 그는 뛰어난 지도자였
던 모양으로, 그를 따르는 집단도 함께 움직였다.

그동안 몽골군의 침입은 압록강을 넘어서 이루어져 왔다. 동해
안 쪽은 상대적으로 안전한 곳이었다. 하지만 몽골의 5차 침입부터
는 동해안을 따라서 몽골군이 남하했다. 이것은 당시 몽골의 정세와
도 관련이 있다.

이때 만주의 지배자는 옷치긴 왕가였다. 칭기스칸은 아들들에게
는 서방에, 동생들에게는 동방에 영지를 나눠주었다. 칭기스칸의 막
냇동생으로 왕가의 시조인 테무게 옷치긴(1168~1246)은 가장 동쪽의
땅을 받았다. 흥안령 동쪽부터가 그의 영역이었다.

옷치긴은 칭기스칸이 서방 원정을 떠났을 때 몽골제국의 국정을
담당할 정도로 그에 대한 칭기스칸의 신임이 깊었다. 이때 금나라와

요동에 대한 정벌을 담당했던 사람은 좌군 총사령관 무칼리였는데, 칭기스칸은 그에게 국왕 칭호를 하사했다.

이안사가 삼척에 자리 잡았을 때 만주는 옷치긴의 손자 타가차르가 다스리고 있었다. 이때 타가차르는 남송 정벌군의 좌익군 지휘관으로 참전 중이었지만 만주 지방에 대한 옷치긴 왕가의 지배는 확고했다.

그 결과 고려 침공의 새로운 루트로 동북 지역 침공로가 생겨났다. 그런데 이안사는 왜 하필이면 최전선인 북쪽으로 이동했을까? 이안사가 덕원에 도착하자, 고려 조정은 그에게 관직을 내려 회유하고자 했다. 이안사가 몽골로 넘어갈 것이라고 짐작했던 것 같다.

이안사는 1255년(고려 고종 42년, 몽골 몽케 칸 5년)에 몽골에 투항해서 두만강 하류 동쪽의 오동으로 옮겨갔다. 이곳에서 5천 호의 우두머리인 수천호音千戶가 되고 다루가치(총독)에 임명되었다.

이성계 집안의 내력

이안사의 아들 이행리李行里(익조)는 다른 천호들과 다툼이 생겨서 1290년에 등주登州(지금의 북한 강원도 안변으로 원산 남쪽)로 남하했다. 그런데 원래부터 이안사를 따라왔던 민호들은 함주咸州(오늘날의 함경남도 중부에 있었던 행정 지역) 일대에 자리를 잡았다. 이에 따라 이행리도 함주로 이사했다. 10년 후 다시 다루가치에 임명되었다. 이 지역은 쌍성총관부雙城摠管府 바로 위에 있는 곳으로, 요동행성(행성行城은 원의 지방 행정 조직) 합란부 관할이었다.

이후 이행리의 아들 이춘李椿(도조), 손자 이자춘李子春(환조)이 다루

공민왕 대의 영토 수복 과정

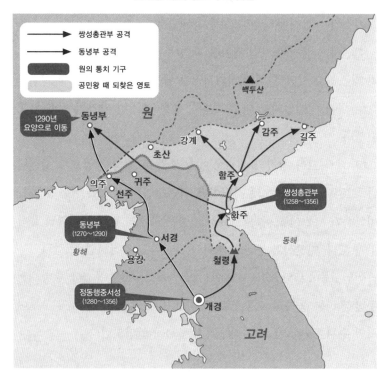

이자춘과 이성계 부자는 쌍성총관부 수복 과정에서 큰 공을 세웠다.

가치의 직을 승계하면서 이씨 집안은 이 일대의 실권자로 군림하게
되었다.

이자춘은 원나라가 홍건적 등 반란군에게 내몰리는 현실을 보
고 고려에 투항하기로 결심했다. 그는 1355년 12월 공민왕(재위
1351~1374)을 만나 충성을 맹세했다. 다음 해(공민왕 5년) 7월 공민
왕은 쌍성총관부를 원나라로부터 탈환했는데 이때 이자춘과 이성
계 부자가 안에서 내응하여 큰 공을 세웠다. 이 공으로 이자춘은

1361년(공민왕 10년) 동북면 병마사에 올랐다. 하지만 이자춘은 얼마 지나지 않아 사망하고 말았다.

쌍성총관부 탈환 작전에 참전했을 때 이성계는 스물두 살에 불과했다. 이성계는 고려 말 가장 유능하고 뛰어난 장군이었다.

이성계의 숙적으로 자주 등장하는 몽골의 나하추(?~1388, 나가추라고도 읽는다)는 옷치긴 왕가의 장수로 칭기스칸의 개국공신인 무칼리(목화려)의 후손이다. 무칼리의 가문 역시 요동의 왕가로 만주 일대의 무력을 담당하는 가문이었다. 명나라는 만주를 장악하기 위해서 나하추를 회유하려 여러 번 공을 들였고, 결국 나하추는 1387년에 명에 투항했다.

이성계라는 장군

이성계는 고려의 찬탈자라는 생각과 조선에 대한 일반적인 비호감 때문에 많이 평가절하되는 면이 있다. 그러나 고려 말 나라가 내우외환에 시달리고 있을 때, 이성계는 엄청난 무력으로 전쟁에 나가면 언제나 승리하는 슈퍼히어로와 같은 존재였다. 그렇게 엄청난 인기를 가지고 왕조 건국을 해낼 수 있었던 것이다.

종횡무진 이성계

1361년 이성계가 스물일곱 살 때 독로강(독로강은 낭림산맥에서 압록강으로 흐르는 강이다) 만호 박의가 반란을 일으켰는데 조정에서는 토벌에 실패한 뒤, 이성계에게 구원군 출동을 명했다. 이때 동북면 상만호였던 이성계는 사병 1500명을 데리고 가 이들을 모두 섬멸했다.

그해에 홍건적이 쳐들어와 개경이 함락되는 일이 생겼다. 이성계는 사병 2천을 데리고 개경 탈환전에 참여해서 적장을 베어버리는 등 큰 공을 세웠다. 이성계의 사병 중에는 여진인이 많아 기병 작전에 능했다. 이때 이성계는 수복경성공신收復京城功臣(홍건적에게 점령당한 개경을 되찾는 데 공을 세운 공신) 중 1등공신의 자리에 올랐다. 이성계는 아버지의 뒤를 이어 동북면 병마사가 되었다.

1362년(공민왕 11년)에 몽골의 나하추가 함흥을 침공했다. 이성계가 출전하여 나하추를 물리쳤다. 나하추는 이때 하마터면 죽을 뻔했는데, 돌아가면서 예전에 이자춘을 만났던 일을 상기했다.

"이자춘이 그때 자기한테 재주 있는 아들이 있다고 했는데, 그게 사실이었어."

이 해에 원나라의 기황후奇皇后 때문에 고려는 전쟁 위기를 맞게 된다. 고려 공녀 출신으로 황후 자리까지 올라간 기황후는 자신을 공녀로 보낸 고려에 애정이 없었다. 그녀는 남편 순제順帝

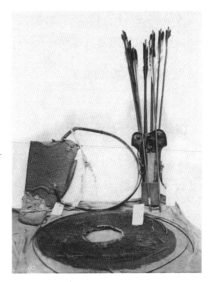

이성계가 사용했던 활과 화살
함흥 본궁에 보관되어 있는 모습이다. 이 사진은 일제 강점기 때 찍은 것이다. 함흥 본궁이 6·25 전쟁 당시 불탄 이후 현재 이 활과 화살의 소재는 불분명하다.

(재위 1333~1370)를 꼬드겨 충선왕의 아들 덕흥군을 고려 왕으로 임명하게 했다. 덕흥군이 고려를 침공할 것은 시간문제였다.

결국 1363년(공민왕 12년) 12월 덕흥군은 요양의 군사를 이끌고 와서 압록강을 건너 고려 국내로 진공했다. 이듬해 1월 의주가 함락되자 공민왕은 최영崔瑩(1316~1388)과 이성계를 보내 대응하게 했다. 이성계는 귀신같은 활 솜씨로 적장들을 무찌르며 승리를 거뒀다. 적은 불과 17명만이 다시 압록강을 건너갈 수 있었다. 이 패전으로 순제는 공민왕을 고려 국왕으로 인정하고 분란을 종식시켰다.

같은 해에 이성계는 동북면에 침입한 여진인 친척 삼선을 물리치고자 출동했다. 이 전투에서 동북면 도지휘사의 종사관으로 종군한 정몽주鄭夢周(1337~1392)와 처음 만났다. 삼선을 물리치고 이성계는 밀직부사로 승진했다. 이처럼 이성계는 놀라운 무공으로 자기 자리를 높여가고 있었다.

이성계, 요동성을 점령하다

한편, 중국의 정세도 변화무쌍하게 전개되고 있었다. 1368년(공민왕 17년) 원나라는 주원장朱元璋(재위 1368~1398)에게 쫓겨 수도 대도大都(지금의 베이징)를 포기하고 몽골로 이동했다. 이때부터 원나라를 북원北元이라고 부른다.

1369년(공민왕 18년) 4월 명나라에서 고려에 사신을 보내 수교를 청해 왔다. 홍건적의 침입으로 명과 거리를 두었던 공민왕은 덕흥군의 침입으로 다시 마음이 명나라 쪽으로 기울었다. 명과 수교한 공민왕은 이때부터 양국 사이에서 줄타기를 하다가 1369년 11월에 드디어 동녕부東寧府를 공격할 결심을 했다. 원나라의 위협을 끊어내기로 한 것이다. 본래 동녕부는 원이 우리나라 평양에 두었던 기관이었다. 고려의 동녕부는 1269년(원종 10년) 설치되었다가 1290년(충렬왕 16년) 폐지되고 요양으로 옮겨간 상태였다. 요양은 바로 고구려의 요동성이다.

출진 명령이 동북면 원수 이성계에게 내려졌다. 이성계는 보병 1만, 기병 5천을 이끌고 황초령을 넘어 강계를 통과해 압록강을 건넜다. 동녕부 동지同知 이오로테무르(우리 이름은 이원경)가 고려군에 맞섰다. 그러나 얼마 싸우지도 않고 이우로티무르는 갑옷과 무기를 버리고 말에서 내려 항복했다.

"나의 선대는 본래 고려 사람이온 바 신하 되기를 원하나이다."

이원경은 3백여 호를 이성계에게 바쳤다. 그러나 전쟁은 끝나지 않았다. 추장 고안위가 항복하지 않고 우라산성에 들어가 항거를 계속했기 때문이다. 이성계는 이 전투에서 70여 발을 모두 적군의 얼굴에 명중시키는, 신과 같은 위력을 떨쳤다. 고안위는 도저히 상대가 되지 않는다고 생각하고는 그날 밤 어둠을 틈타 달아나 버리고 말았다. 이성계는 다음 날 항복한 3백여 호의 주민들을 이끌고 고려로 돌아갔다.

그러나 동녕부의 위협이 완전히 제거된 것은 아니었다. 동녕부를 차지하고 있던 사람은 기씨 일족인 기사인테무르였다. 기사인테무르는 원이 명에 의해 북쪽으로 쫓겨나자 동녕부로 들어가 자리를 잡고, 분사요심관리평장 김바얀 등과 함께 고려를 침공할 계획을 세우고 있었다. 본래 이성계의 출전도 기사인테무르를 제거하는 게 목적이었으나, 기사인테무르는 전장에 나타나지 않았다.

공민왕은 서북면 상원수 지용수와 동북면 원수 이성계, 서북면 부원수 양백연 등에게 동녕부 공략을 명했다. 공민왕 19년(1370년) 11월, 요동 원정군은 의주에 도착했다. 원정군의 총책임자 도통사 시중 이인임李仁任(?~1388)은 안주에 머물러 있었다. 실질적인 총지휘관은 상원수 지용수였다.

고려군은 요양성에서 동쪽으로 80킬로미터 떨어진 지점인 나장탑에 진영을 차린 뒤, 비장 홍인계, 최공초 등에게 경기병 3천을 주어 요양성을 공격하게 했다. 뿐만 아니라 고려군은 요양성의 고려인들을 상대로 선무 공작도 펼쳤다.

홍인계의 기병 3천을 얕본 기사인테무르는 성 밖으로 군사를 내보냈다. 하지만 그것은 이성계의 함정이었다. 이성계의 본대가 포위하자 성으로 후퇴할 수도 없는 처지에 놓였다.

성 밖으로 나온 장군 처명은 이성계와 대결한 끝에 항복하고 말았다. 이성계는 처음에는 화살로 투구를 맞혀 떨어뜨렸다. 처명이 여전히 항복하지 않자 넓적다리를 맞혀 말에서 떨어뜨렸다. 하지만 처명은 상처를 싸맨 뒤 세 번째로 다시 도전했다. 이성계가 다시 한 번 항복을 권유하자 처명은 그때서야 항복했다. 이성계의 마음에 감복하고 만 것이다. 그는 이후 이성계의 충실한 부하로 활약하게 된다.

이렇게 성 밖의 부대가 항복하자 성 안에서는 혼란이 벌어졌다. 그때를 놓치지 않고 맹공을 퍼부어 이성계는 요양성을 함락시켰다. 요양성이 함락된 것은 중국인들에게는 꽤 큰 충격으로 남았던 모양이다. "성을 치면 반드시 떨어뜨리는 고려 같은 나라는 다시없을 것"이라는 말이 회자되기까지 했다고 한다.

그러나 성 점령 시에 실수가 있었다. 본래 군량을 충분히 준비해오지 않았는데, 성을 점령하는 과정에서 성안의 창고를 모두 태워버리는 바람에 성내에 군량으로 쓸 양식이 부족해진 것이다. 이성계는 어쩔 수 없이 본국으로 후퇴하기로 한다.

이 원정으로 기사인테무르는 놓치고 말았지만 그는 완전히 세력을 잃고 이후 역사에 등장하지 않게 되었다. 그의 동료인 김바얀은 체포되어 고려 국내로 들어온 뒤 바로 처형되었다.

불패의 명장 이성계

1371년(공민왕 20년) 이성계의 의형제인 여진인 이지란李之蘭 (1331~1402)이 귀순했다. 이지란이 이성계의 진영에 가세함으로써 이성계의 무력은 더욱 커졌다.

1374년(공민왕 23년) 공민왕이 피살되고 우왕禑王(재위 1374~1388)이 즉위했는데, 우왕은 최영과 이성계를 깊이 신임하였다. 이때 고려는 왜구의 침입으로 전국이 소란스러웠다.

1377년(우왕 3년) 5월, 이성계는 경상도에 가서 왜구를 격퇴했고 8월에는 황해도 해주에서 왜구를 무찔렀다. 1380년(우왕 6년)에는 전라도 운봉에서 왜구를 크게 무찔렀다. 이것을 황산대첩이라고 한다. 이때 정몽주도 함께 출전했다.

1383년(우왕 9년)에는 10년 전부터 걸핏하면 고려를 약탈하러 오던 여진족 추장 쿠바투胡拔都를 무찔렀다. 1384년(우왕 10년)에는 개국의 주역이 되는 정도전鄭道傳(1342~1398)이 이성계를 찾아왔다.

1385년(우왕 11년)에는 함주를 침입한 왜구를 무찔렀다. 함주 쪽의 병력이 패배하자 이성계가 직접 출동해서 왜구를 물리친 것이었다.

이렇듯 1356년부터 1385년

청해 이씨 종중 소장 이지란의 초상화
이지란은 여진족 출신으로 이성계의 의형제이자 심복, 조선의 개국공신이다.

까지 30년 동안 그는 동분서주 고려의 남북을 가리지 않고 뛰어다
니며 홍건적, 몽골, 왜구, 여진을 가리지 않고 물리쳤던 것이다. 그러
니 당시에 불패의 명장 이성계의 이름을 모르면 고려인이 아니었을
것이다.

군대를 돌려 권력을 장악하다

1371년 요양행성 평장 유익이 주원장의 명나라에 항복했다. 이로
써 명나라는 요동 쪽으로 눈길을 돌리게 되었다.

1372년(공민왕 21년) 명은 북원의 숨통을 끊고자 대병력으로 북원
을 공격했으나, 강력한 북원의 반격으로 이 작전은 실패하고 말았
다. 이후 당분간 대치 상황이 이어졌는데, 이때 요동과 만주 일대를
장악한 이가 나하추였다. 북원도 나하추를 무시할 수 없었기 때문에
그를 태위로 임명했다. 그러나 나하추는 1375년 명나라를 공격했다
가 대패하고 수세에 몰리게 되고 결국 1387년(우왕 13년)에 명나라에
항복하고 만다. 이렇게 만주의 실권자인 나하추가 항복하자 명나라
는 다음 해에 북원을 공략하는 데 성공했다. 이렇게 되자 만주를 다
스리던 옷치긴 왕가의 요왕 아자스리도 더 이상 버틸 재간이 없어
서 명나라에 항복했다. 명나라는 만주에 우량카이兀良哈 3위(태녕위,
타안위, 복여위)를 설치했는데, 아직 만주를 실제로 다스릴 수 없었던
명나라는 아자스리가 이곳을 통치하는 것을 용인했다.

아자스리는 태녕위 지휘사가 되었다. 원 황실의 또 다른 왕가인
카치운 왕가의 토쿠차르를 타안위 지휘동지에 임명했다. 태녕위 지
휘사는 아자스리 사후 그 아들 토구치에게 계승되었다. 이들이 다스

리는 지역은 명의 행정구역이 된 것이 아니라 여전히 왕국으로서의 정체성을 유지했다.

1388년(우왕 14년)에 명은 고려에게 철령위 설치를 통보했다. 철령위는 바로 쌍성총관부를 가리키는 것으로 공민왕이 회복한 영토였는데, 이것을 내놓으라고 한 것이다.

고려는 이에 불복하고 아예 요동을 차지해서 명의 간섭을 끊어내고자 했다. 고려의 실력자 최영이 요동 정벌군을 일으키고 이성계와 조민수가 각각 좌우군 도통사가 되어 군을 이끌고 출정했다.

처음부터 이 원정에 반대했던 이성계는 압록강에 도달해서 결국 군대를 되돌리게 된다. 이것이 바로 그 유명한 위화도 회군이다.

군대를 돌린 이성계는 개경을 장악하고 권력을 장악했다. 이때 이성계의 나이 54세였다.

1380년(우왕 6년) 8월 왜구가 진포(지금의 충청남도 서천)로 침입해 왔다. 화약 개발에 성공한 최무선은 배에 대포를 싣고 왜구를 치러 나갔다. 그는 금강 하구에 정박해 있던 왜선 5백여 척을 대포로 침몰시켜 버렸다. 왜선의 수로 보아 왜구는 2만 명에 육박했을 것으로 보고 있다. 이 해전을 진포대첩이라고 한다.

이들 중 최소한 수천 명의 왜구가 달아나서 내륙으로 들어갔다. 고려군은 이들을 압박해서 지리산 쪽으로 밀어 넣었고, 여기서 이성계 군이 일격을 가해 대승을 거뒀는데 이를 황산대첩이라고 부른다.

조와 종은
뭐가 다른가?

시호誼號라는 것은 죽은 자가 평생 동안 쌓은 공덕을 기려 올리는 명호다. 묘호廟號는 특별히 왕에게만 올리는 시호의 일종으로 왕이 죽은 뒤에 그의 공덕을 칭송하여 종묘에 신위를 모실 때 올리는 칭호다(세종의 시호는 장헌영문예무인성명효대왕莊憲英文睿武仁聖明孝大王)이고 묘호가 세종世宗이다). 시호는 공신들에게도 내려지지만(황희 정승의 시호는 익성翼成이다) 묘호는 왕에게만 올린다.

그렇다면 조祖와 종宗은 어떤 원칙 아래 붙여지는가?

사마천의 『사기史記』에 따르면 조는 공이 있는 왕에게, 종은 덕이 있는 왕에게 붙였다. 흔히 조공종덕祖功宗德이라고 한다.

또한 조는 창업 군주와 정통을 다시 일으킨 왕에게, 종은 정통을 계승한 왕에게 붙여진다는 설도 있다. 중국에서는 조가 드물어 창업 군주 외에 몇 명이 있을 따름이다.

그런데 이 때문에 조가 종보다 격이 높다는 관념이 발생하여 조선시대에는 묘호를 둘러싼 논란이 생겼다. 고려에는 태조 왕건만이 '조'이고 나머지 왕은 모두 '종'이거나 '왕(원 간섭기 이후)'다.

조선시대의 왕을 놓고 직접 알아보자.

종묘 정전의 전경

종묘에는 역대 조선 왕과 왕비, 추존된 왕과 왕비 들의 신위가 모셔져 있다.

1대 태조太祖 - 창업 군주이다.

2대 정종定宗 - 태종의 정통성 문제로 묘호 없이 '공정대왕恭靖大王'으로 부르다가 숙종 때 정종으로 묘호를 정했다.

3대 태종太宗, 4대 세종世宗, 5대 문종文宗 - 모두 계승 군주이다.

6대 단종端宗 - 축출된 왕으로 '노산군魯山君'으로 불리다 숙종 대에 추증되었다.

7대 세조世祖 - 정통을 다시 잇는다는 의미로 '조'가 되었다.

8대 예종睿宗, 9대 성종成宗 - 계승 군주들이다.

10대 연산군燕山君 - 축출된 왕이기 때문에 '군君'이다.

11대 중종中宗 - 중종은 반정을 일으켰기 때문에 '조'로 해야 한다는 의견이 있었으나 성종의 직계이기 때문에 '종'이 되었다.

12대 인종仁宗, 13대 명종明宗 - 계승 군주들이다.

14대 선조宣祖 - 본래 '선종宣宗'이었으나 1616년(광해군 8년)에 왜란을 극복하고 명의 역사서와 법전에 태조의 조상이 이인임으로 잘못 적혀 있는 문제를 바로잡아 정통성을 바로 세운 공을 들어 '조'가 되었다.

15대 광해군光海君 – 축출된 왕이기 때문에 '군'이다.

16대 인조仁祖 – 반정을 통해 정통을 다시 이었다는 의미로 '조'가 되었다.

17대 효종孝宗, 18대 현종顯宗, 19대 숙종肅宗, 20대 경종景宗 – 계승 군주들이다.

21대 영조英祖 – 본래 영종英宗이었다가 1890년(고종 27년)에 영조로 바뀌었다. 오랜 통치 기간, 명나라 황제의 사당을 세운 점, 정희량의 난을 평정한 공 등을 들어 '조'가 되었다.

22대 정조正祖 – 본래 정종正宗. 고종 때 고종이 황제가 되면서 높이는 의미로 정조로 바뀌었다.

23대 순조純祖 – 본래 순종純宗. 철종 때 순조로 바뀌었다. 홍경래의 난을 진압한 공로로 '조'가 되었다.

24대 헌종憲宗, 25대 철종哲宗, 26대 고종高宗, 27대 순종純宗 – 계승 군주들이다.

우리나라에서 왕에게 시호를 추증한 시초는 삼국 시대에 신라 법흥왕이 선왕에게 '지증智證'이라는 시호를 추증한 것이다. 중국식 묘호를 사용한 것은 통일 신라의 태종무열왕이 그 최초이다. 왕이나 왕비 등이 죽으면, 시호, 묘호, 능호를 대신들이 정해서 신왕에게 올리게 된다.

시호는 신하들에게도 내려지는데, 글자에 엄격한 제도가 있었다. 『주례周禮』에는 28자만 사용할 수 있었고 『사기』에는 사용한 글자로 194자가 나온다. 우리나라의 경우는 조선 초에 194자를 사용했으나 글자가 모자라는 폐단이 있어서 107자를 추가하여 총 301자를 사용했다.

조선을 건국한 사람들은 누구인가?

조선 건국의 주역이라는 신진 사대부를 고려의 권문세족과 완전히 다른 별개의 존재로 보기는 어렵다. 이들의 개혁은 고려의 권력자들과 타협하는 형태로 이루어졌다.

위화도 회군 후 권력을 장악한 이성계는 최영을 유배에 처한 후 곧 처형했다. 허수아비가 된 우왕은 마지막 저항으로 위화도 회군의 지휘관이었던 이성계와 조민수를 습격했지만 실패하고 폐위되었다. 이때 조민수와 이색이 우왕의 아들 창왕昌王(재위 1388~1389)을 즉위시켰다.

이성계는 조민수를 제거하고 뒤이어 우왕과 창왕은 신돈의 후손이라고 주장하며 창왕도 폐위한 뒤 공양왕恭讓王(재위 1389~1392)을 즉위시켰다. 우왕과 창왕도 곧이어 죽여버렸다. 마지막으로 고려 왕조를 지키려 했던 오랜 동지 정몽주마저 이성계의 아들 이방원이 자객을 보내 살해했다.

1392년 7월 17일 드디어 이성계가 왕위에 올랐다. 나라 이름은 그대로 고려였다. 이성계는 자신을 왕으로 인정해 달라고 명나라에 사신을 보냈다. 명의 승인이 나기 전에는 '권지고려국사權知高麗國事'라는 칭호를 사용했다. '권지權知'라는 말은 '임시직'이라는 뜻이다.

태조 이성계 어진

태조 이성계의 어진 중 유일하게 남아있는 것으로, 태종 대에 그려진
원본을 토대로 고종 9년(1872년)에 다시 그린 것이다. 붉은색 용포를 입
기 시작한 것은 세종 때부터이기에 어진 속 태조는 푸른색 용포를 입
고 있다.

　　명의 승인과는 별개로 새 나라를 세우는 일은 착착 진행되었다.
도읍은 한양으로 옮기기로 했고 세자는 막내아들 방석으로 정했다.
11월 27일 명에 갔던 사신이 명 태조의 전갈을 가져왔다. 명에서
는 나라 이름이 무엇인지를 물어보았고, 이에 이성계는 '조선朝鮮'과
'화령和寧'이라는 두 이름을 지어 명나라에 둘 중 하나를 골라달라고
요청했다. 화령은 이성계가 태어난 곳의 지명으로 함주에 있다. 사

신은 다음 해 2월 15일에 회신을 가져왔다. 명나라가 채택한 이름은 조선이었다. 조선이라는 나라가 이렇게 해서 탄생했다.

조선이라는 국호에 대해서 정도전은 『조선경국전朝鮮經國典』에서 이렇게 설명했다.

해동의 나라에 국호가 하나가 아니었으니 조선이 셋이 있었다. 단군조선, 기자조선, 위만조선이다. 박씨, 석씨, 김씨가 서로 이어가며 신라라 칭했으며 온조는 백제라 했는데 견훤이 그 후에 이어받았다. 또 고주몽은 고구려라 했는데 궁예가 뒤에 후고려라 했으며 왕씨가 궁예의 뒤를 이어 고려의 칭호를 이어받았다. 모두 한 귀퉁이 땅에 있으면서 중국의 명을 받지 않고 스스로 국호를 만들어 서로 싸워댔으니 칭호가 있다 한들 취할 것이 못 된다. 오직 기자箕子가 주나라 무왕의 명을 받아 조선후에 봉해졌으며 당금 천자께서도 조선이라는 칭호가 아름답고 그 기원이 오래되었다 하셨으니 그 이름으로 근본을 삼은 것이다.

조선의 기틀을 세운 사람들

조선의 제도를 만든 사람은 정도전, 조준趙浚(1346~1405) 등의 성리학자들이었다. 이들은 조선이 아직 고려이던 때부터 국가의 체질 변화를 시도해 왔다.

제일 중요한 것은 경제 개혁이었다. 전근대 시대의 경제 개혁이란 토지 제도의 개혁을 의미한다.

고려 말로 오면서 권문세족이 대규모 농장을 경영하면서 국가에 바쳐야 할 세금은 내지 않는 현상이 일어났다. 국가가 세금을 거둬

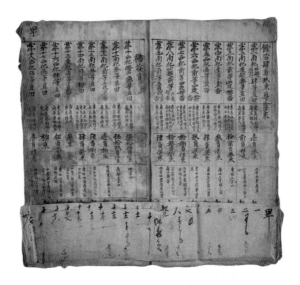

조선시대의 토지 대장 양안量案

조세 부과를 목적으로 논밭을 측량하여 만든 문서이다. 논밭의 소재지,
면적, 등급, 소유주 등을 기재하고 있어 당시 각 계층의 토지 소유 상황
과 소득 정도를 알 수 있다. 사진 속 양안은 경남 합천의 양안이다.

들이는 권리를 '수조권收租權'이라고 부르는데 이것이 심하게 침해된
상태였다. 고려는 몇 번이나 이 점을 개혁하고자 했으나 번번이 실
패했다. 하지만 이성계는 조준의 제안을 받아들여 3년 만에 개혁을
성공시켰다.

개혁이 성공한 이유는 권력자들의 사유 재산을 건드리지 않았다
는 데 있었다. 조준이 제안한 것은 모든 수조지를 폐지하고 재분배
하는 방식이었다. 여기서 재분배라는 것에 주의해야 한다. 중앙의
권력자들은 전국 여기저기에 논밭을 가지고 있었는데, 일단 이것들
을 모두 국가에 반납하면, 국가는 경기 지역의 땅으로 새로 내주었
으니 재산 손해가 거의 없었다. 이렇게 반납한 토지 문서는 몽땅 불

태워 버려 향후 분쟁의 소지를 없애버렸다. 새로 발급한 토지 문서만 인정하는 방법이었다. 하지만 전국의 토지가 모두 반납된 것은 아니었다. 합법적으로 소유한 토지의 경우에는 그 소유권을 인정해 주었기 때문이었다. 토지 제도의 개혁이 필요하다는 것은 모두가 다 인정하고 있던 상황이었기 때문에 이렇게 기존의 이권을 보장해 주는 개혁은 대다수의 권력자도 동의할 수 있는 일이었다. 이때 새롭게 나눠준 토지를 '과전科田'이라고 하고, 이 법을 '과전법科田法'이라고 한다.

그리고 과전을 경작하는 농민을 '전객佃客', 과전의 주인을 '전주田主'라 칭했다. 전주는 전객의 농지('소경전所耕田'이라고 부른다)를 빼앗을 수 없게 되어있었다. 전객의 경우도 자기가 경작하는 농지를 다른 사람에게 넘길 수 없었다. 다만 전객이 사망하거나 이사하여 농지를 경작할 사람이 없어지면 그때는 전주가 농지를 마음대로 처리할 수 있었다. 그리고 세금 역시 수확량의 10분의 1로 줄어들었다. 농민에게는 토지가 분배되지 않았지만 이런 조치를 통해서 국가로부터 보호를 받을 수 있게 되었다.

개인이 소유한 농지, 즉 사전私田은 조선 전기 내내 억압받았다. 세조 때 과전법이 폐지되고 현직 관리에게만 농지를 주는 직전제職田制로 바뀌었고 성종 때에 이르러서는 나라가 세를 거둬 관리에게 지급하는 관수관급제官收官給制가 실시되었고, 명종 때 직전제가 폐지되었다.

과전법의 가장 큰 이득은 당장 나라 살림에 필요한 세수 확보가 가능해졌다는 데 있었다. 이성계 일파는 과전법 실시로 관리들의 녹봉 문제 등 당면했던 재정 문제를 해결할 수 있었다. 하지만 이것은 결코 근본적인 해결책이 되지 못했다. 여러 가지 이유가 있지만 전국의 토지 상황을 철저히 조사하지 못해 수조지收租地(세금을 거둘 수 있는 토지)가 너무 적었다는 것이 제일 큰 이유라 하겠다. 이 당시 세금을 거둘 수 있는 수조지는 50만 결에 불과했는데, 태종 때가 되면 126만 결, 세종 때는 160만 결이 확보되었다는 점을 보면 개국 당시에 수조지가 얼마나 부족했는지 쉽게 알 수 있다.

이 개혁이 성공하기 위해서는 백성들을 좀 더 확실히 통제해야 했다. 조선은 초반 내내 실제 국가 경영에 동원할 수 있는 백성의 수를 파악하는 데 힘을 기울였다. 호패법과 같은 것이 그런 노력의 일환이었다.

일반적으로 고려에서 조선으로 넘어가면서 권문세족이 몰락하고 신진 사대부가 득세하는 것으로 묘사하고 있고, 이것이 대지주에서 소농으로 넘어가는 현상인 것처럼 이야기하지만, 최근에는 이런 주장에 강력한 반론들이 제기되고 있다.

살펴본 바와 같이 고려의 지배 계급은 경제적으로 별다른 타격을 받지 않았다. 이들은 고려가 사라진 뒤에도 계속해서 지배 계급으로 남았다.

그 예로 들 수 있는 사람이 바로 개혁을 주도한 조준이다. 조준은 고려 충렬왕 때 문하시중을 지낸 조인규趙仁規(1237~1308)의 증손이다. 조인규는 몽골어 통역관으로 출세해서 충선왕의 장인이 되어 권문세족으로 올라섰다. 그 아들도 모두 재상의 반열에 올랐다. 조준의 할아버지, 아버지 모두 판도판서判圖判書를 지냈는데 조선시대로 치면 호조판서이다. 즉 조준의 집안은 재정을 담당하는 데 특화되어 있었던 권문세족이었다.

정도전은 1394년(태조 3년)에 조선의 헌법이라고 할 수 있는 『조선경국전』도 만들었다. 『조선경국전』은 나라 이름을 조선이라고 한다는 것부터 나라를 다스리는 각 부서의 일을 규정했다. 『조선경국전』은 훗날 만들어지는 『경국대전經國大典』의 모체가 되는 중요한 책이다.

개국 초의 권력 다툼
- 왕자의 난

권력을 차지하기 위해 얼마나 비정해질 수 있는지를 보여준 인물이
바로 태종 이방원이다. 그는 아버지의 친우이자 나라의 기둥이었던 정몽주를
암살하였고, 배다른 동생인 방석이 후계자가 되자 그를 제거했으며,
왕좌에 오른 뒤에는 외척과 사돈을 제거하여 왕권을 안정시켰다.

이방원의 불만

태조 이성계의 다섯 번째 아들 이방원은 조선 건국의 주역
중 하나였다. 조선 건국의 최대 걸림돌이었던 정몽주를 암살한 이도
바로 이방원이었다. 이방원의 맹활약 때문에 차기 군주는 이방원일
것이라 생각들 하는 분위기였다. 그러나 태조는 즉위하자마자 막내
아들인 이방석을 세자로 책봉했다. 이방원과 이방석 모두 태조의 아
들이긴 했지만 어머니가 달랐다.

이방원은 신의왕후 한씨의 소생으로, 한씨는 이때 이미 죽은 뒤
였다. 이방석은 신덕왕후 강씨의 소생으로 위로는 동복형 이방번이
있었다. 이때 나이가 불과 열한 살이었다.

태조는 즉위 후에 친위부대인 의흥친군위義興親軍衛를 설치하였는
데 여기의 수장은 이복동생인 이화가 맡았고 그 밑의 요직들에는
둘째 이방과, 강씨 소생의 왕자 이방번, 부마 이제를 앉혔다. 이때도
이방원은 배제되었다. 불과 열두 살밖에 안 된 이방번이 군사 지휘

를 맡았는데, 개국에 큰 공을 세운 이방원은 군사 책임자에서 제외되었던 것이다. 이방원은 심지어 공신 명단에서도 누락되었다. 이방원의 불만은 이루 말할 수 없었을 것이다.

개국 후에 태조는 천도를 하고 싶어 했다. 태조가 지목한 장소는 지금의 서울인 한양이었다. 하지만 공신들이 반대했다. 공신들이야 대대로 살아온 개경을 떠나고 싶지 않았을 것이다.

1393년(태조 2년)에 계룡산이 천도 후보지로 떠올랐다. 태조가 직접 답사도 다녀왔으나 이번에도 반대에 부딪쳐 무산되었다. 이 답사에 태조는 이방원을 대동했다. 공신들이 천도를 반대하자 이방원을 불러들인 것이다. 하지만 이방원이 천도 문제를 논의하고자 공신 남은을 방문했을 때 남은은 이방원을 만나주지 않았다. 이방원의 처지는 이렇게까지 궁색했다.

제1차 왕자의 난

1394년(태조 3년)에 다시 한양이 천도할 곳으로 결정되었다. 경복궁을 비롯해 근정전, 사정전, 강녕전 등 궁궐과 궁궐 안 주요 전각의 이름은 개국공신인 정도전이 지었다.

이방원이 이대로 끝날 사람은 아니었다. 언젠가 기회가 오리라 기다리던 중에 과연 기회가 찾아왔다.

1396년(태조 5년) 6월에 명나라에서 정도전을 압송하라는 요구가 들어왔다. 조선에서는 정도전이 아프다는 변명을 하고 이 문제를 풀려고 했지만 명나라는 계속 정도전의 입조를 요구했다. 명나라는 왜 정도전을 불러들이려 한 것일까? 거기에는 정도전이 빌미를 제공한

면이 있었다.

정도전이 1392년(태조 1년)에 명나라에 사은사로 갔다가 귀국하던 중에 "명과 사이가 좋아지면 좋은 것이고, 안 좋아지면 한바탕 부딪치는 거지"라는 말을 했던 것이다. 이런 말을 했던 정도전이 판의흥삼군부사 자리에 앉아 군제 개혁을 주도하고 있자 명나라는 우환을 뿌리 뽑으려 했다.

정도전은 이런 명나라의 태도에 분개하여 요동을 공격하자는 과격한 주장을 내놓았고, 좌정승 조준은 깜짝 놀라 와병 중에 궁으로 나와 강력히 반대했다. 정도전과 조준은 태조의 오른팔, 왼팔 같은 존재였는데 이를 계기로 서로 불화하게 되었다. 역시 태조가 깊이 신뢰한 남은은 정도전의 편에 섰다.

이런 와중에 태조는 몸이 좋지 않았다. 태조는 왕자와 공신들이 각자 개별적인 병력, 즉 사병을 거느리고 있는 것이 위험하다고 생각하게 되었고, 이것은 사병을 금지한다는 사병 혁파로 이어졌다.

무력을 잃게 된 이방원은 이것이 정도전이 자신을 제거하려는 신호라고 생각했다. 정도전이 이방원을 노리고 있다는 여러 첩보가 그에게 들어왔다.

이방원은 선수를 치기로 마음먹었다. 안산 군수 이숙번과 처남 민무구, 민무질, 심복 조영무 등을 동원해 정도전이 묵고 있던 남은의 첩의 집을 급습하였다.

정도전이 이방원을 제거하려고 했다면 이렇게 무방비로 있었을 리가 없다. 정도전에게 씌워진 혐의는 후일 이방원이 만들어낸 것일 가능성이 높다.

정도전 일파를 처형한 이방원은 궁을 장악했다. 세자 이방석은 무기력하게 이방원이 도성을 장악하는 것을 바라보기만 했다.

이방원은 태조의 장남 이방우가 죽은 뒤 맏이가 된 둘째 이방과를 세자로 삼아야 한다고 주장했고 태조도 이를 받아들였다.

정도전은 막내를 세자로 세우게 임금을 홀린 죄, 종친을 살해하려고 한 죄를 뒤집어썼다. 정도전이 어린 막내를 세자로 삼은 것은 요동을 공격하려는 욕심 때문이고, 종친을 살해하려고 한 것은 이방과가 정도전을 명나라로 호송하자는 데 찬성했기 때문이라는 설명이었다.

태조는 세자 자리를 이방과에게 내주었는데 이방과는 후일 즉위하여 조선의 2대 왕인 정종이 된다. 태조는 이때만 해도 폐세자 이방석을 죽일 줄은 몰랐다. 세자가 아니니 궁에서 내보내야 한다는 말에 허락했는데, 이방석은 궁을 나서자마자 바로 암살되고 말았다. 이때 이방번도 살해당해서 강씨 소생 아들들은 모두 죽고 말았다. 부마 이제도 처형되었다.

이 사건을 제1차 왕자의 난이라고 하는데, 표면적으로는 이런저런 이유를 대었지만, 그 실상은 태조의 왕위 계승 계획에 대한 이방원의 반격이었다.

이방원은 이후 형 이방의, 이방간과 자신을 개국 1등공신으로 만들었다. 우군절제사와 판상서사사를 겸직하여 권력도 장악했다.

제2차 왕자의 난

태조는 두 아들의 죽음에 큰 충격을 받았다. 질병도 심했던 터에 아들들까지 비명횡사하니 더 견딜 수가 없었다. 태조는 이방과에게 왕위를 넘기고 태상왕이 되었다. 본래 왕위에서 물러나면 '상왕上王'이라 부르지만 태조의 경우는 개국 군주이기에 높여 불러 '태상왕太上王'이라 하였다.

정종이 즉위했지만 나라의 모든 권력은 이방원에게 있었다. 이방원은 개경으로 환도하기로 결정했다.

정종은 세자를 정하지 않고 있었다. 물론 사람들은 당연히 다음 왕은 이방원이 하리라 예상하고 있었다. 단 한 사람, 이방원의 바로 윗형인 이방간만 빼고.

제1차 왕자의 난 때 자신이 1등공신이 되지 못한 걸 불평한 박포라는 무신이 있었다. 박포는 이방간과 친했는데, 이방간에게 나서지 말라고 이야기했으나 듣지 않자 그럴 바에는 차라리 이방원을 선제공격하라는 충고를 해버렸다.

1400년(정종 2년) 1월에 이방간은 사냥하는 척하면서 군사를 모아 이방원 공격에 나섰다. 이때 태상왕에게 가서 알렸는데, 태상왕이 만류했지만 듣지 않았다. 하지만 이방원은 여유롭게 이방간의 공격을 막아내고 이방간까지 사로잡았다. 이방원은 친형까지 죽이고 싶지는 않았던 모양으로 이방간은 목숨을 부지할 수 있었다.

이방원은 이어서 사병 혁파에 나섰다. 이방원의 심복이었던 조영무, 이천우 등은 경악했다. 조영무는 명에 따르지 않음은 물론 이방원에 대해 무례한 말을 하며 병기를 반납하라고 온 조정 관리를 두들겨 패서 돌려보내기까지 했다.

이방원은 정도전이 사병 혁파를 하는 것에 자극을 받아서 왕자의 난을 일으켰고, 조영무 등은 바로 그 난에 앞장섰던 사람들이었다. 그런데 이방원이 똑같은 일을 되풀이하자 어이가 없어진 것이었다. 하지만 왕조 국가에서 왕 이외에 무력을 지닌다는 것은 말이 되지 않는 일이었다.

이방원이 세자 책봉을 받자 태상왕은 화도 나고 낙담도 되어 개경을 떠나버렸다. 그나마 눈치라도 주던 태상왕이 사라지자 이방원은 정종에게서 바로 양위를 받아 조선의 제3대 임금 태종이 되었다.

태종은 아버지의 기분을 풀어주기 위해 다시 한양으로 천도하기로 결정했다. 태상왕이 한양 천도를 요청했던 것인데, 일단 응답은 했지만 수도를 다시 옮기는 게 쉬운 일은 아니었다. 1405년(태종 5년)이 되어서야 드디어 한양이 조선의 수도로 자리 잡게 되었다.

이 와중에 풍수지리설이 끊임없이 튀어나오며 여기가 좋으니, 저기가 흉하니 하는 논란을 일으켰다. 태종은 이런 논쟁에 염증이 났는지, 나중에 이런 미신을 적은 책들을 수거해서 모두 불태워 버렸다. 유사역사가들은 태종이 고조선의 역사를 말살했다고 엉터리 이야기를 하는데, 태종은 불합리한 미신을 타파하고자 했을 뿐이었다.

태종은 미신을 믿지 않았다. "예로부터 제왕이 흥하는 것은 천명과 인심에 달려있으니 어찌 부적과 도참설을 믿을 수 있겠는가?" 태종은 창칼로 나라를 얻었으니 이런저런 예언이라는 것이 헛된 것이라는 것을 잘 알고 있었다. 또한 이런 예언서가 끼칠 해악도 잘 알고 있었다. 태종은 참서讖書(예언서)를 모두 불태우라고 명하면서 이렇게 말했다. "만약 참서를 불살라 버리지 않고 후세에 전한다면 사리를 밝게 보지 못하는 자들이 반드시 깊이 믿을 것이니, 빨리 불살라 버려 이씨 사직에 아무런 손해가 없게 해야 할 것이다."

고려 왕족 왕씨들의
운명과 점쟁이

태조 때 밀양에 장님 점쟁이 이흥무가 살았다. 동래 현령 김가행과 소금 담당 관리 박중질이 참찬문하부사 박위의 소개로 이흥무를 찾아와서 점을 쳤다.

"공양왕의 명운과 주상 전하의 명운 중 누구 것이 나은가?"

"공양왕의 명운은 쇠진하였습니다."

"그럼 공양왕의 원자와 정양군(왕우, 공양왕의 아우)은 어떤가?"

"명운이 쇠진하였습니다."

"그렇다면 왕씨 가운데 누가 좋은가?"

"남평군 왕화(공양왕의 사촌)가 귀하고, 그다음은 영평군 왕거(왕화의 동생)입니다."

"왕화의 명운이 어떠한가?"

"군사를 거느리고 진수할 명운입니다."

이 이야기를 전해 들은 왕화가 숙부인 승려 석능을 데리고 이흥무에게 달려왔다. 공양왕이 다시 왕이 될 수 있는지 물은 후에 자신의 명운을 물었다.

"군신이 경회하고 천지가 덕합하는 명운이니 섬에 들어간 지 3년 후에는 나오고 47~8세에 호운이 들어 50세 이후에는 장수가 되어 군사를 거느리고 반드시 임금이 될 것입니다."

태조가 집권하면서 왕씨들은 대부분 강화도와 거제도에 유배되었다. 이때가 유배된 지 대강 3년이 가까워지는 시점이었다. 석능도 자신의 명운을 물었다.

"왕사가 될 명운입니다."

왕화는 동생 왕거에게 이 사실을 자랑했다. 하지만 말이 어디선가 새어서 이들이 몽땅 잡혔는데, 문제는 배후가 박위라는 데 있었다.

박위는 이성계의 요동 정벌을 수행했고, 위화도 회군 때도 이성계의 편이었으며 수군을 이끌고 가 쓰시마를 정벌한 일도 있었던 용맹한 무장이었다. 이성계의 심복으로 당당한 개국공신이었던 그가 왜 이런 일을 했을까? 이 사건이 터지자마자 관련자로 잡아넣었던 박위를 태조는 이틀 만에 풀어주고는 고생했다고 술자리까지 마련해 주었다. 뭔가 수상하다.

그 후에도 대간에서 박위를 심문하자, 처벌하자는 상소를 계속 올리지만 태조는 상소를 모두 무시해 버린다. 그리고 점쟁이 이흥무, 왕화, 왕거, 김가행, 박중질 등은 모두 참수형에 처하고 승려 석능은 거제도에 유배했다. 참수형에까지 처할 정도의 사건인데 정작 이 사건의 시발점은 건드리지 않은 것이다.

일은 여기서 멈추지 않았다. 삼척에 유배되어 있던 공양왕에게 저승사자가 파견되었다. 그런데 죽이는 이유가 황당했다.

"김가행, 박중질 등이 반역을 도모했는데 너도 연관이 있다. 물론 너는 이 일을 전혀 모르겠지만 대간들이 너도 죽여야 한다고 계속 상소를 올리니 그만 죽어줘야겠다. 난 정말 억지로 죽이는 데 동의한 거니까 그리 알려무나."

이때 공양왕의 두 아들도 함께 교살되었다.

그런데도 박위는 아무 문제가 없었다. 박위뿐이 아니었다. 국문 중에 이흥무는 박위보다 더 먼저 똑같은 것을 물어본 사람이 있다고 말했다. 전 지신사 이첨이 그 주인공이었다. 그러나 이첨도 별문제가 없었다. 이첨은 합포에 유배되었지만, 7개월 만에 풀려났다. 그 후에는 다시 관직에 나아갔다.

이 일에 연루된 사람이 또 있었다. 정양군 왕우였다. 왕화는 국문을 당하자 별 관련도 없는 정양군을 끌고 들어갔다. 정양군이 섬에 유배되어 있는 공양왕의 사위인 익천군 왕집에게 사람을 보내서 "섬에 들어간 것을 근심하지 마시오. 내가 다시 왕으로 세우고자 꾀합니다."라는 말을 전했다고 일러바친 것이다.

정양군은 태조가 아끼던 신덕왕후 강씨의 소생인 이방번의 장인이었다. 왕화는 왕자의 장인인 정양군을 끌고 들어가면 빠져나갈 구멍이 있을까 생각했던 것 같지만, 태조는 이것 역시 개의치 않았다. 물론 정양군은 처벌도 받지 않았다.

점쟁이 이흥무 사건은 태조가 이첨, 박위 등 자기 심복을 이용해 왕씨들을 제거하는 공작이었던 것은 아닐까. 이 사건 후에 거제와 강화에 있던 왕씨들을 모두 물에 빠뜨려 죽이고 지방에 남아 있던 왕씨들도 도륙해 버렸다. 왕씨 성을 쓰는 것도 금지되었다. 왕씨들은 어머니의 성을 쓰라는 명이 내려졌다.

조선 최초의 반란, 조사의의 난

조사의는 정4품 의랑으로 처음 『조선왕조실록』에 등장했다.
이후 첨절제사(종3품), 안변 부사(정3품)로 승진했다. 조사의는 의랑 시절인
1393년(태조 2년)에 세자 이방석의 부인이었던 현빈 유씨의 일을 거론했다가
귀양을 갔었다. 현빈 유씨는 내시와 사통한 일을 들켜서 내쫓겼던 사람이다.
유씨와 사통한 내시는 참수형을 당했다.

반란 소식을 전하라

새 나라에서 벌어진 혈육 간의 권력 투쟁에 크게 낙담한 태상왕 이성계는 금강산 유람을 간다고 떠났다가 함흥 쪽을 향해 북으로 올라가기 시작했다.

안변 부사(안변은 현재 북한 쪽 강원도에 속하지만 당시에는 함경도에 속해 있었다) 조사의趙思義(?~1402)는 신덕왕후 강씨의 친척으로 왕자의 난에 대해서 분노하고 있었다. 그는 신덕왕후의 친척 강현과 함께 모반을 꾀했다. 그는 현빈 유씨의 일을 밝히라고 해서 태상왕의 분노를 산 적도 있었지만 신덕왕후의 친척으로 태상왕을 잘 모셨던 모양이었다.

조사의는 안변대도호부 부사라는 고위 관직에 있기는 했지만 그렇다고 명망이 높은 장군은 아니었다. 그런 조사의의 반란에 인근 고을이 병력을 내어 6~7천의 병사를 동원한 것만 해도 대단한 일이었다. 그런데 이것이 과연 조사의 혼자의 힘이었을까?

조사의의 난이 끝난 뒤에 태상왕을 호위하여 따라갔던 정용수와 신효창도 귀양을 갔다. 이 두 사람은 조사의의 난에 가담하였던 것이다.

정용수와 신효창은 태상왕이 북으로 올라갈 때 대호군 안우세를 찾아가 말했다.

"북쪽에서 지금 군마를 징발하고 있으니 반드시 변란이 일어날 것입니다. 이 좋지 않은 소식을 주상께 즉시 아뢰야겠습니까, 아니면 일이 터진 후에 아뢰어야 하겠습니까?"

안우세가 대답했다.

"저녁에 이 말을 들었으니 어찌 한밤중까지 기다리겠는가?"

안우세는 즉시 말을 달려 도성으로 가 태종에게 이 사실을 고했다. 이때가 11월 4일 밤이었고 태종이 이 사실을 안 것은 11월 5일이었다. 태종은 즉시 호군 김옥겸을 파견해 사태를 알아보게 했다.

김옥겸이 안변에 도착하여 조사의를 만나자 조사의는 그를 냉랭하게 흘겨보더니, 급기야는 칼과 마패를 빼앗았다. 김옥겸은 몰래 빠져나와 옆 고을로 도망쳤는데 그곳에서도 냉대를 받았다. 김옥겸이 영흥부에 도착하자 영흥부윤 박만은 조사의가 모반을 꾀할 모양이라 상소문을 보냈는데, 그걸 보았느냐고 물었다. 김옥겸이 본 적이 없다고 하자 박만은 안절부절못하였다.

"그 상소문이 도착하지 않았다면 조사의가 손을 써서 처치한 게 분명하네. 이제 위태로울 일만 남았어."

박만은 이어 그에게 칼과 말을 내주었다.

"나는 장수가 되어 함부로 움직일 수 없네. 자네는 샛길로 도망쳐서 주상께 이 일을 고하게. 자네가 잡히면 우리 둘 다 목숨을 부지하지 못할 것이네."

김옥겸은 급히 말을 몰아 길을 떠났다. 그런데 중간에 아는 사람을 만나 가볍게 인사를 하고 지나쳤는데, 그자는 조사의의 부하여서 김옥겸을 따라와 붙잡았다. 김옥겸은 손이 묶였고 십여 명이 둘러앉아 그를 감시했다. 밤이 깊어 지키던 이들이 잠에 빠져들자 김옥겸은 그 길로 죽기 살기로 도망쳤다. 그가 도망친 것을 금방 알아챈 이들이 쫓아왔으나 깊은 산으로 달아나 잡히지 않을 수 있었다. 김옥겸이 도성으로 돌아온 날은 11월 11일이었다.

김옥겸이 돌아오지 않자 태종은 반란을 만류하고자 상호군 박순을 또 파견했다. 하지만 조사의는 박순을 죽여버렸다. 박순이 죽은 날은 11월 8일이었다.

반란의 주체는 누구였을까?

조정의 관심사는 조사의의 반란을 태상왕이 사주한 것인가, 아니면 유배 중인 이방간이 사주한 것인가 하는 데 있었다. 태종은 단호하게 둘 다 아니라는 입장이었다. 그런 뜬소문이 사실인 양 돌아다니는 것은 신생 국가에는 치명적으로 작용할 수 있는 일이었다.

조사의가 움직이기 시작했다. 조정에서 보낸 안주도 절제사 이천우가 11월 19일에 조사의의 반군과 만나 전투를 벌였는데 기마 부대 백여 명이 조사의 군에 포로로 잡히고 말았다. 이천우도 조사의 군에게 포위되었고 악전고투 끝에 이천우와 10여 기만이 탈출하는 데 성공했다.

이때 포로로 잡혔다가 풀려난 관리가 조사의 군의 실정을 이야기해 주었다.

"군사는 대략 6~7천 명이 되는데, 오랑캐가 오면 만 명이 될 거라고 했습니다."

걱정할 만한 이야기였다. 하지만 그다음 이야기가 더 중요했다.

"신이 몰래 도망하면서 보니 조사의의 군사들이 수십 명씩 탈영을 하고 있었는데, 그 수가 매우 많았습니다."

반역은 쉬운 일이 아니다. 신덕왕후와 폐세자를 위해서 거사를 한다는 것이 병사들에게는 그리 와닿지 않는 이야기였던 모양이었다.

김천우라는 사람이 조사의 군에 포로로 잡혔는데, 그에게 정부군의 규모를 물었다. 김천우는 이렇게 대답했다.

"조영무를 비롯해 조정의 명장들이 모두 출동하여 군사가 모두 4만여 명이나 됩니다. 이 군사들을 당해낼 수 있겠습니까?"

이 말에 조사의의 병사들은 모두 두려워 얼굴색이 변해버렸다. 이날부터 병사들이 서로 삼삼오오 모여서 달아나기 시작했던 것이다. 조사의 군은 결국 그렇게 11월 27일에 자멸하고 말았다. 채 한 달도 가지 못한 반란이었다. 반란이 실패한 데에는 태상왕이 깊이 관여하지 않았다는 것도 원인이 되었다.

당초에 안우세가 태종에게 조사의 반란 움직임을 보고한 것은 정용수와 신효창의 말 때문이었다. 조사의는 정용수와 신효창을 죽여야 한다고 태상왕에게 말했는데, 태상왕은 이 두 사람을 보호해 주었다. 이로 보아 태상왕은 조사의의 거병을 완전히 지지한 것은 아니었던 것 같다.

태상왕은 맨손으로 나라를 일군 역전의 용사다. 전쟁터에서 뼈가 굵은 사람이었다. 자신이 여기서 조사의의 편을 들어주면 나라가 반쪽 날 게 분명했다. 태상왕은 차마 그럴 수는 없었다. 조사의가 잘 싸워서 이긴다면 그때 편을 들어줘도 되리라 보았던 것 같다. 대신 여진족의 지원을 약속해 주었던 것 같다.

여진족이 실제로 조사의의 편에서 전투를 치렀는지는 알 수 없다. 하지만 조사의의 난이 평정된 이후에 조사의의 편에 섰던 여진족은 깊이 숨어버렸다. 실제 참전하지는 않았다 해도 참전 약속을 한 것만으로도 걱정은 되었을 것이다.

태종은 조사의의 난을 평정한 뒤에 동북면에 새로운 군사 조치를 취했다. 그동안 동북면 여진 추장들의 호위병으로 인정해 주었던 특수한 사병 조직인 가별치加別赤(또는 가별초家別抄)를 해산시킨 것이다. 태종은 이성계의 전우였던 이지란(퉁두란)의 아들 이화영을 불러 가별치를 없애면 따로 사람들을 내려주겠다고 설명하기도 했다. 이때 가별치가 모두 없어진 것은 아니었다. 1411년(태종 11년)이 되어서야 완전히 혁파할 수 있었다.

한 번 가면 오지 않는다는 '함흥차사'의 주인공이 박순이다. 반란군을 만류하기 위해 떠났던 박순은 반란군 수장 조사의에게 죽임을 당하고 말았다. 이 일로부터 함흥차사의 전설이 만들어졌고, 내용도 태상왕 이성계를 만나러 간 사자들이 돌아오지 못한 이야기로 바뀌었다. 하지만 이것은 사실이 아니다. 실제로는 이성계나 그의 부하가 죽인 것이 아니었다.

조선은
노예제 국가였을까?

조선은 고조선의 8조법금에 나오는 "도둑질한 사람은 재산을 몰수하고
남자는 노奴로 삼고 여자는 비婢로 삼는다"를 근거로 해서
노비 제도에 정당성을 부여했다. 노비는 범죄자의 후예로 양인과
구분되는 존재라고 했던 것이다.

노비 수 증가를 막으려는 노력

토지 문제를 해결한 뒤에 남은 것은 노동력 문제였다. 농사를 지으려면 사람이 필요했다. 이 때문에 권문세족들은 농민들을 사적으로 소유하고자 했는데, 이 문제를 해결해야 했던 것이다. 사적으로 소유물이 된 농민이 일반 백성인지 노비인지 불분명했다.

조선 조정은 과거의 서류들을 뒤져서 신분을 확실히 밝힌 뒤에 새로 공문서를 발급하고 고려 때 공문서는 모두 불태워 버리기로 했다. 사전 혁파 때 토지 문서를 모두 불태워 버린 것과 같은 방식이었다.

이때 신분이 불분명한 경우는 신량역천身良役賤(신분은 양인이지만 천민이 하는 직역에 봉사하게 함)으로 만들어 사재감司宰監의 수군으로 만들게 되었다. 사재감은 궁중에서 사용하는 진상품을 관리하고 배들도 관리했는데 이 배를 움직이는 수군으로 보냈다는 것이다. 수군은 노를 젓는 힘든 일을 해야 해서 걸핏하면 달아나 버리기 때문에 보통

의 관리로는 유지할 수가 없었다. 그래서 일정 기간 복무를 강제로 하게 한 뒤 양인으로 만들어주었다.

본래 범죄자가 노비가 되는 것이었으나 그 노비가 자식을 낳으면 어떻게 되는가 하는 문제가 있었다. 고려 때부터도 부모 중 한쪽이 노비면 그 자식들도 노비가 되었는데, 이것을 일천즉천一賤則賤이라 고 불렀다.

태종은 일천즉천이면 결국 노비의 수가 크게 불어난다고 여겨서 종부법從父法을 시행했다. 아버지의 신분을 따른다는 것으로 아버지 가 양인인데 어머니가 노비라면 그 자식들은 양인이 되는 법이었다. 하지만 이 법은 세종 때 다시 일천즉천으로 돌아가 버렸다.

노비의 신분을 밝히는 것 못지않게 큰 문제가 주인이 죽은 뒤에 노비를 누가 차지하느냐였다. 1397년(태조 6년)에 노비 법안 19조가 만들어졌다. 이 법안은 노비의 상속 문제에 대한 원칙을 세웠고『경 국대전』에 계승되었다.

권력자가 노비를 무한정 소유하는 것이 문제라는 생각이 있었지 만 법으로 막지는 못했다. 고려 말의 문제도 노비 소유가 지나치게 많았다는 점이었는데 조선도 이 문제를 해결하지는 못했던 것이다.

노비도 하늘이 내린 백성이다

그런데 조선의 노비는 노예 같은 존재와는 달랐다. 노비도 하늘 이 내린 백성이라는 사고가 밑바닥에 있었기 때문이다.

고려 때인 1391년(공양왕 3년)에 문하부에서 올린 상소를 보자.

노비가 아무리 천하다 하여도 역시 천민天民(하늘이 내린 백성)인데, 보통 재물과 같이 쳐서 공공연히 사고팔며 혹은 말과 소와 교환하는데 말 한 필에 두세 명씩 주고도 오히려 말 값이 모자라니, 이는 말과 소를 사람의 생명보다 중하게 여기는 것이 됩니다.

1444년(세종 26년)에 세종이 형조에 내린 전지傳旨(승정원의 담당 승지를 통하여 전달되는 왕명)를 보자.

노비는 비록 천민이나 하늘이 낸 백성 아님이 없으니, 신하 된 자로서 하늘이 낳은 백성을 부리는 것만도 만족하다고 할 것인데, 그 어찌 제멋대로 형벌을 행하여 무고한 사람을 함부로 죽일 수 있단 말인가.

이런 변화는 노비이더라도 유교적인 덕목인 효와 절개를 지켰을 경우 국가가 포상을 했다는 데서도 찾아볼 수 있다.

1395년(태조 4년) 경상도 영주의 관노 물쇠가 아버지를 성심으로 섬겼고 사망한 뒤에는 신주를 모시고 상복을 입고 아침저녁으로 상식上食(죽은 사람에게 올리는 음식)을 올렸다. 이 공을 기려 물쇠에게 쌀을 내리고 마을 입구에 정문旌門을 세워 기념하게 했다. 1420년(세종 2년)에는 사노 막금의 처 조이가 24세에 홀몸이 되어 54세까지 수절을 한 것을 기념하여 마을 입구에 정문을 세우고 그 집안의 요역을 면제해 주었다. 이처럼 공노비, 사노비를 가리지 않고 국가가 이들을 격려하고 포상했던 것이다.

1433년(세종 15년)에 노인 155인을 궁에 불러 양로연을 열었는데,

이때도 노비들이 포함되어 있었다. 세종은 나이 많은 사람들을 위해 시중을 드는 사람을 뽑는 법안을 제정할 때도 노비들 또한 차별하지 말아야 한다고 명한 바 있었다.

1432년(세종 14년)에는 왕비가 나이 많은 부인들을 불렀는데 이때도 공노비, 사노비를 가리지 않고 불렀다. 기록을 보면 관리의 부인 66인과 공노비, 사노비의 부인 118인으로 노비들이 더 많았을 뿐만 아니라 사노비까지 대상으로 삼고 있었다는 것을 알 수 있다.

나이가 많은 노비의 경우는 양인으로 신분을 바꾸고 벼슬을 내려주기도 했는데, 이는 노비의 신분이 절대 변하지 않는 영구불변의 것이 아니라는 사실을 보여준다.

조선은 정말 노예제 국가였을까

조선은 분명히 신분제 국가였다. 그런데 노비가 존재했다는 사실을 가지고 조선을 노예제 국가라고 주장하는 경우가 있다. 조선의 노비가 전체 인구의 40퍼센트에 달했다는 점을 들어서 노예제 국가라고 말하는 것이다.

그런데 정말 그랬을까? 조선 노비의 수에 대한 연구는 호적대장에 등재된 것을 가지고 추정한 것이다. 호적대장이라는 것은 각 가구의 인원을 기록한 장부를 뜻한다. 그러니까 오늘날 인구 센서스를 한 것과 비슷한 것이 아닐까 생각하게 마련이다. 조선이 오늘날처럼 정밀하게 인구 조사를 할 수 있었을까? 최근의 연구들에 따르면 호적대장의 노비 수는 실제 수치가 아닐 가능성이 높다. 이미 그 노비들은 도망쳐서 잘 살고 있는데, 그저 서류에만 남은 존재였을 수

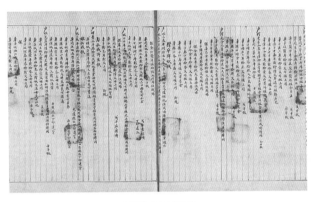

조선시대의 호적대장

사진 속의 호적대장은 조선시대 역참에 소속된 아전, 노비 들의 호적을 정리한 호적
대장 사근도형지안沙斤道形止安이다. 조선시대 노비의 수는 호적대장으로 추정한 것
이다.

있다. 임진왜란이 터졌을 때 조선의 병력은 장부상으로는 20만이나
되었다. 하지만 이 병력이 실제로 있는 건 아니었다.

조선 후기에 오면 노비 신분을 벗어나기 위해 도망치는 경우가
점점 많아졌으나 양반들은 그들을 다시 잡아들이고자 호적에 남겨
두었다. 노비들의 도망은 평민의 증가를 가져왔다. 노비가 줄어드는
데는 국가의 정책도 한몫을 하고 있었다.

우선 1731년(영조 7년)에 노비의 신분은 어머니를 따르는 종모법
從母法이 시행되었다. 이로써 양민 여자가 낳은 아이는 아버지가 노
비여도 양민이 되었다. 또한 노비가 돈을 내고 노비 신분을 탈출하
는 속량제贖良制가 시행되었다. 속량은 그 전부터 몰래 행해지고 있
었는데 나라에서 이것을 인정한 것이었다. 노비들도 재산을 모을 수
있었기 때문에 자신이 모은 돈으로 노비 신분을 탈출할 수 있게 되
었다.

속량을 위해서 얼마나 돈을 내야 했을까? 18세기 초에는 남자 노비는 포 150필, 여자 노비는 포 120필이 필요했다. 이건 10년은 걸려야 모을 수 있는 재산이었다. 하지만 속량 가격은 19세기 초가 되면 10분의 1로 줄어들었다. 노비의 경제적 가치가 확 줄어들었던 것이다. 조선 초에는 노비 한 명의 가격이 말 한 필이었는데, 이때에 이르면 남자 노비 서너 명이 말 한 필과 맞먹게 되었다.

조선 양반들은 노비에 대해서 동정적인 경우는 많았지만, 이 제도의 철폐를 주장한 경우는 없었다. 많은 양반들이 노비를 어떻게 하면 더 많이 '불릴' 수 있을까 고민했다. 실학자 정약용도 공노비 해방을 국가 기강이 무너지는 것으로 이해했을 정도다. 조선 후기에 여러 개혁적인 정책을 생각했던 유형원, 이익 등과 같은 양반도 노비 제도 자체를 없애야 한다는 생각은 하지 못했다.

조선의 노비는 1886년(고종 23년)에 고종에 의해 노비 세습제가 폐지되며 대를 물리는 일이 사라지게 되었고 1894년(고종 31년) 갑오개혁 때 신분제가 폐지되면서 법적으로는 완전히 사라졌다.

조선 양반은 군정軍政에서 거둬들이는 세금을 내지 않았다. 군정은 군역을 치르기 위해 들어간 사람을 돕기 위해 내는 세금을 가리킨다. 소선 후기에 오면 군정이 엉망으로 운영되면서 백성들에게 큰 피해를 주었다. 군정은 이미 죽은 사람이나 어린아이에게도 강제로 물리고 도망친 이웃의 세금도 물리는 등 심각한 문제가 있었다. 세금을 못 견디고 자진해서 노비가 되고자 하는 사람이 있을 정도였다.

실질적인 창업 군주
태종

태종은 사병 혁파, 관제 정비, 지방 제도 개혁, 명과 여진, 일본과의 관계 정립 등
조선의 향후 국정 운영의 기틀이 된 정책을 모두 정립한 왕이었다.
태조가 건국 후 미처 손대지 못했던 새 나라의 수많은 기틀을 다지고
후계자의 안녕을 위해 위협이 될 세력은 모조리 처치한 과감한 군주였다.

왕권을 강화하라

태종은 19년간 왕위에 있었다. 정종 때도 실제 권력자는 태종이었으니 21년간 왕위에 있었던 것이나 다름없다.

태종은 이성계의 자식 중 유일하게 과거 급제자였다. 그야말로 문무를 모두 갖춘 인물이었다. 심지어 과거에 급제했을 때 불과 17세였다.

험난한 과정을 거쳐 왕이 된 태종은 왕권을 강화하는 데 집중했다.

첫 번째 왕권 강화 작업은 사병 혁파였다. 일부 심복들도 저항했지만 태종은 무사히 사병 혁파를 마무리 지었다.

두 번째 왕권 강화 작업은 관제 정비였다. 당시 국정은 개국 공신들이 모인 도평의사사都評議使司에서 이루어졌다. 도평의사사는 고려의 제도였는데 많은 사람들이 모여서 국정을 결정하는 만큼 효율적이지도 않았고 왕권이 작동하기도 쉽지 않았다. 정종 때 도평의사사

는 의정부議政府로 바뀌었고 태종 즉위 후에 권한과 인원이 축소되었다.

1405년(태종 5년)에는 육조六曹, 즉 이조吏曹, 호조戶曹, 예조禮曹, 병조兵曹, 형조刑曹, 공조工曹의 기능을 강화했다. 다시 1408년(태종 8년)에 의정부의 권한을 더욱 축소했다. 하지만 여전히 의정부가 육조의 결재권을 가지고 있었으므로 1414년(태종 14년)에 육조직계제六曹直啓制를 실시하여 육조를 국왕 밑에 두는 개혁을 단행했다.

태종이라고 하면 무시무시한 권력자처럼 보여서 모든 일을 일도양단으로 해치웠을 것처럼 여겨지기도 하지만, 그는 능숙한 행정가이기도 했다. 그는 결코 서두르지 않고 관제 개혁을 진행하여 왕의 권력을 키우고 신하의 권력을 줄여나갔다. 이렇게 하기까지 신하들의 저항도 만만치 않았다.

세 번째로 지방 제도를 정비했다. 조선 팔도八道라고 하는 것이 바로 태종이 만들어낸 것이다. 태종이 만든 팔도 체제는 고종 때인 1896년에 13도로 개편될 때까지 조선을 지배했다.

네 번째로 주변 국가와의 관계를 정립했다. 명나라와는 요동 정벌을 꾀한 정도전을 처형함으로써 관계를 개선했다. 또한 태종 자신이 사신으로 명나라에 가서 황제를 직접 만나본 적이 있어서 더욱 사이가 괜찮았다.

북방의 여진족과의 문제도 있었다. 여진족의 무력은 늘 우려할 만한 것이었고 명나라도 이 점에 신경을 많이 쓰고 있었다. 1406년(태종 6년)에 여진족이 함경도 경원을 공격한 일이 있었다. 태종은 즉각 정벌군을 파견하여 이들을 응징했다. 이 정벌로 북방의 위협이 제거되었다.

남으로는 일본과의 문제가 있었다. 태종은 왜구들의 본거지인 쓰시마를 쳐서 남방의 위협도 제거했다. 이 일은 세종 때 이루어진 것이지만 군사 문제는 상왕인 태종의 소관이었으므로 태종의 업적으로 생각해야 한다.

태종의 개혁

태종의 개혁이 모두 성공한 것은 아니지만 후대에 의미를 남기는 경우도 많았다.

첫 번째로 호패법號牌法을 시행한 것을 들 수 있다. 국가는 백성들의 상태를 파악해야 한다. 나라의 근간이 사람인 것은 전근대 왕조국가나 지금의 현대 국가나 마찬가지다. 1413년(태종 13년)에 시행된 호패법은 3년 후에 폐지되기는 했지만, 그 후에도 꾸준히 신분 증명을 위해 시행되었다. 호패는 왕족과 양반, 양인, 노비에게까지 모두 발급되었는데 16세 이상 남자에게만 발급되었다. 호패에는 얼굴색이나 수염 같은 외모의 특징과 집 주소, 신분과 같은 것들이 기재되었다.

두 번째로 화폐 발행이 있었다. 불행히도 이 시절은 상업이 화폐 경제를 지탱할 만큼 발전하지 못한 상태였기 때문에 화폐 제도는 정착하지 못했다. 하지만 결국은 화폐 경제로 가야 하는 것이 맞는 길이었으므로 태종의 시도 자체가 잘못된 것은 아니었다. 태종 때 경제가 착실히 발전하여 세종의 황금시대를 뒷받침하는 재력이 되었다.

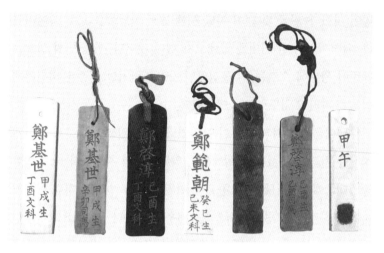

호패

조선시대 16세 이상의 남자에게 발급한 신분증이다. 사진 속 호패는 조선시대 경산에 살았던 정원용이
라는 사람의 유물에 포함된 호패이다.

이외에도 태종은 치안 안전을 위한 야간 통행 금지의 시행, 백성
들의 억울함을 호소하기 위한 신문고 설치 등의 일을 했다.

후계자를 위한 무자비한 제거

태종은 태조의 세자 책봉 때문에 피를 흘리는 전투를 두 번이나
겪어야 했다. 이 때문에 자신은 서둘러 후계 구도를 튼튼히 할 생각
이었다.

태종 4년(1404년)에 후계자로 장남인 양녕대군(11세)이 낙점되었
다. 양녕대군은 외가 민씨 집안에서 키우다시피 했었는데, 태종에게
이 점이 걸림돌이었다. 태종은 처남인 민무구, 민무질의 행동을 살
피다가 이들이 세자를 앞세워 권력을 탐했다는 죄목을 걸어서 잡아

넣어 버렸다. 결국 몇 년이 지났을 때 결국 처남들을 모두 죽여버렸다. 외척이 발호할 기미를 없애고자 했던 것이다. 이들 민씨 형제는 태종이 왕위에 오르는 데 물심양면으로 도왔지만 태종은 비정하게 이들을 버리고 역도로 만들어버렸다.

양녕대군은 세자의 재목이 아니었다. 그는 일찌감치 주색에 빠져 정신을 차리지 못했다. 전설에서는 양녕대군이 자신보다 더 똑똑한 충녕대군에게 왕위를 양보하고자 미친 행각을 벌인 것처럼 이야기하기도 하지만, 그렇게 볼 근거는 매우 희박하다. 간혹 소설에서 양녕대군이 어리라는 여인을 사랑했다며 로맨스로 미화하는 경우도 있는데, 이 역시 사실과는 거리가 멀다. 어리는 남의 첩이었는데 양녕대군에게 강제로 잡혀 왔다. 이것이 문제가 되어 양녕대군은 궁에서 쫓겨나 근신하게 되는데, 이때 양녕대군은 마을에 가서 다른 여자들과 놀아났다. 그때 양녕대군의 기존 첩들에게 구박을 받던 어리는 자살하고 말았다. 양녕대군은 어리의 자살에 별 신경도 쓰지 않았다. 한마디로 인간성 자체가 좋지 않은 인물이었다. 그는 훗날 세종이 그렇게 예뻐하던 손자 단종을 죽이라고 목소리를 높이기도 했다. 세종이 그를 얼마나 아끼고 보호했는지 생각한다면 사람으로서는 할 수 없는 일이었다.

양녕대군이 이렇게 바람을 피고 난봉 행각을 벌인 것을 도운 이가 장인인 김한로였다. 김한로는 태종과 과거 동기이고 장원 급제를 한 수재였는데, 권력자 앞에서 이렇게나 사리 분별을 하지 못했다. 양녕대군이 폐세자가 된 뒤에 김한로도 유배되는 처지에 빠졌다.

세자가 충녕대군, 즉 후일의 세종으로 바뀐 뒤에 태종은 세종의 처가도 박살을 냈다. 이것은 김한로가 양녕대군에게 미친 악영향도 고려한 것이 아닐까 싶다. 이때는 태종이 상왕으로 물러난 때였는데, 마지막 왕권 안정 작업이었다고 할 수 있겠다. 세종의 장인인 심온은 그야말로 날벼락을 맞은 셈이었다. 심온은 이때 명나라에 사신으로 갔다가 돌아오는 길이어서 자신을 제대로 방어할 수도 없었다.

세종은 22세의 청년 시절에 왕이 되었다. 태종은 세종의 국정 수행을 돕기 위해 자기가 살아있을 때 왕위를 물려주고 상왕이 되었다. 이때 군권과 외교는 자신이 직접 담당했다. 왕위를 물려주고 4년 후 태종은 자신의 후계 선택에 만족하며 눈을 감았다.

음력 5월 10일에 내리는 비를 태종우太宗雨라고 한다. 『동국세시기東國歲時記』에는 태종이 죽을 때 세종에게 "가뭄이 심하니 죽은 뒤에 비를 내리게 하겠다"고 하였고, 그 후 매년 이 날이 되면 비가 온다고 적혀있다. 이 내용은 『조선왕조실록』에서도 찾을 수 있다. 영조 때 5월 10일에 비가 오자 조상이 내려주는 비라고 말한 일이 있다. 반대로 경종 때는 5월 10일인데 비가 오지 않고 가물어 큰일이라는 이야기도 나온다. 이 시기는 모내기를 하는 시기라 비가 간절히 필요하기 때문에 이런 이야기가 생겨났을 것이다.

음란한 여인의 이름을 기록한 자녀안

성리학적 질서를 추구한 조선은 성적 자유에 대해 심한 제한을 가했다.
이 제한은 남성이 아니라 사회적 약자인 여성에게 향했다. 하지만 이런 제한이
인간의 본성을 누를 수는 없었다. 자녀안에 기재되는 불이익이 있었지만
유감동, 어우동 같은 여인들과 얽힌 성 스캔들은 끊임없이 일어났다.

장모와 간통을 한 조준의 조카

조선 건국의 주역으로 정도전과 어깨를 나란히 하는 인물이 조준이다. 조준의 조카 중에 조화라는 사람이 있었다. 그의 부인은 문하시랑 찬성사 김주의 딸로 매우 아름다운 여인이었다. 이 아름다운 여인과 살던 조화는 대체 왜 그랬는지 알 수 없는데, 김씨의 어머니, 즉 장모와 간통했다.

이 충격적인 일을 알게 된 김씨는 도저히 남편에 대한 분노를 참을 수가 없었다. 그녀는 분풀이할 방법으로 맞바람을 선택했다. 그 상대가 된 사람은 허해라는 사람이었다.

그런데 김씨의 외도는 곧 탄로가 나고 말았다. 조화가 첩을 데리고 외박한 날 허해를 끌어들여 잠을 잤는데 다음 날 새벽 허해가 집을 나가면서 조화의 옷을 입고 가버렸던 것이다.

조화가 돌아와 옷을 입다가 자기 옷이 아닌 것을 알고 분개해서 김씨를 나무랐다. 김씨는 지지 않고 대꾸했다.

"당신이 하는 짓은 생각지도 않고 나를 탓하는구려! 당신이 이 말을 퍼뜨리면 나도 가만있지 않을 것이오. 감옥으로 가는 수레에 당신이 먼저 오른 뒤에야 나도 수레에 올라 따라갈 것이오!"

분노한 조화가 아내에게 침을 뱉었다. 더욱 화가 난 김씨는 이번에는 집안의 사내종 박송과 바람을 피웠다. 그러자 조화는 그 종을 죽여버렸다.

김씨가 그 후 몸이 아파 무당을 불러서 푸닥거리를 했는데, 무당에게 죽은 박송이 빙의되었다. 박송이 빙의된 무당은 이렇게 말했다.

"네가 아픈 것은 다른 귀신의 짓이 아니다. 내가 내린 것이다!"

그 말에 모여 있던 사람들이 모두 혼비백산하고 말았다.

1399년(정종 1년)에 개국공신인 무장 곽충보가 간통을 저지른 사건이 발생했는데, 붙잡혀 온 부인이 억울하다면서 다른 부인들의 간통도 고해바쳤다. 이 일로 김씨의 사건도 알려져서 금주衿州(지금의 금천구 일대)로 귀양을 가게 되었다.

두 번 귀양 가고 두 번 결혼한 김씨

귀양에서 돌아온 김씨는 자기 집에서 여러 부인들을 불러 즐기기 시작했다. 여기 들락거린 인물 중 하나가 왕자의 난 때 큰 공을 세운 신극례였다. 소문이 나자 사헌부에서 죄를 청했는데 태종은 함께 피를 마시며 맹세한 신극례나 조준의 조카인 조화를 처벌할 수 없다고 덮어버렸다. 신극례는 상소를 올린 사헌부 관원에게 찾아가, "밤길 조심해라. 정수리를 깨버릴 테니까. 전쟁이 나면 데리고 나가서 제일 먼저 네 목을 베어버릴 것이다. 너 따위 죽여봐야 난 귀양밖에 안 가니까"라고 협박하기도 했다.

김씨는 이렇게 처벌을 면하는가 했는데, 4년 후인 쉰한 살 때 궁중의 일을 함부로 누설했다는 죄를 받아서 충주로 귀양 가게 되었다. 아마도 이즈음에 남편 조화는 죽었던 모양이다. 귀양에서 풀려난 김씨는 쉰일곱에 재혼을 했다. 재혼 상대는 열 살 연상이었던 왕족 이지였다. 이지는 태조 이성계의 사촌동생으로 이때 영돈녕부사(정1품)였다.

김씨에게는 조화와의 사이에서 낳은 아들이 셋 있었는데, 모두 장성하여 관직에 나가있었다. 그들은 어머니가 재혼을 한다는 사실을 까맣게 모르고 있다가 저녁에 나타난 신랑 차림의 이지를 보고서야 모두 깜짝 놀라고 말았다.

아들과 며느리가 문을 걸어 잠그고 이지를 들여보내지 않았다. 큰아들 조명초가 뛰쳐나가 이지의 목덜미를 붙잡고 땅바닥에 함께 쓰러져서 울며불며 만류를 했지만 이지는 말을 듣지 않았다.

"내가 이 집에 온 것이 한 번이 아니거늘 어찌 이와 같이 하느냐?"

결국에는 집에 들어와 첫날밤을 치르고 말았다. 다음 날 아침 김씨는 태연하게 빙그레 웃으며 말했다.

"나는 이 분이 늙었는가 했는데, 참으로 늙지 않았음을 알았노라."

하지만 이미 예순일곱. 김씨에게는 모자란 남편이었던 것 같다.

자녀안이 만들어지다

이지는 어머니의 기일은 섣달그믐이고 아버지의 기일은 정월 초

하루라 연말이 되면 절에 가서 부모님을 위한 재를 올렸다. 김씨와 혼인하고 12년 후, 역시 절에 재를 올리러 갔는데, 예순아홉의 김씨가 그 절의 중과 간통을 하고 있는 현장을 목격하고 말았다. 분노한 이지가 김씨를 마구 때렸는데, 이때 김씨도 지지 않고 이지의 음낭을 잡아당기는 통에 일흔아홉의 이지는 그만 숨을 거두고 말았다.

이지의 아들이 아버지의 부고에 달려오자 수행했던 노비가 일의 전말을 알렸다. 아들이 김씨에게 이 일을 따지자 김씨는 미친 척 발광을 했고, 아들은 세상에 이 일이 알려지는 것이 창피했던 모양인지 그냥 덮어버리고 말았다.

하지만 모두의 공분을 샀기 때문에 김씨는 무사하기 힘들게 되었다. 몇 달 후 직함을 함부로 사용했다는 죄목을 걸어 한양에서 추방했다. 김씨는 조화가 가지고 있던 농장으로 가서 살았는데, 이게 말이 되냐며 다른 곳으로 가라고 하여 강화로 옮겨갔다가 다시 파주로 옮겨가 살게 했다.

불똥은 김씨의 아들들에게 튀었다. 문관으로는 근무할 수 없다고 하여 무관으로만 근무하게 만들었고, 그 손자들은 과거도 칠 수 없게 되었다. 그 전에 관직에 나간 손자도 승진이 제한되었다. 그뿐 아니라 손녀사위 역시 똑같이 승진 길이 막혔다.

그리고 그때까지는 사문화되어 있던 '자녀안恣女案'이라는 것이 사헌부 관할하에 만들어지게 되었다. 자녀안은 사대부 여인으로 음란하거나, 세 번 이상 결혼한 경우에 기록하여 자손들의 관직 등용에 불이익을 주기 위한 블랙리스트였다.

김씨의 자손들도 가만있지는 않았다. 김씨에 대한 이야기는 제

2차 왕자의 난 때 처단당한 박포가 조화와 원수지간이었기 때문에 퍼뜨린 헛소문이라고 항변했다. 하지만 받아들여지지 않았다. 오히려 자녀안에 김씨의 이름이 기록되기에 이르렀다. 한 번 여기 기록된 뒤에는 외손녀사위까지도 승진에 제한을 받게 되었다. 자녀안의 경우도 세 번 이상 결혼하면 기록되는 것에서 그냥 재혼만 하면 등록되는 것으로 바뀌었다.

조선 초에는 여자 나이 열 살만 되어도 시집을 가니, 과부가 되는 일이 매우 흔했는데 이렇게 재혼을 하면 출세를 할 수 없게 만들어 버리니, 양반집 여인은 재혼을 할 수 없게 되었다.

하지만 장모와 간통한 조화나, 김씨의 집에 놀러 다녔던 신극례나 처벌받은 바는 물론 없었고, 승진에 제한을 받은 일도 없었다.

세종 때 전 관찰사 이귀산의 아내 유씨가 지신사(후일의 도승지) 조서로와 간통한 사건이 있었다. 유씨는 사흘을 기둥에 매여있다가 참수형을 받았다. 13년 후 마흔이 된 세종대왕은 이때의 처사가 너무 과했다고 후회했다.
"그때는 내가 나이가 젊고 한창이던 때라 법전에도 없는 과한 처벌을 내리고 말았다. 이렇게 한 것은 실로 잘한 일이 아니었다. 지금에 와서 생각하니 참으로 후회스러운 일이다."

쓰시마 정벌의 빛과 그림자

흔히 대마도라고 부르는 쓰시마는 왜구들이 설치는 근거지였다. 쓰시마는 자체적으로 농사를 지어 먹고 살기 힘든 땅이어서 해적 노릇을 하는 데 익숙해진 상태였다. 사실 쓰시마는 조일간의 무역 거점이기도 해서 무역으로 살아가면 되는데 자꾸 해적들의 기지로 작동하니 조선 입장에서는 이들을 그냥 내버려 둘 수 없었다.

태조 때의 쓰시마 정벌

고려는 내내 왜구의 침입에 시달렸는데, 조선이 건국된 뒤라고 해서 사정이 크게 달라지진 않았다. 왜구의 규모는 작아졌지만 여전히 출몰하고 있었다.

이 무렵에 왜구들이 전국에 걸쳐 발호했던 모양으로, 강화도, 인천 쪽은 물론 평안도 정주 쪽에도 나타났다. 왜구의 본거지는 쓰시마라는 것은 익히 알고 있었으므로 태조는 드디어 쓰시마 정벌을 결심하게 된다.

1396년(태조 5년) 한겨울인 12월 3일 쓰시마 출정군이 떠났다. 태조 이성계는 원정군 대장인 김사형을 남대문 밖까지 전송하고 5도의 병선을 모아 이키섬壹岐島과 쓰시마를 치게 했다. 대신들은 한강까지 전송했으니 기대가 컸던 모양이다.

12월 9일에 영덕 지방에서 왜구들이 항복했다. 항복이 사실인지 몰라서 전전긍긍했는데, 계림 부윤 유양이 빈 몸으로 적들 앞에 나가 항복을 받았다. 그런데 이들은 항복하고도 조선이 항복을 받아줄 건지 의심하고 있다가 결국은 울주의 관원들을 붙잡아 쓰시마로 달아났다. 조선은 잘 협상을 해서 관원을 되찾아 오고 왜구들의 항복도 받아서 귀화시켰다.

김사형은 1월 30일 한양으로 돌아왔고, 태조는 흥인문까지 나가서 김사형을 맞이했으며, 2월 8일에는 김사형을 위한 잔치를 열고 서대犀帶(코뿔소나 물소 뿔로 만든 허리띠)를 하사하기까지 했다. 그런데 김사형이 정말 쓰시마에 갔을까?

김사형이 쓰시마 정벌을 위해서 떠나기는 했다. 하지만 아무리 살펴봐도 쓰시마로 간 것 같지는 않다. 쓰시마 정벌을 위해서 떠났다가 울주에서 왜구들을 만나 접전을 벌이고 멍청한 도절제사들을 물갈이한 뒤에 다시 돌아온 것으로 보는 것이 타당하겠다. 김사형의 졸기를 살펴보아도 쓰시마 원정에 대한 이야기가 나오지 않는다. 실제로 원정을 나갔다면 그처럼 큰 사건을 기록하지 않았을 리 없다.

태종의 쓰시마 정벌

왜구의 준동은 태종 대에도 끊이지 않고 일어났다. 고려 말처럼 대규모의 준동은 아니라 해도 연안에는 상시적인 습격이 있었기 때문에 조선 조정은 골머리를 앓았다. 왜구는 평안도까지 출몰했기 때문에 조선 안에 왜구의 습격을 받지 않는 곳이 없을 정도였다.

아군의 배가 왜선을 쫓아가려 해도 왜선은 작고 빨라서 도저히 잡을 수가 없는 것도 문제였다. 1403년(태종 3년) 의정부에서는 작은 배를 만들어 왜구를 쫓아가 잡게 했으나 그 명령이 잘 지켜지지는 않은 것 같다. 사실 작은 배는 승선 인원이 적고 왜구와 단병접전을 하면 이긴다는 보장이 없으니 그렇게 열심히 쫓아가고 싶은 마음이 들지도 않았을 것이다.

1419년(세종 1년)에는 충청도 비인현(지금의 충청남도 서천군 비인면 일대)에 왜선 32척이 들어와 대규모 분탕질을 친다. 죽은 사람만 3백이 넘는 대참극이었다. 왕위를 물려주고 상왕이 된 태종은 즉각 항왜抗倭(항복한 일본인) 16인을 포함한 원군을 보냈다.

비인현에 침입한 왜구들은 비인 현감 송호생의 부상을 무릅쓴 투혼에 물러난 뒤에 더 북으로 올라가 황해도 해주를 공격했다. 조정에서는 해주를 구원하게 하는 한편, 이참에 쓰시마를 치는 것이 어떻겠느냐는 논의를 시작했다. 쉽게 말하자면 쓰시마 왜구들이 몰려나와 해주에 있으니 이 기회에 빈 곳간이 된 쓰시마를 친 뒤에 왜구가 돌아오는 것을 기다려 반격하는 것이 좋지 않겠냐는 의견이었다.

6월 9일 태종은 쓰시마 정벌의 대의를 천명했다. 여기에 이 유명한 대목이 들어 있어서 '쓰시마는 우리 땅'이라는 말이 돌게 되었다.

"쓰시마는 본래 우리나라 땅인데, 다만 궁벽하게 막혀있고 또 좁고 누추하므로 왜놈이 거류하게 두었더니, 개같이 도적질하고, 쥐같이 훔치는 버릇을 가지고 경인년부터 변경에 뛰놀기 시작하여 마음대로 군민을 살해하고, 부형을 잡아가고 그 집에 불을 질러서, 고아와 과부가 바다를 바라보고 우는 일이 해마다 없는 때가 없으니, 뜻 있는 선비와 착한 사람들이 팔뚝을 걷어붙이고 탄식하며, 그 고기를 씹고 그 가죽 위에서 자기를 바란 것이 여러 해이다."

이렇게 해서 삼군도체찰사 이종무가 쓰시마 정벌에 나서게 되었다. 6월 하순에 이종무는 배 227척에 1만 7천여 명의 군대를 이끌고 출정했다.

쓰시마의 왜인들은 이 배를 자신들의 해적선이 돌아오는 것으로 착각하였다. 왜인들은 술과 고기를 가지고 환영하러 나왔다가 그 뒤로 수많은 배들이 속속 도착하는 것을 보고 깜짝 놀라고 말았다.

그 와중에 왜인 50여 명이 대항하며 다른 사람들이 도망칠 시간을 벌어주고는 자기들도 퇴각하여 숨어버렸다. 아군은 왜인 104명을 죽이고 21명을 포로로 잡았다. 또한 정박해 있던 왜선 129척 중에 쓸 만한 배 20척은 압수하고, 나머지는 불태워 버렸다. 그리고 마을도 불살라 버렸다. 이때 타버린 가옥이 1,939호였다.

이종무는 배 위에 머무르며 군대를 섬으로 보내 수색을 계속하게 했다. 조선인 포로 9명과 중국인 포로 15명도 구출했다. 하지만 왜인들은 깊이 숨어 접전을 꺼리고 있었기에 이종무는 제장들을 독려해 전투를 벌이게 했다.

26일 좌군 절제사 박실이 전진하다가 적의 복병을 만났다. 박실은 적이 강력하게 저항하자 급히 구원 요청을 두 차례나 보냈다. 하지만 원군이 오지 않았다. 이 전투에서 편장 박홍신, 박무양, 김해, 김희가 전사하고 병사도 백수십여 명이 전사했다. 뒤늦게나마 우군 절제사 이순몽과 병마사 김효성이 힘껏 싸워 적들을 물리칠 수 있었다.

마침 이때 쓰시마를 다스리는 쓰시마주 소 사다모리宗貞盛(일명 도도웅와)는 화친을 바라는 편지를 보냈고 이 패전으로 기가 죽은 조선군은 철군을 결정했다. 7월 3일 이종무 군은 거제도에 입항했다.

쓰시마 정벌 그 이후

이 시기에도 왜구들의 배는 한반도 연안을 약탈하고 있었다. 7월 3일 인천 앞바다의 소청도를 치고 4일에는 태안 앞바다를 지나 쓰시마로 돌아가는 중이었다. 태종은 이때를 기해 쓰시마로 돌아가서 기다리고 있다가 왜구를 치면 이기리라 생각했다.

그런데 7월 9일 우의정 이원은 귀환 중인 왜구를 치는 것이 좋지 않다고 반대론을 펼쳤다. 결국 쓰시마에서 왜구의 뒤를 친다는 계획은 성사되지 못했다.

이번 전쟁에서 구출한 중국인들(총 142명)은 모두 중국으로 돌려보냈는데, 좌의정 박은은 그중 11명은 아군의 패전을 목격한 사람들이니 돌려보내서 아군의 허실을 드러낼 필요가 없다고 돌려보내지 말자고 주장했다. 하지만 그 주장은 묵살되고 모두 돌려보내 주었다.

9월 20일에 쓰시마주 소 사다모리가 항복 문서를 보내왔다.

왜구의 문제는 이 정벌 이후에도 획기적으로 개선되지는 않았다. 이보다 더 후일인 세종 22년(1440년)에 전라도 고초도에서 어업을 허가해 준 뒤로 서서히 줄어들게 되었다. 오히려 이때부터는 전선이 아닌 어선을 조선 군대가 때려잡아서 문제가 생기기도 한다. 결국은 먹고살 길을 열어준 뒤에 침략이 줄어든 셈이었다.

> 이 무렵 재미있는 기록이 하나 있는데, 바로 거북선에 대한 것이다. 1413년(태종 13년)에 태종은 임진강 나루 근처에 있다가 거북선이 왜선과 싸우는 모습을 보게 된다. 거북선은 배 갑판 위에 덮개를 씌운 배이기 때문에 왜구가 배로 뛰어들 수가 없다. 이 때문에 1415년(태종 15년)에 거북선을 더 개량하고 튼튼하게 만들어 왜구에 대비해야 한다는 상소도 올라온다.

집현전 설립 —— 1420년 ● 1421년 —— 명나라, 북경으로 천도

1420년

「농사직설」 편찬 —— 1429년 ● 1429년 —— 프랑스 잔 다르크, 영국군을 격파

1430년

6진 개척, 자동 물시계 자격루 발명 —— 1434년 ●

측우기 발명 —— 1441년 ● **1440년**
한글 창제 —— 1443년 ●

문종 즉위 —— 1450년 ● 1449년 —— 토목의 변으로 명 정통제가 오이라트에게 포로로 잡힘
계유정난 —— 1453년 ● **1450년** 1453년 —— 오스만 제국, 동로마 제국을 멸망시킴

사육신의 난 —— 1456년 ●

1460년

이시애의 난 —— 1467년 ●
성종 즉위 —— 1469년 ●

1470년

1480년 —— 모스크바 대공국 독립

1480년

「경국대전」 반포 —— 1485년 ● 1485년 —— 영국에서 장미 전쟁이 끝나고 튜더 왕조 성립
1488년 —— 포르투갈의 바스쿠 다 가마, 아프리카 희망봉 발견

「악학궤범」 편찬 —— 1493년 ● **1490년** 1492년 —— 콜럼버스, 아메리카 대륙 발견
연산군 즉위 —— 1494년 ●
1497년 —— 레오나르도 다 빈치, 〈최후의 만찬〉 완성

무오사화 —— 1498년 ●
1500년 1501년 —— 이란에 사파비 왕조 성립

삼포왜란 —— 1510년 ●
1510년

1517년 —— 종교개혁

기묘사화 —— 1519년 ● **1520년** 1521년 —— 스페인, 아스텍 제국 멸망시킴
1524년 —— 독일 농민 전쟁 발발
1526년 —— 무굴 제국 건국

심사손 살해 사건 —— 1528년 ● 1530년 —— 코페르니쿠스, 지동설을 주장
1530년 1533년 —— 스페인, 잉카 제국 점령

1540년

우리나라 최초의 서원 백운동 서원 건립 —— 1543년 ●
을사사화 —— 1545년 ●

1550년

1557년 —— 포르투갈, 마카오 점령

1560년 1562년 —— 프랑스 위그노 전쟁 발발

1570년

제 **2** 장

평화의 시대

조선 초의 성공한 개혁과 체제 정비로 쌓인 국가의 부는 세종 때 발전의 기반이었다. 세종은 천재적인 능력으로 놀라운 업적을 이뤄냈다. 세종은 4군 6진을 개척하여 북방으로 영토를 확장함으로써 압록강과 두만강을 국경으로 만들었고, 신기전과 총통 등 신무기들을 개발하여 전란에 대비하게 하였다. 해시계, 물시계, 앙부일구 등 천문과 시간 측정을 하는 각종 기구들을 만들어내고 역법서 『칠정산七政算』을 편찬하는 등 과학 발전에도 이바지했다. 또한 『농사직설農事直說』을 편찬하고 측우기를 발명했으며 전분 6등법과 9등법으로 조세 제도를 개편하는 등 농민들의 민정을 보살폈다. 집현전을 만들어 신진 관료들을 양성하고, 음악 제도를 정비했으며, 『신속육전新續六典』, 『신찬경제속육전新撰經濟續六典』 등 법전을 편찬했고 『고려사』와 같은 역사서 편찬도 해냈다. 그리고 무엇보다도 오늘날 우리가 편히 사용할 수 있는 한글을 창제했다.

세종은 왕권과 신권이 균형을 이룬 이상적인 시대를 보여주었다. 하지만 이런 이상향은 왕의 능력이 뛰어나야만 가능하다는 점이 문제였다. 세종의 아들 문종이 단명하여 어린 단종이 즉위하자 왕권과 신권의 균형은 위태로워지고 말았다. 이것을 참지 못한 세종의 둘째 수양대군은 무력으로 왕위를 차지했다. 세조의 왕위 찬탈 행위는 성리학에서 강조하는 충忠을 위배하는 일이었다. 결국 사육신의 난으로 이어지면서 세종이 길렀던 신진 학자들이 대거 사라지는 비극이 초래되었다.

다행히 세종의 업적은 성종으로 이어졌다. 성종은 조선의 헌법 격인

『경국대전』을 완성시켜 국가의 기본 운영 방침을 확정했으며, 『동국통감 東國通鑑』, 『동문선東文選』, 『동국여지승람東國輿地勝覽』, 『악학궤범樂學軌範』 등 다양한 책들을 편찬함으로써 문화 사업을 널리 일으켰다. 성종은 왕 권을 보좌할 수 있는 새로운 세력들을 기용하기 시작했는데, 이들은 고려 말 충신인 정몽주, 이색 등의 제자들로 사림史林이라고 불렀다.

성종은 정치적으로는 성공한 왕이었지만 왕실 내부를 다스리는 데는 실패해서 왕비를 내치는 바람에 후일 연산군의 비극을 낳았다. 연산군은 조선 전기를 대표하는 폭군으로 그때까지 힘들게 갖춰놓은 조선의 시스 템을 망가뜨리다가 결국 왕위에서 쫓겨나고 말았다. 반정으로 등극한 중 종 때는 연산군 때부터 시작된 공신 집단인 훈구파와 새롭게 조정에 들어 온 사림파 간의 권력 투쟁이 더 치열하게 전개되었다.

중종 이후 인종이 단명하는 바람에 다시 어린 군주인 명종이 즉위했 다. 어린 군주를 보좌하기 위해 외척들이 권력을 장악하면서 조선 내내 문제가 되는 척신이 등장하게 되었다.

성군의 시대
– 세종

세종은 훈민정음한글의 창제만으로도 우리 역사에 가장 큰 공을 세운 임금이라
할 수 있다. 하지만 세종의 업적은 그뿐이 아니었다. 조선에서 가장 모범적인
국정을 운영하여 후대의 모범이 되었으며 수많은 문화 사업을 펼쳐 우리의 문화를
풍성하게 만들었다.

세종의 제도 정비

1418년(태종 18년) 충녕대군은 세자가 된 지 불과 두 달 만
에 즉위하게 되었다. 조선의 제4대 왕 세종이 된 것이다.

태종은 물러났지만 군사와 외교를 담당하는 상왕으로서 권력을
완전히 놓지 않은 상태였다. 신하들의 입장에서 보자면 상사가 둘이
나 있는 셈인데, 상왕은 무시무시했고 현 왕은 천재였으니, 기를 펼
수 없었을 것이다.

태종이 만들어놓은 조선의 정치 기구들은 세종 때 확실하게 자리
를 잡는다. 세종은 조정의 일을 비판, 견제할 수 있는 사헌부司憲府,
사간원司諫院을 정비했다. 사헌부는 관리들의 행동을 감시했고, 사간
원은 왕의 행동을 감시했다. 사헌부와 사간원의 관리들은 대간臺諫
이라 불렸다. 이들의 직책은 청요직淸要職이라 하여 고위 관직을 가
려면 반드시 거쳐야 하는 중요한 자리였다.

여기에 더해 세종은 왕의 자문 기관으로 집현전集賢殿을 만들었

경복궁 수정전
집현전이 이곳 근처에 있었던 것으로 추정된다.

다. 여기에 젊고 영리한 학자들을 배치하여 향후 인재로 양성하고자 하는 뜻도 있었다. 세조 때 집현전 학사 출신들이 주도한 사육신의 난이 일어나면서 집현전은 폐지되는데, 이런 기관은 꼭 필요하다는 인식이 있었기에 성종 때 홍문관弘文館이라는 이름으로 다시 만들어진다. 사헌부, 사간원, 홍문관 셋을 합해 언론 삼사三司라고 하는데, 이들 기관은 세간의 여론을 듣고 잘못을 고치는 일을 행하기 때문에 언론이라고 불렸던 것이다.

세종은 또 왕실의 명령을 담당하는 기관으로 승정원承政院 조직을 완비했다. 승정원에서 취급한 문서와 사건을 기록한 『승정원일기承政院日

『승정원일기』
실록과 함께 조선사의 중요한 역사 자료이다.

記』는『조선왕조실록』보다도 방대한 기록을 자랑한다. 이렇게 조선
은 문서와 제도가 정비된 나라로 발전하게 된다.

세종의 농업 개선

조선은 농업 국가였으므로 농사 문제는 나라의 존망이 걸린 중차
대한 문제였고, 세종은 이 문제에도 많은 노력을 기울였다.『농사직
설』은 중국식 농서를 벗어나 조선의 농사법을 집대성한 책으로 세
종이 왕명으로 편찬을 지시한 책이었다.

농사는 강우량과도 깊은 관련이 있다. 그렇기에 세종은 비의 양
을 측정하는 도구를 만들게 했는데, 세자였던 문종과 세종 때의 명
장 장영실蔣英實이 측우기를 만
들어냈다. 국가에서 빗물의 양을
측정하기 위해 표준 기구를 만
든 것은 이때가 최초였다. 처음에
세자는 비의 양을 측정하기 위
해 비가 내린 뒤에 땅이 얼마나
젖었는지 헤아렸는데 이런 방법
으로는 비의 양을 알 수 없었기
에 도구를 만들기에 이르렀던 것
이다.

또한 농사는 때가 중요한데, 세
종은 역법을 제대로 만드는 데도
많은 노력을 기울였다. 역법이라

『농사직설』
각 도의 관찰사가 경험 많은 농부들의 지식을
모아 편찬했다. 중국의 농사법에서 벗어나 우
리 실정에 맞는 농사법을 집대성했다는 데 의
의가 있다.

는 것은 달력을 말하는 것인데, 지금 세상에서야 날짜를 정하는 달력이 무슨 대단한 의미가 있겠나 싶을 수 있다.

고대의 달력은 음력으로 달의 운행에 따라 만들어졌기 때문에 매년 같은 때를 알기가 어려웠다. 이 때문에 해의 운행에 맞춘 양력을 음력 안에 섞어 넣게 되었는데 이것을 '태음태양력'이라고 부른다. 해가 머리 꼭대기에 왔을 때가 정오, 즉 낮 12시가 되는데, 당시에는 중국에서 수입한 역법을 사용하니 해가 머리 꼭대기에

측우기

대구 경상 감영에 있던 측우기 받침대에 측우기를 끼워 넣어 복원한 것이다. 세종은 측우기를 만들어 각 지역의 강우량을 측정하게 했다. 표준화된 기구를 만들어 국가 단위로 기상 측정을 한 것은 측우기가 세계 최초이다.

올 리가 없었다. 이런 차이를 바로잡기 위해서 세종은 아라비아에서 수입한 역서까지 검토하게 하여 『칠정산』이라는 우리나라에 맞는 역서를 만들어냈다. 또한 천문 관측 기구인 간의, 혼천의와 해시계인 앙부일구, 물시계 자격루 등을 만들었다.

또한 토지를 6등급으로 나눠 그 비옥한 정도에 따라 세금을 다르게 매기게 했다. 또 풍년이 든 해와 흉년이 든 해의 정도를 9등분하여 그에 따라 세금을 차등 적용하게 했다. 이것을 전분田分 6등법, 연분年分 9등법이라고 한다. 사실 이 제도의 취지는 좋았지만 백성들은 대부분 소작농으로 수확을 지주에게 바쳐야 했기 때문에 백성들

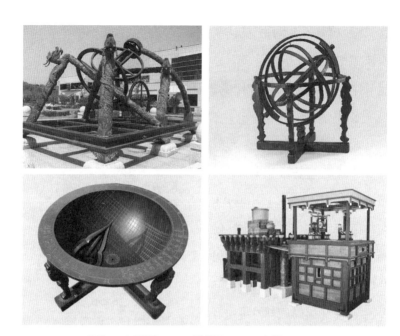

간의(왼쪽 위), 혼천의(오른쪽 위), 앙부일구(왼쪽 아래), 자격루(오른쪽 아래)

간의와 자격루는 현대에 복원한 것이고, 혼천의는 19세기, 앙부일구는 17세기 후반에서 18세기 전반에 제작된 것이다. 세종 시대 당시에 제작된 간의, 자격루, 혼천의, 앙부일구는 현재 남아 있지 않지만, 이후에 만들어진 것들을 통해서 세종 시대의 과학 발전상을 짐작해 볼 수 있다.

이 실제로 혜택을 본 것은 아니었다. 하지만 이런 제도를 만들어 합리적인 세금 제도를 구축하고자 한 점은 높이 평가할 수 있다.

세종의 문화 진작

세종은 각종 서적을 편찬하여 문화 융성의 시대를 열었다. 학문을 통해서 백성들을 교화하는 것이 세종의 통치 철학이었다. 왕실이 모범을 보여야 한다면서 왕족들의 교육 기관인 종학宗學을 만들었다. 왕족이면 의무적으로 이곳을 다니며 공부를 해야 했다.

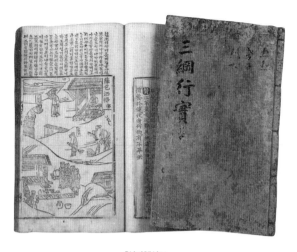

『삼강행실도』

우리나라와 중국에서 백성들에게 도덕적 모범이 될 만한 충신·효자·열녀의
사례를 모아 편찬한 책이다. 백성들의 이해를 돕기 위해 사례마다 삽화를
그려 넣었다.

세종 때 마무리를 짓지는 못했지만 전 왕조 고려의 역사를 담은
『고려사高麗史』 집필에 큰 공을 들였다. 아무래도 당시까지는 아직
고려 시절을 겪은 사람들이 다수였기 때문에 『고려사』 집필에는 난
항이 있었던 것 같다. 세종은 불편부당하게 기술하도록 계속 신하들
을 채근했고, 이 때문에 발간이 늦어졌다.

또한 『삼강행실도三綱行實圖』를 만들어서 유교 이념에 맞게 백성들
을 교화하고자 했고, 『자치통감훈의資治通鑑訓義』, 『대학연의주석大學
衍義註釋』 등 유학 서적들을 펴내 학문에 도움을 주고자 했으며, 박연
을 기용해서 음악을 통한 교화에도 신경을 썼다. 또한 죄수들에 대
한 판결을 삼심제로 만들어 억울한 죄인이 생기지 않도록 신경을
썼다. 조선 최초의 법전인 『경제육전經濟六典)』 이후 태종은 새로운

법령들을 모아 1413년(태종 13년)『속육전續六典』을 냈었다. 세종은 1426년(세종 8년)『신속육전』, 1433년(세종 15년)『신찬경제속육전』을 펴냈다. 이들 법전은『경국대전』편찬의 밑거름이 되었다.

세종의 국방과 외교 정책

세종 대에는 군사적인 면에서도 많은 발전을 보였다. 흔히 화차와 혼동되는 신기전神機箭(로켓 추진식 화살 병기, 화차는 신기전을 발사할 수 있게 하는 장비이다)과 같은 신무기를 개발했을 뿐만 아니라 많은 화포를 제작하여 군사력을 증강시켰다. 또한 최윤덕의 4군 개척, 김종서

4군 6진의 위치

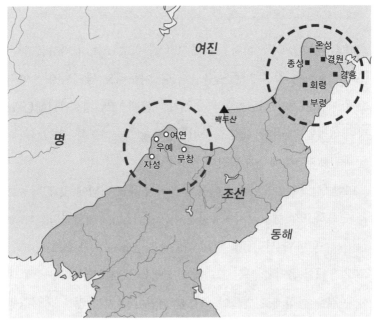

세종은 4군 6진을 개척해 여진족을 물리치고 현재 한국의 영토와 거의 같은 영토를 확정했다.

의 6진 개척으로 여진족을 몰아내고 영토를 넓혔다. 오늘날 북한을 포함한 우리나라의 영토는 세종 때 그 기틀을 잡았던 것이다. 불행히도 세종 이후에 4군은 지키기 힘들고 경제적 가치가 없다는 이유로 버려져서 '폐사군'이라 불렸다. 이 폐사군은 숙종 때부터 다시 회복하여 고종 때 가서야 모두 수복되었다.

외교적인 면을 보면, 명나라에 사대를 해서 친교를 다졌다. 이 과정에서 공녀를 바쳐야 하는 등의 문제도 있었지만 전쟁을 피하고 명나라와의 문화적, 경제적 관계를 발전시킬 수 있었다. 일본과는 쓰시마 정벌 이후 관계가 끊어졌다가 1443년(세종 25년) 계해조약을 맺어서 무역을 재개하되 여러 제한을 두어 후환의 여지를 줄였다.

한글(훈민정음)의 창제

세종의 정책 역시 모두 잘되고 올바른 것이라고 할 수는 없다. 하지만 그가 백성을 위한다는 방침을 가지고 국가의 정책을 만들어나갔다는 점을 생각해야 한다. 조선은 왕조 국가이고 국왕이 모든 권력을 쥐고 있었는데 세종은 스스로 그 권력을 제한하는 방법을 만들고 모든 사람들이 잘 살 수 있는 방향을 모색했던 것이다.

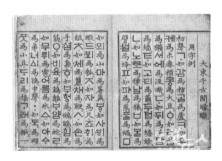

『훈민정음 해례본』
간송미술관 소장. 훈민정음의 문자 체계와
사용 방법을 알리기 위해 만든 책이다.

그 모색의 절정이 훈민정음 창제였다. 우리나라는 한자를 문자로 사용하고 있었는데, 한자로 쓰는 한문은 우리말과는 어순도 다르고 문법도 맞지 않아 고등 교육을 받은 사람만이 사용할 수 있었다. 세종은 소리 나는 대로 쓸 수 있는 표음문자 '훈민정음(한글)'을 개발해서 누구나 쉽게 글로 자신의 의사를 남길 수 있도록 만들었다.

세종 때 해낸 일들을 보면 이것이 과연 한 사람이 할 수 있는 일인가 싶을 정도이다. 물론 이 모든 일을 세종이 혼자서 한 것은 아니다. 세종은 인재들을 찾아내고 키워 적재적소에 두었다.

세종 때 조선 최고의 명재상이라 일컬어지는 황희 정승이 있었다. 황희에 대해서는 최근에는 탐욕스런 인물이었다, '황금대사헌'이라 불렸다 등의 비난도 있는데, 이는 사실이 아니다. 『단종실록』에 보면 실록을 편찬하던 대신들이 이런 말은 처음 들어보는데 이것을 실록에 넣어야 하느냐고 의논하는 장면이 있다. 이 기록을 남긴 사관은 탐관오리로 황희에 의해 파면된 인물이었다. 또한 성삼문은 이 사초만 색깔이 다르니 넣을 수 없다고 했는데, 다른 대신들이 함부로 사초를 없앨 수는 없다고 해서 이 이야기가 남게 되었을 뿐이다.

4군을 개척한 최윤덕崔潤德(1376~1445)도 세종 때 중요한 인재였다. 최윤덕은 대대로 무신 집안에서 태어났다. 태종 때 이미 중임을 맡았지만 세종 때가 되어서 문관직까지 역임하는 등 큰 활약을 했다. 세종의 북방 정책과 국방 정책이 최윤덕에 의해서 수립되었다. 그는 장군이었으나 좌의정까지 역임했으며 무신으로서 세종의 배향공신(종묘에 왕과 같이 모시는 신하)이 되었다. 조선에서 무신으로서 배향공신이 된 사람은 태종의 배향공신 조영무와 세종의 배향공신 최윤덕 둘뿐이다.

조선의 최고 과학자로 일컬어지는 장영실도 세종의 소중한 신하였다. 장영실의 어머니는 기생인 관비였다. 장영실의 재주를 알아본 세종이 그를 노비에서 풀어주었고 종3품인 대호군의 지위까지 올렸다. 그 밖에 세조 때 크게 활약한 정인지, 신숙주와 같은 사람들도 세종이 중용했던 인물들이었다.

종친 중에 순평군이라는 사람이 있었다. 정종의 서자였고 이름은 이군생이었다. 나이가 마흔이 넘었는데 세종이 종학에 집어넣어 공부를 해야만 했다. 왕족이니 먹고 살 걱정이 없으면 공부는 하지 않는 경우가 있었는데 순평군도 그랬다. 한자 하나를 몰랐는데 강제로 공부를 하게 되어 『효경』을 읽게 되었는데 달랑 두 글자만 외웠을 뿐이었다. 그는 늙어 죽을 때가 되어 유언을 남겼다.

"살고 죽는다는 커다란 문제에 어찌 관심이 없겠느냐? 다만 종학과 영영 이별한다 생각하니 실로 통쾌할 뿐이다."

조선 왕실이 위기를 넘기는 법 – 계유정난

수양대군은 왕위에 대한 욕심이 있었다. 불행히도 문종이 일찍 죽고 어린 조카가 왕위에 오르자 그는 곧 음모를 꾸미기 시작하여 대신들을 제거하고 왕좌를 차지했다. 그는 반대자들을 비정하게 학살하며 치세를 시작했다.

수양의 야심, 계유정난을 부르다

세종은 32년을 왕위에 있었다. 상당히 오랜 기간 왕좌를 지켰지만 20대 초반에 왕위에 올랐기 때문에 승하했을 때 나이는 54세에 불과했다.

문종은 성숙한 나이인 30대 후반에 왕위에 올랐다. 국정은 이미 세자 시절부터 담당했기 때문에 문종의 치세는 아무 문제가 없어야 했다. 그러나 그에게는 고질병이 있었다. 결국 병세가 악화되어 2년 3개월의 짧은 치세를 끝으로 세상을 떠나고 말았다. 문종은 불행한 결혼 생활로 아들을 늦게 본 편이었다. 그리하여 조선은 열두 살 어린 소년 단종을 왕으로 모시게 되었다.

조선은 왕국으로 왕의 권력이 가장 강했다. 이런 강한 왕의 권력은 당연히 그것을 제대로 휘두를 수 있는 사람의 손에 있어야 했다. 그런데 단종은 그러기에는 너무 어렸다. 더구나 왕이 어리면 대비가 왕의 뒤를 보살펴 주는 수렴청정을 해야 했는데, 단종에게는 대비도, 그 위의 대왕대비도 모두 없는 상황이었다.

이 때문에 단종이 왕이었지만 나랏일은 의정부가 맡게 되었다. 이때 영의정은 황보인, 좌의정은 6진 개척의 영웅 김종서였다. 김종서는 좌의정이었지만 그의 위세는 영의정을 넘어선 상태였다. 조정 권력의 핵심이 김종서였다. 세종 때 명재상이었던 황희가 후대의 정승으로 김종서를 낙점해 둔 바 있었다. 이 때문에 그는 김종서를 잘 훈련시켰고, 김종서는 황희를 실망시키지 않았다.

김종서와 단종의 조합은 나쁘지 않았다. 하지만 이것을 싫어한 사람이 있었다. 세종의 둘째 아들 수양대군이었다. 세종은 골육지간의 싸움이 아버지 대에 일어난 것을 본 사람이었다. 그는 셋째 아들임에도 왕이 되어서 형들과 사이좋게 지냈다. 자식들도 그렇게 되기를 바랐을 것이다. 그 때문에 세종은 자식들에게 많은 교육을 시켰다. 둘째 수양대군도 문무를 겸비한 인재로 자랐고, 셋째 안평대군은 시서화에 능한 재주꾼이었다.

이렇게 왕자들이 한 가닥 재주를 뽐내는 상황에서 어린 조카가 왕위를 잇고, 나라의 실권은 신하들이 차지했다. 왕자의 입장에서 불만스럽게 보이는 면도 없진 않았을 것이다.

수양대군은 신숙주, 권람, 한명회 등 문사들과 홍윤성, 홍달손, 양정 등 무력을 담당할 부하들을 거느리고 때를 노리고 있었다.

수양대군은 황보인이 안평대군을 왕으로 추대하려는 음모를 알게 되어 선수를 치기로 마음먹었다고 주장하지만, 이는 물론 사실일 가능성이 없다. 수양대군은 1453년(단종 1년) 오래 준비해 온 역모를 실행에 옮겼다.

그가 처음 처치한 사람은 조정의 실권자인 김종서였다. 황보인도 아니고 안평대군도 아니고 조정의 실세인 김종서를 암살했다는 것을 보면 이 모든 일이 수양대군의 계획이었다는 것을 알 수 있다.

수양대군은 다른 사람의 손을 빌리지 않고 직접 김종서를 죽이고자 나섰다. 한밤중에 김종서의 집을 찾아가 사모의 뿔이 빠졌으니 좀 빌려달라고 하고는 사모를 살펴보는 김종서의 머리를 가격해서 쓰러뜨렸다. 아버지의 위기를 보고 달려온 아들 김승규도 그 자리에서 죽었다.

수양대군은 바로 궁으로 달려갔다. 이미 수양대군의 부하들이 궁궐 내 병력을 장악한 상태였다. 궁에 들어간 수양대군은 대신들을 불러들였는데 한명회의 손에 살생부가 들려 있었고, 그에 따라 입궐하는 대신들 중 자기편이 아니라 판단한 사람은 바로 처형되었다. 황보인 등도 이때 다 죽임을 당했다. 안평대군은 유배 보냈다가 사약을 내려 죽였다.

김종서는 이때 죽지 않았다. 수양대군 일당이 얼마나 긴급히 일을 단행한 것인지 알 수 있는 대목이다. 정신을 차린 김종서는 급히 궁으로 들어가고자 했으나 이미 때가 늦어 사대문이 모두 닫혀있었다. 김종서는 둘째 사돈 집에 은신했는데, 다음 날 숨은 곳이 발각되었다. 수양대군은 부하들을 보내 김종서를 다시 살해했다.

역모를 꾀한 것이 사실이라면 붙잡아서 국문을 하여 진상을 파악하는 것이 정상인데, 수양대군은 대신들을 다짜고짜 다 죽여버렸다. 그리고 나서 그들이 반역도당이라고 이야기한 것이다. 이 일을 계유정난癸酉靖難이라고 부른다.

거듭되는 반란

수양대군은 영의정 겸 이조판서 겸 병조판서의 자리에 앉았다. 조정과 문무 관리 모두를 총괄하게 된 것이다.

이때 함길도咸吉道(지금의 함경도)의 군사를 맡은 절제사 이징옥李澄玉(?~1453)은 김종서와 생사고락을 같이 한 전우였다. 수양대군이 그를 가만둘 리가 없었다. 일단 병권을 박탈하고자 후임을 보냈는데, 한양의 정변을 알게 된 이징옥은 수양대군이 보낸 후임을 죽여버리고 군사들을 모아 한양으로 진군할 계획을 세웠다. 『조선왕조실록』에는 이징옥이 대금 황제를 칭하였다고 하는데, 이징옥을 반역자로 몰아세우기 위한 조작일 가능성이 높다.

이징옥이 궁지에 몰린 것은 누가 보아도 뻔한 일이었고, 부하들도 이징옥을 따라 희망 없는 전쟁에 나서고 싶지는 않았다. 결국 부하들의 배반에 의해 이징옥은 목숨을 잃고 말았다.

2년 후, 단종은 더 이상 왕위에 있는 것이 의미 없음을 알고 왕위를 수양대군에게 넘겼다. 그러나 모든 일이 이렇게 끝난 것은 아니었다.

1456년(세조 2년) 성삼문, 박팽년 등 집현전 학사들이 중심이 된 상왕(단종) 복위 음모가 발각되었다. 성삼문은 계유정난 때 3등공신에 오르기도 했던 사람으로 세조가 자신의 편에 끌어들이고 싶었던 인재였다. 그런 만큼 세조의 충격도 컸을 것이다.

이들은 명나라 사신의 접객 때 호위무사인 별운검으로 성삼문의 아버지 성승을 비롯해 뜻을 같이 하는 사람들이 들어가게 된 것을 알고 그때 세조를 죽이기로 결의했다. 그런데 일이 틀어지고 말았다. 갑자기 별운검 들이는 걸 취소해 버렸던 것이다.

때를 놓치자 기밀이 새어 나갔다. 같이 결의를 했던 김질이 장인 정창손에게 음모를 고했고 정창손은 바로 세조에게 이 사실을 알렸다. 음모를 꾀했던 자들은 모두 잡혀 와 혹독한 고문을 당한 뒤 사형에 처해졌다. 이때 죽은 성삼문, 박팽년, 하위지, 이개, 유성원, 유응부의 여섯 사람을 따로 '사육신死六臣'이라고 부른다. 살아남아 세조를 따르지 않았던 여섯 사람인 생육신生六臣 남효온이 『육신전六臣傳』을 지어 이들의 이야기를 세상에 남겼다.

세조는 단종이 이 음모에 가담했다고 하여 강원도 영월로 유배를 보냈다. 이때 세종의 여섯째 아들인 금성대군이 거병하여 세조를 몰아내려고 했다. 하지만 금성대군의 계획이 사전에 발각되었다. 이 일로 금성대군도 사사되었다.

그리고 단종에게도 사약이 보내졌다. 금부도사 왕방연은 사약을 차마 바치지 못하고 흐느꼈고, 단종은 이미 살아날 길이 없음을 알고 목에 줄을 매고 창밖에서 당기게 하는 방식으로 죽음을 맞이했다. 세조는 조카를 죽이고 시신도 수습하지 않았다.

단종에게는 경혜공주라는 누나가 있었다. 그 남편은 정종鄭悰(?~1461년)이었는데 단종 몰락 후에 귀양을 가게 되었고 경혜공주도 그를 따라갔다. 정종은 1461년(세조 7년)에 사지를 찢어 죽이는 거열형을 받았다. 오랫동안 경혜공주도 관비로 추락했다고 알려졌지만, 이는 사실이 아니다. 따라서 경혜공주에게 허드렛일을 시키려 했을 때, "나는 이 나라 공주다"라고 호통을 쳤다는 이야기도 그저 전설일 뿐이다. 정종의 아들 정미수는 뒤에 종친 자격을 회복하고 벼슬에도 올랐다.

사육신의 난 뒤에 남은
슬픈 이야기

사육신의 난으로 이 일에 뛰어든 남자들은 모두 사형에 처해졌다. 남은 가족 중 남자는 사형에 처해지고 여자는 노비가 되었다. 이 여인들의 서글픈 이야기 몇 개가 전해진다.

색욕의 화신, 봉석주

사육신 박팽년의 동생 박대년의 처 윤정수는 해평 윤씨(이 집안의 후손으로 윤근수-윤두수 형제가 있다)로 용모가 아름다웠다. 박대년은 옥 안에서 정강이에 흐르는 피를 찍어 혈서를 써서 아내에게 전했는데, 그 내용은 이러했다.

"원컨대 서로 잊지 말고, 사람으로 수치스러운 짓은 하지 맙시다."

윤씨가 답장을 보냈다.

"밝은 해처럼 하겠습니다."

윤정수는 봉석주의 여종이 되었다. 봉석주는 색욕이 왕성하여 남의 기생첩과 간통했다가 처벌받기도 했었다. 오죽하면 세조의 오른팔로 험악하기로는 따를 자 없는 홍윤성이 그를 가리켜 "탐욕하고 포악하다"고 비난할 정도였다. 간통죄로 잡혀 와 의금부에 갇힌 여인이 외모가 뛰어나고 재산이 많은 것을 알고는 그 재산을 노려 첩으로 삼으려

했던 일 때문이었다.

아무튼 이 정도의 인물이니 자기 여종이 된 윤정수를 보기만 할 리는 없었다. 먼저 위세로 겁박하고 좋은 말로 달래니 윤정수가 그를 맞이하기로 마음을 먹었다.

봉석주가 윤정수를 맞이하러 사람을 보냈더니 윤정수는 "명마를 보내지 않았으니 시집가지 않겠노라"고 거부 의사를 표했다. 이에 봉석주가 얼른 훌륭한 말을 보내 윤정수를 맞이했다.

봉석주는 윤정수가 오자,

"아직도 혈서를 생각하느냐?"

라고 물었다.

윤씨가 부끄러워하며 답했다.

"지금은 잊었으니 다시는 말하지 마십시오."

봉석주의 악취미가 드러나는 대목이다. 봉석주는 뒤에 역모에 엮여 사형에 처해졌다.

마님이 두려워

형조정랑 윤영손은 신숙주를 죽일 임무를 띠고 있다 체포되어 사형에 처해졌다. 윤영손의 아내 권탑이는 신기전 개발자로 유명한 박강의 여종이 되었다.

박강이 권탑이를 취하니 권탑이는 아침에 일찍 자리에서 일어났다. 박강이 의아해하며 물었다.

"뭣 때문에 이리 일찍 일어나는가?"

"안방마님이 책망할까 두렵습니다."

주인마님이 원하면 자야 하지만 그 후환은 혼자 감당해야 하는 문제였던 것이다.

성삼고의 아내

사육신 성삼문의 동생 성삼고의 아내 김사금은 정창손에게 주어졌는데 이때 한 살 된 딸도 있었다. 그녀는 이웃에 있는 예문관 한림 김수손과 자행恣行 하였는데 거리끼는 것이 없었다고 기록은 전한다. '자행'이라는 말은 '자기 멋대로 한다'는 뜻인데 간통하는 일과 같은 때에도 사용한다. 그녀의 행동을 한 살짜리 딸아이를 먹여 살리려고 온갖 일을 다 했다고 읽을 수는 없는 것일까? 이들 여인들은 사대부가의 마님으로 있다가 졸지에 여종이 되어서 살아갈 방도가 막막한 사람들이었다. 그러니 주인의 눈에 들고 자기가 살 자리를 찾을 것을 비난만 할 수는 없는 노릇이었지만, 『조선왕조실록』을 쓴 사관은 이렇게 잘난 척 말한다.

"이들이 어찌했어야 하는가? 다만 엎드려 죽는 길뿐이었다. 만일 죽지 않는다 해도 슬피 울고 방자하게 굴지 않아야 하는 것이다."

산 사람은 살아가야 하는 것인데, 죽음을 내리지도 않고 종으로 삼은 권력의 주체가 '우리가 안 죽였지만 알아서 죽었어야지'라고 말하는 건 너무나 뻔뻔한 일이다.

여인을 보호한 황효원

이런 일들만 있었던 것은 아니었다. 명문 집안 사람들이 도륙이 나자 그들을 보호하고자 하는 사람도 있었다. 고려 말 대학자 이색의 증

손자 이유기도 사지를 찢어 죽이는 거열형을 받았는데 그 집안의 딸 쟈근조이는 안면이 있는 황효원이 자신에게 달라고 청해서 그 집으로 보내졌다. 황효원은 쟈근조이를 자기 외가로 보내 키웠는데 그 집에서는 그녀를 집 밖에 내보내지 않고 고이 키웠다. 황효원의 부인이 세상을 떠나자 황효원은 어머니의 권유로 쟈근조이를 부인으로 맞이했다. 후일 그녀의 신분(반역자의 딸이자 노비)이 문제가 되었는데 황효원과 집안 사람들은 끝까지 쟈근조이를 정실로 인정해 달라고 요청했고 중종 때가 되어서야 인정을 받을 수 있었다.

조선은
공신들의 나라였을까?

흔히들 조선은 신하의 권리가 강하여 왕들은 허수아비였다고 생각하지만,
이는 사실이 아니다. 신하의 힘이 임금의 힘을 넘어서려고 하면
큰일이 벌어졌던 것이다. 정도전이 힘을 지니자 태종이 그를 죽였고,
어린 단종이 즉위하여 신하들의 힘이 세지자 세조가 정권을 빼앗았다.
신하들의 힘은 왕에게서 나오는 것이었다.

세조의 즉위를 도운 공신들은 조선을 지배하는 권력층이
되었다. 이들을 가리켜 훈구파라고 부르게 된다. 훈구파가 새로운
지배층으로 형성된 것이다. 이들은 강력한 군주인 세조를 뒷받침하
는 행정 관료들이기도 했다. 그러나 시간이 지나면서 훈구파는 자신
들의 이해를 추구하게 되었고, 이렇게 되자 조선의 제10대 국왕 성
종은 훈구파를 견제하고 자신의 세력을 기르기 위해 사림을 등용하
게 된다. 사림은 그동안 조정에 출사하지 않았던 선비들로 이들이
관료가 되면서 기존 권력자인 훈구파와 충돌하게 되는데, 이 때문에
사화士禍라고 부르는 사건들이 발생한 것이다.

신숙주에 대한 오해

세조 때 가장 두각을 나타낸 이는 신숙주申叔舟(1417~1475)다. 세
조는 신숙주를 가리켜 '나의 위징魏徵'이라고 부르기도 했다. 위징은
당 태종의 오른팔과 같은 인물이었다. 1452년(문종 2년)에 세조가 명

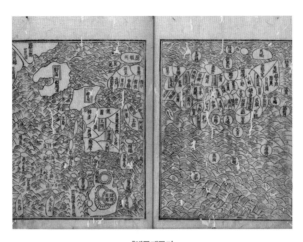

「해동제국기」

신숙주가 일본에 사신으로 가서 보고 들은 것들을 기록한 책이다. 사진 속 지도
는 이 책에 실린 일본 전국의 지도 〈해동제국전도海東諸國全圖〉이다.

나라에 사신으로 갈 때 동행하여 그의 편이 되었다. 막상 계유정난
때는 외지에 근무 중이라 참여하지 못하였고, 그 때문에 2등공신이
되었다. 하지만 세조가 집권한 지 불과 2년 만에 우의정에 오르는
쾌속 승진을 보여주었다.

1460년(세조 6년)에 그는 여진 정벌을 이끌었다. 신숙주는 전선에
서 담대한 모습을 보이는 한편, 치밀한 전술로 여진 정벌을 성공리
에 마무리했다.

신숙주는 외교관으로서도 큰 활약을 했는데, 명나라를 여러 번
다녀왔고 일본에도 사신으로 간 적이 있었다. 1443년(세종 25년)에
스물일곱의 나이로 일본을 다녀왔고, 그때 보고 들은 것들을 『해동
제국기海東諸國紀』라는 책으로 남겼다. 신숙주는 일본에 대해서 사나
운 습성을 가지고 있으니 경계를 늦추면 안 된다고 하고 친교를 끊

지 않고 위험에 대비해야 한다는 조언을 남겼다.

세종의 총애를 받았던 신숙주의 변절은 사람들에게 충격적이어서 쉽게 변하는 녹두나물의 이름이 숙주나물로 변할 정도였다. 더불어 신숙주의 아내가 사육신의 난 때 자살하고자 준비하고 있다가 신숙주가 살아서 돌아오자 그를 비난하고 자살했다는 이야기까지 만들어졌다. 신숙주의 아내는 그 전에 이미 죽었기 때문에 이 이야기는 사실이 아니다.

후대에 날조된 그의 악행 중 하나는 단종의 비 정순왕후 송씨를 자기 노비로 달라고 했다는 것인데, 이것은 조선 말의 학자 김택영金澤榮(1850~1927)이 전한 이야기다. 김택영은 강직한 선비로 유교 전통적 관점을 굳게 지킨 사람이다. 하지만 그가 전하는 이야기에는 그가 창작한 부분이 적지 않다. 신숙주에게 노비로 내려진 사람은 최면崔沔의 누이 선비善非, 조완규趙完圭의 아내 조이김史와 딸 요문要文, 성승成勝(성삼문의 아버지)의 첩의 딸 성금性今이었다. 경우에 따라서는 지인의 아내와 딸을 보호하기 위해 노비로 받아가는 경우도 있었던 것 같지만, 이때의 진실은 알 길이 없다.

왕이 공신을 감싸다

왕과 공신의 관계는 매우 굳건한 것이었다. 왕은 공신들의 잘못에 대해서 최대한 봐주려는 경향이 있었다. 조금 더 이전이지만 태종이 자기 공신에게 한 일화를 한번 보자.

태종 때 김우라는 인물이 있었다. 평안도 희천군의 토호로 자못 용맹이 있었고, 일찍부터 태종을 섬겨 측근이 되었다. 일찌감치 여색에 눈을 떠서 아내를 버리고 첩을 아내 자리로 올렸다가 파직당하기도 했었다.

그는 왕자의 난 때 앞장서서 싸워서 공신이 되었다. 그 공으로 승승장구하여 강계 병마사가 되었다. 여기서도 탐학을 부려 매만 30여 마리를 가지게 되었다. 이렇게 매를 거느리고 서울로 돌아오게 되니 매 먹이로 역참의 닭과 개가 남아나지를 않았다.

사헌부에서 이 탐관오리에게 죄 주기를 청했다. 그러자 태종이 기가 막히는 판결을 내렸다.

"김우는 공신이니 처벌할 수 없다. 닭과 개를 잃은 군현과 역참의 우두머리들이 김우가 원한다고 그걸 다 들어주고 법에 따라 거절하지 못한 죄가 크니 이들을 탄핵하는 상소를 올리도록 하라."

김우는 이후에도 별별 범죄를 다 저질렀지만 그때마다 태종은 공신이라 벌줄 수 없다고만 했다. 심지어 그가 죽었을 때는 사흘간 조회를 열지 않고 애도했다.

이렇게 왕은 끔찍하게 공신을 감싸주었지만, 이것은 공신이 왕에게 충성을 바칠 때만 주어지는 보답이었다.

왕이 공신을 벌하다

김종서를 죽일 때 앞장섰던 양정은 2등공신으로 양산군에까지 봉해졌는데, 무사 출신인지라 북방에서 오래 근무를 했다. 이에 불

만을 품었던 양정은 자신을 환영하는 연회장에서 큰일 날 소리를
해버렸다.

"전하께서는 너무 일을 많이 하십니다."

"군주는 천하를 다스리는데 어찌 근심하고 부지런하지 않을 수
있겠느냐?"

"전하께서 왕위에 계신 지 오래되었으니 이제 한가히 지내심이
마땅하겠습니다."

세조의 안색이 싹 변했다.

"경이 말하는 뜻은 이제 물러날 때라는 건가?"

"바로 그렇습니다."

"과인이 평소 왕위에서 물러나 편안하고자 했으나 그러지 못
했다."

"그것이 신의 마음입니다."

"경이 오래 북방에 있었는데 그곳 인심도 그러한가?"

"누구나 그러합니다."

세조의 역정이 끝에 달했다.

"과인이 죽고, 신숙주와 한명회도 죽으면 나라는 누가 다스린단
말이냐?"

"그거야 차차 해결될 겁니다."

세조가 폭발했다. 세조는 세자에게 양위할 것이니 옥새를 가져오
라고 말했다. 신하들도 난리가 났다. 양위는 말이 안 된다며 극구 말
려서 간신히 양위 소동은 끝이 났다. 이 일로 양정은 목이 달아났다.
감히 왕에게 덤벼들었기 때문이었다.

신숙주도 예외는 아니었다. 하루는 술자리에서 세조가 장난으로 신숙주의 팔을 비틀었다. 신숙주가 비명을 지르자 세조가 말했다.

"억울하면 경도 내 팔을 비틀어보라."

그런데 술이 취한 신숙주는 인정사정없이 세조의 팔을 비틀었다. 그날 잔치가 파한 후 한명회는 신숙주의 하인을 불러 한 가지 지시를 내렸다.

"너희 주인은 아무리 술이 취해도 책을 읽다 잠을 자는 버릇이 있는데 오늘도 그러면 안 된다. 방에서 초를 다 없애놓도록 해라."

신숙주는 자다가 깨어 책을 읽으려 했으나 초가 없어서 다시 자고 말았다. 세조는 밤새 불이 켜지지 않았다는 것을 알고 신숙주가 정말 만취해서 저지른 일이라 생각해서 이 일에 대해서 더는 언급하지 않고 그냥 넘어갔다.

공신이 왕권에 도전하지 않는 한, 왕은 웬만한 일을 눈감아 주었다. 하지만 왕권에 대해서 눈길이라도 던지면 그것은 용납하지 않았다. 조선의 왕권은 보통 사람들의 생각보다 강했다. 왕 스스로 자신의 권한을 제한하면 왕권이 약해 보일 수 있고, 왕권을 제대로 휘두르지 못하는 왕이 등극하면 문제가 생길 수 있었다. 하지만 그것은 근본적으로 왕권이 약해서 벌어지는 일이 아니었다.

> 세조의 심복 중 홍윤성은 가장 포악한 인물이었다. 자신의 욕심을 채우기 위해 벌인 악행이 하나둘이 아닌데, 그런 주제에 남이 노는 꼴은 또 못 보는 사람이었다. 그는 어느 날 길을 지나가다 바둑을 두는 사람을 보고는 일은 하지 않고 놀고 있다고 화를 냈다.
> "바둑을 두면 쌀이 나오냐? 옷이 나오냐? 이걸 먹을 수 있어서 이러고 있는 거냐? 그래, 좋다. 그럼 바둑돌을 먹어봐라!"
> 이렇게 해서 잠시 휴식을 취하고 있던 사람들은 졸지에 바둑알을 먹어야 했다.

세조,
하늘에 제사를 지내다

　제천 의례는 하늘에 지내는 제사로, 하늘의 명을 받은 황제만이 지낼 수 있는 제사다. 조선왕조 5백 년 동안 황제처럼 직접 제천 의례를 행한 국왕은 세조가 유일하다. 그는 자주적 역사관을 만들기 위해 사료들을 수집하기도 했었다. 나중에 고종도 제천 의례를 지냈는데 고종은 황제로서 제천 의례를 행한 것이었다.

　이 제사를 '圜丘祭'라고 하는데 이 글자를 어떻게 읽는지가 사실상 통일되어 있지 않다. 원래 발음은 '원구제'가 맞다고 생각한다. '圜'은 '둥글 원', 또는 '두를 환'으로 읽는데, 원구단이라는 것은 둥글게 생긴 언덕을 가리키는 것이기 때문이다. 2005년 문화재청에서 1897년 발행된 『독립신문獨立新聞』을 근거로 '환'이라고 읽으라고 하는 바람에 '환구제'라는 말도 같이 사용되고 있다. 원구단, 환구단과 원단, 환단 등의 용어도 병용되고 있다. 국사편찬위원회가 서비스하는 『조선왕조실록』 번역본에도 일관성 없이 두 용어가 뒤섞여 있다. 여기선 '圜'을 '원'으로 읽도록 하겠다.

　제천 행사는 고조선 때 만들어진 것으로 보는 강화도의 참성단에서 지내는 것을 시작으로 해서 부여의 영고, 삼한의 시월제, 동예의 무천, 고구려의 동맹 등의 이름이 전해진다. 백제나 신라 역시 제천 행사를

1910년대에 촬영한 원구단 전경

사진 속 원구단은 고종이 1897년(광무 1년)에 세운 것이다. 왼쪽 건물은 하늘과 땅의 신들의 위패를 모신 건물인 황궁우이고, 오른쪽은 신들에게 제사를 지내던 제단인 본단이다. 본단은 일제가 허물어 지금은 남아있지 않다.

지냈을 것이다. 고려 때는 원구단에서 제천 의례를 치렀다. 이렇게 유구히 내려오던 제천 의례는 1385년(우왕 11년)에 명나라 사신의 지적에 의해 중지되었다. 제후국 신분인 고려가 황제만 지낼 수 있는 제천 의례를 행하는 것은 옳지 않다고 했기 때문이다.

조선 태조 때 원구단 제사가 문제가 되었다. 지내도 괜찮다는 의견도 있었으나 부결되고, 원구단의 이름도 '원단'으로 바꾸게 되었다. 이곳에서는 제천 의례는 올리지 않고 기우제만 올리는 것으로 결정이 났다.

물론 기우제도 하늘에 제사를 지내는 것이기 때문에 이것도 지내서는 안 된다는 의견이 많았다. 태종 재위 기간 내내 기우제를 없애느냐, 마느냐를 놓고 논쟁을 하다 결론을 못 내리고 세종 때로 내려오게 되었다.

세종 때도 이것만은 결론을 내리지 못했다. '제후'라는 것은 중국

내의 제후를 가리키는 것이지, 조선과 같은 사방 수천 리의 나라에다 2천 년간 지내온 나라는 예외일 수밖에 없다는 논리가 나오지만 끝내 결론은 내리지 못했다.

세조 때가 되어서 양성지梁誠之(1415~1482)는 제천 의례를 지낼 수 있다고 주장했다. 단군 이래 우리는 중국과는 다른 세계를 이루고 살았으니 독자적으로 제천 의례를 올릴 수 있다고 주장한 것이다.

세조는 쿠데타를 통해서 집권했기 때문에 강력한 왕권을 선보일 필요가 있었다. 그래서 기우제 정도가 아니라 정식 제천 의례를 올리게 되었다. 1456년(세조 2년)에 원구단을 정비하고 세조 3년(1457년)에는 '원구서圜丘署'라는 관청을 만들었다. 그리하여 1457년(세조 3년) 1월 15일(대보름)에 제천 의례를 올렸다. 이 제천 의례는 명나라 태조가 행한 것과 동일하게 진행했다. 이후 1464년(세조 10년)까지 매년 1월 15일에 제사를 지냈다. 하지만 그 이후로는 제사 기록이 없다. 성종 때 원구단에서 기우제를 지낸 일은 있지만.

그 후 광해군이 1616년(광해군 8년) 9월 15일에 제천 의례를 행하려고 했으나 신하들의 반대로 무산되었고, 그 이후로는 원구단에 대한 기록도 나오지 않는다. 다만 정조는 기우제를 지내는 남단南壇이 본래 원구단이었다고 말한 바 있다. 남단에서 제사를 지내는 것을 제후국이 하늘에 직접 제사 지내는 것이라는 비난을 피하기 위한 편법으로 보인다.

고종이 1897년(고종 34년, 광무 원년) 황제로 등극하면서 원구단을 새로 만들고 기존의 남단은 '산천단山川壇'으로 이름을 바꿨다.

이시애의 난과
남이 장군

세조의 급진적인 개혁 정책에 피해를 본 북방 토호의 반란이 일어났고,
이를 진압하면서 새로이 등장하게 된 신진 세력은 불과 몇 년 만에
역모 누명을 뒤집어쓰면서 몰락하게 된다.

이시애, 반란을 일으키다

강력한 왕권을 자랑한 세조는 토호의 힘들도 억눌렀다. 북
방 지역 출신 인물들의 등용이 억제되고 지방관이 중앙에서 파견되
는 등의 지방 탄압이 이루어지자 당연히 불만들이 생겨났다. 불만은
유언비어로 번졌다.

"나라에서 남쪽에선 병선을 보내고, 육군은 고개를 넘어서 들어
와 군민을 다 죽이려고 한다."

이런 흉흉한 민심은 반란으로 이어졌다. 반란의 주역은 회령 부
사 이시애李施愛(?~1467)였다. 이시애는 함길도의 토호였다. 그의 할
아버지 이원경은 몽골명 이오로테무르로 이성계가 우라산성에 쳐
들어갔을 때 투항하고 이성계의 심복으로 활약했다.

1467년(세조 13년)에 이시애는 동생들과 함께 반란을 꾀했다. 지역
민들이 미워하는 함길도 절제사 강효문康孝文을 살해하여 민심을 끌
어들였다. 이어 여러 관원들을 차례로 처단하였다.

이시애는 신숙주, 한명회도 자기들과 내통하고 있다고 떠벌렸는데, 의심병이 깊은 세조는 그 말에 이들을 즉각 하옥하게 했다. 이것은 매우 지나친 처사로 보이지만, 세조는 세조대로 이번 일을 기회로 삼아 신숙주 등을 혼내줄 뜻이 있었던 것으로 보인다. 신숙주는 점점 더 권력이 강해져서 세조에게도 자신의 뜻을 관철하려고 재차 의견을 개진하는 등의 행동을 했는데, 이것이 세조에게는 못마땅한 일이었다. 언제든 너를 감옥에 처넣을 수 있다는 걸 명심하라는 경고인 셈이었다. 신숙주 등은 10여 일 후에 풀려났다.

이시애의 반란에 다른 함길도 토호들도 적극 참여했는데, 이것은 세조의 정책과 관련이 있었다. 세조는 호패법을 다시 시행했는데 이를 통해 군적을 정리하고 새로운 보법保法(군역을 지는 군인 1명당 양인 장정 2명을 정하여 그 군인의 집안을 경제적으로 지원하게 하는 제도)을 시행했다. 이 결과 군역이 크게 개편되었는데 이 때문에 토호들은 그동안 숨기고 있던 노동력과 토지가 적발되어 많은 부담을 져야 했다. 또한 세조는 관리에게 토지를 지급하는 법을 바꾸어서 기존의 과전법을 폐지하고 직전법職田法을 시행했다. 과전법은 퇴직 관리, 실제로는 관직을 지내지 않은 사람, 사망한 관리의 가족에게도 토지를 지급했지만 직전법은 현직 관리가 재직 중에만 토지를 받을 수 있다. 이렇게 되면서 기존에 지급한 토지도 몰수되었다. 하지만 공신들이 하사받은 토지인 공신전 같은 것은 건드리지 않았다. 당연히 훈구파에 대한 불만이 하늘을 찌를 수밖에 없었다.

여기에 더해 세조는 원래 그 지역민으로 임명하던 수령들을 중앙에서 파견하는 것으로 변경했다. 이시애가 내건 구호 중에는 원래 이곳 사람으로 수령을 삼는다는 것도 있었다.

이시애는 반란 10여 일 만에 함길도 남쪽 일부를 빼고 모두 점령하는 등 기세를 올렸다. 세조는 조카 구성군 이준李浚(세종의 넷째 아들 임영대군의 아들)을 함길·강원·평안·황해 사도 병마도총사로 임명하여 토벌토록 명했다. 또한 함길도 병사를 지낸 바 있는 명장 강순康純(1390~1468)을 진북장군에 임명해 평안도 병사 3천을 이끌고 함길도로 향하게 했다. 정부군의 총 병력은 3만에 달했다.

이시애는 자신이 모반한 것이 아니며 역적 강효문 등이 함길도민들을 학살하고 약탈해서 제거했을 뿐이고, 본도 사람들로 수령을 임명하면 민심이 안정될 것이라 조정에 상소했다. 물론 이는 적을 기만하고자 하는 술책이었다.

구성군 이준의 출정

이준이 이끄는 관군은 반란이 벌어진 지 20여 일 만인 6월 4일 영흥에 도착했고, 10일에 함흥으로 진입했고 이어 강순이 북청에 주둔했다. 이에 이시애는 6월 24일 밤 북청을 포위 공격했다.

강순은 당황하지 말고 조용히 적을 기다리라고 명을 내렸다. 일제히 불화살을 쏘며 공격에 들어갔는데 성내가 조용하자 의심을 품은 이시애 군은 포위를 풀고 물러났다. 그사이에 강순은 두 번째 공격을 대비했다. 새벽에 다시 전투가 벌어졌다. 이때 젊은 장군 남이南怡(1441~1468)가 활약을 펼쳤다. 남이는 적의 화살을 여러 대 맞았지만 얼굴색 하나 변하지 않고 적진을 드나들며 적군의 목을 베었다. 이 날 정오까지 치열한 전투가 벌어졌으나 이시애는 결국 북청을 함락시키지 못하고 물러났다.

　이시애는 길주로 물러났고, 피해를 본 강순도 물러나 이준의 본대와 합류했다. 이후 전선은 한 달간이나 교착 상태가 되었다. 답답해진 세조는 전황을 알아보도록 한 사람을 파견했는데, 그가 간신의 대명사가 되는 유자광柳子光(1439~1512)이었다.

　유자광은 돌아와서 적이 생각보다 강하고 지형이 험하기 때문에 진군을 함부로 했다가 함흥의 백성들이 반란에 동참하면 곤란하다, 그러므로 함부로 진격하기 어렵다고 보고했다. 이에 세조는 원군을 더 보내주었고, 7월 22일 드디어 관군은 진격을 시작했다. 관군은 3진으로 나뉘어 있었는데 1진은 강순의 지휘하에 남이가 배속되어 있었고, 2진은 함길도 절제사 허종이, 3진은 도총사 구성군 이준이 지휘했다. 관군은 25일 다시 북청을 되찾았다. 이때 남이는 선봉장을 맡아 요지인 종개령을 공격하여 점령했다.

　8월 4일에 이시애 군이 점거하고 있는 만령을 공격했다. 관군은 악전고투를 치렀지만 결국 이시애 군을 만령에서 몰아내는 데 성공했다. 6일에는 이성을 점령하고, 8일에는 마운령을 넘어갔다. 이시애는 경성까지 내몰리고 말았다. 이때 이시애의 처조카 허유례가 허종 밑에서 종군하고 있었는데, 그 아버지 허종도는 이시애 밑에서 일하고 있었다. 이에 허유례가 허종도를 설득하고, 허종도는 이시애의 부하들을 설득해서 이시애가 심복들과 술을 마시고 있을 때 천막 끈을 잘라 이들을 생포하는 데 성공했다. 이렇게 이시애의 반란은 4개월여 만에 끝나게 되었다.

　이시애는 12일에 처형되었다. 진압군에 종사했던 이들 41명은 적개공신敵愾功臣에 임명되었다. 이렇게 해서 정난공신 이후에 새로운 공신군이 탄생했다.

이시애의 난으로 수령의 자문 기관이었던 유향소留鄕所가 폐지되었다(성종 때 다시 부활한다). 함길도는 북도와 남도로 나눈 뒤 양쪽에 절도사를 파견해 군사적 통제를 강화했다.

이시애의 난이 실패한 가장 큰 이유는 명분이 약했다는 것이었다. 이시애는 나라를 새로 세운다는 것 같은 명분을 내걸지 못하고 국왕에게는 충성한다는 이상한 이야기를 함으로써 힘을 결집할 수가 없었다. 이시애가 충성하겠다는 국왕이 토벌군을 보낸 이상 이런 주장은 먹혀들어 갈 수가 없었던 것이다.

세조는 강력한 진압을 함과 동시에 함길도민들을 달래기 위해 조세 면제를 선언하고 함길도 수령들의 잘못을 감찰하도록 하고 백성들을 위로할 관리를 파견하는 등 유화책도 내놓아, 민심을 안정시켰다.

비운의 장군, 남이

이때 적개공신 1등에 오른 남이는 태종의 외손이다. 그의 고조부는 남재로 태종의 손에 죽은 남은의 형이었다. 할아버지 남휘는 태종의 딸 정선공주와 결혼해 두 명의 아이를 낳았다. 아들이 남이의 아버지인 남빈이고, 딸은 후일 신씨 가문에 시집가서 신사임당의 조상이 된다.

남이의 할아버지 남휘는 난봉꾼이었다. 공주를 두고 걸핏하면 바람을 피웠는데 아무런 처벌을 받지 않았다. 이런 걸 보고 자란 탓인지 남이도 상당히 오만한 성격이었던 것 같다. 남이의 자부심 강한 성격은 구성군 이준과의 라이벌 의식으로 드러났다. 세조가 열었던 연회에서 세조에게 구성군만 총애하니 잘못된 일이라고 생각한다는 말을 해서 하옥되기도 했다.

그는 1460년(세조 6년)에 무과 급제를 하고 1467년(세조 13년) 이시애의 난 진압에서 큰 공을 세웠다. 그리고 뒤이어 그해 9월에는 여진족 공격에 나섰다. 조선은 북방의 안전을 위해 수시로 여진족을 공격했다. 이시애의 난 때 여진족이 참전한다는 말이 꽤나 돌았던 것도 어쩌면 정벌전의 빌미가 되었을 것이다.

강순과 남이는 압록강 위쪽에서 압록강에 합류하는 강인 파저강에 있는 건주여진의 추장 이만주를 공격하여 그를 죽이는 전과를 올렸다. 이만주는 세종 시절부터 조선을 괴롭히던 존재여서 이것은 엄청난 성과였다. 이때 남이는 호쾌한 시 한 수를 지었다.

> 백두산의 돌은 칼 갈아 다하고
> 두만강의 물은 말 마셔 없애리.
> 남아 이십에 나라를 평안케 못하면
> 후세에 누가 대장부라 일컬으리오.

남이가 그 이듬해에(1468년, 세조 14년) 병조판서가 되니 나이는 불과 스물여섯이었다. 세조는 그해에 승하하고, 세자가 뒤를 이어 즉위하여 예종이 되었다.

예종은 세조의 둘째 아들로 이때 나이는 열아홉이었다. 본래 세조에게는 맏아들 의경세자가 있었는데 그만 일찍 죽고 말았다. 의경세자에게는 월산대군이라는 아들이 있어서 그가 왕위를 잇는 것이 순리였다. 하지만 세조는 둘째 아들을 세자로 삼았고, 죽기 하루 전날 양위까지 마쳤다.

예종은 남이를 탐탁지 않게 여기고 있었는데 그 이유는 분명치 않다. 짐작할 수 있는 것은 예종이 장인 한명회의 영향을 받아 계유정난에서 공을 세운 공신들인 정난공신靖難功臣들 쪽에 기울어져 있지 않았을까 하는 점이다.

남이는 이시애의 난을 진압하면서 새로이 공신이 된 사람이었고 한명회는 이제 공신에 외척이기도 했으며, 왕은 아직 어렸다. 때문에 남이가 한명회를 싫어할 이유는 분명했다. 그것이 역모로까지 갈 일은 아니었지만.

남이의 이런 성향을 파악한 유자광은 남이가 역모를 꾀하고 있다고 고하였고, 남이는 체포되었다. 야사에 따르면 유자광은 남이가 지은 시에서 "평안케 하지 못하면"을 "얻지 못하면"으로 고쳐서 역모를 꾀한 증거로 삼았다고 한다.

남이는 심한 고문을 당한 끝에 역모를 인정했고, 이때 적개공신인 강순 등도 모두 남이의 일당으로 몰려 처형되었다. 강순은 병졸로 시작하여 오랫동안 북방에서 근무했다. 무관이었지만 전공을 계속 세워 우의정까지 올라간 입지전적 인물이었다. 『예종실록』을 보면 남이는 강순이 자신을 구명해 주지 않자 그를 원망하여 역모에 끌어들였다고 나온다. 하지만 이것이 사실이라면 강순은 좀 더 빠르게 신원되지 않았을까? 남이를 더욱 못난 사람으로 만들기 위해 위조한 내용일 가능성도 있다. 영의정 구성군 이준은 남이의 옥사 이후 아버지 임영대군의 삼년상을 치르게 되면서 관직에서 물러났는데, 성종 즉위 후에 훈구파의 모함으로 귀양 갔다가 돌아오지 못하고 죽었다.

남이가 등장하는 여러 이야기가 야사집 『연려실기술燃藜室記述』, 설화집 『대동기문大東奇聞』뿐만 아니라 전국에 구전 설화로도 퍼져 있다. 제일 유명한 이야기는 남이와 여자 귀신 이야기이다. 그가 어렸을 때 여자 귀신을 보고 따라갔다. 귀신은 권람의 집에 들어가서 그 집 낭자를 죽이려고 하고 있었다. 남이가 들어가서 여자 귀신을 쫓아내자 낭자는 목숨을 구할 수 있었다. 그렇게 해서 남이는 권람의 사위가 되었다는 이야기다. 이런 식으로 남이가 비범한 인물이라는 것을 보여주는 설화가 전해지는 것은 그의 억울한 죽음에 대한 보상과 같은 것이다.

목은 잘릴 수 있으나
붓은 잘릴 수 없다

1401년(태종 1년)에 예문춘추관을 예문관과 춘추관으로 나누고 춘추관에서 역사 기록을 전담하게 했다. 이렇게 하여 왕의 일거수일투족을 기록하게 되었는데, 정작 태종 자신도 모든 일이 기록되는 것을 싫어했다. 태종이 사냥을 나가서 노루를 활로 쏘다가 말에서 떨어진 적이 있었다. 태종은 좌우의 신하들을 살펴보면서, "말에서 떨어진 것을 사관이 모르게 하라"고 지시했다. 하지만 사관은 적지 말라고 지시한 것까지 실록에 적어놓아서, 오늘날의 우리들도 그 사실을 알게 만들었다.

하지만 사관도 사람이고, 사람이니 곧이곧대로 모든 일을 기록하는 건 좀 무서운 일이 아닐 수 없었다. 권력자의 일을 비판해 놓았다가 나중에 그 권력자가 기록을 보고 나서 해코지를 할 수도 있으니까. 그래서 최소한의 안전 장치가 있었다. 왕국의 최고 권력자인 국왕만큼은 그 기록을 보지 못하게 한 것이다.

사관들이 처음 써놓은 기록을 '사초史草'라고 부른다. 나중에 사초를 모아서 요점을 정리해서 책을 만들게 되는데 그것이 바로 『조선왕조실록』이다.

하지만 권력자가 어디 국왕뿐이겠는가? 대신도 권력자다. 왕이 죽

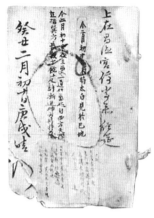
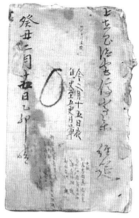

승정원 관리가 남긴 사초

사진 속 사초는 현종-숙종 시기의 문신 이담명이 승정원 주서 시절에 작성한 것이다. 춘추관 사관들이 작성한 사초는 『조선왕조실록』, 승정원 주서들이 작성한 사초는 『승정원일기』의 토대가 되었다.

으면 실록청이 만들어지고 그 왕의 실록을 편찬했다. 그런데 왕이 죽었다고 그 왕 밑의 신하가 없어지지는 않는다. 더구나 실록을 만드는 일을 총지휘하는 사람 역시 인간인 만큼 사초에는 그 사람에 대한 안 좋은 내용도 적혀 있을 수 있다. 자기에 대해서 안 좋은 이야기가 적힌 사초를 발견하면 당연히 기분이 나쁠 것이다. 그리고 그걸 누가 썼는지 안다면 두고두고 괴롭힐 수도 있을 것이다. 사초로 인해서 벌어진 영조 때 일을 한번 살펴보자.

대신들이 임인옥사 건으로 처형당한 신하들을 복권시켜 달라는 청을 냈다. 임인옥사란 1722년(경종 3년) 노론이 경종을 암살하려고 음모를 꾸몄다고 하여 절단 났던 사건이다. 이 사건은 영조 때 와서 조작된 것이라는 게 밝혀졌다.

영조는 이 청을 받고 당시 돌던 풍문에 대해서 비분강개하여 말했다. 대신들은 그 말에 깜짝 놀랐다. 비록 괴소문이라고 해도 영조 자신이 범인이 되는 그런 말을 굳이 할 필요가 없기 때문이고, 그것이 실록에 남게 되면 훗날 여러 억측이 발생하게 될 거라 여긴 것이다.

대신들은 "어찌 차마 귀로 들을 수 없는 말씀을 하시나이까!"라고 엎드렸다. 그때 호조판서 이정제李廷濟가 이렇게 말했다.

"오늘의 말씀을 사관들이 어찌 쓸 수 있습니까? 사초를 불태워 버려야 합니다."

영조가 이에 동의하여 사초를 거둬들여 불태우게 했다. 이때 사관으로는 네 사람이 입시入侍하고 있었는데 이들이 쓴 사초가 모두 불태워졌다.

사초가 불태워졌는데, 이날 말한 내용은 어떻게 전해지고 있을까? 『조선왕조실록』에는 이렇게 나와 있다.

그날 사초가 이미 불태워졌으므로 역사를 편찬하는 자들이 그날 입시한 여러 신하들에게서 들은 말을 가지고 참고하여 기록하였다고 한다.

이 기록 역시 그냥 생긴 것이 아니다. 사초를 불태웠다는 말을 들은 강직한 신하 둘이 항의를 했던 것이다. 이덕중李德重과 정이겸鄭履儉이라는 신하 두 사람이 상소문을 올렸다.

"임금의 말과 행동, 정치의 이득과 실수, 사람들의 선하고 착함을 모두 역사책에 써서 천하와 후세에 알리며, 비록 임금의 위엄과 존귀함으로써도 역사책에 기록한 것을 감히 보지 못하고 무엇이 쓰이든 금지하지 못하기 때문에 임금이 역사책을 두려워하는 것입니다. 신들이 듣건대, 지난날 대신들이 사초를 불태우자고 청하고 전하께서 허락하셨다 합니다. 좌우의 사관들이 두 손을 맞잡고 가만히 서서 사초가 불타는 것을 구경만 했다고 합니다. 신들은 그때 무슨 말이 오갔는지 알지 못하오나 이미 대화가 오간 이상 그것을 기록하고 기록하지 않는 것은 오직 사관에게 달린 일이었습니다. 전하께서 이래라 저래라 명령할 수 없는 것입니다. 아, 옛말에 이르기를 사관이 된 자는 목은 잘릴 수 있으나 붓은 잘릴 수 없는 법이라 하였는데 오늘날 사초를 불태우는 일이 생겼으니 이는 장차 무궁한 폐단이 될 것입니다. 바라건대, 춘추관에 명하여 그날의 일을 조사하여 기록하게 하십시오!"

그들의 말에 찔끔한 영조는 처음에는 그럴 수 없다고 튕겼다. 하지만 결국 춘추관에 명해서 다시 기록하게 했다. 그러면서 영조는, "내가 불태우라고 명령한 건 아니다"라고 몇 번이나 강조했다.

성종,
나라의 틀을 완성하다

성종은 어린 나이에 즉위하여 할머니인 대왕대비 정희왕후가 수렴청정을 했다.
모범적인 수렴청정을 거쳐 성년이 되어 국정을 맡은 성종은 능수능란하게
권신들을 제어하고 새로운 친위 세력을 길러냈다. 그는 국가의 체제를 정비하고
문화 사업들을 펼쳤다.

조선 최초의 수렴청정

성종은 열세 살의 나이로 즉위했기 때문에 조선 최초로 수렴청정이 이루어졌다. 수렴청정이란 왕실의 대비가 발을 드리운 뒤에 앉아 국왕을 보좌하는 일을 가리킨다. 본래 여성은 국정에 개입할 수 없는 법이었는데, 이렇게 어린 국왕이 즉위하면 여성도 국정을 돌볼 수 있게 되었다. 단종 때는 이렇게 국정을 보살필 여성이 없었다는 점이 비극의 씨앗이 된 것이기도 했다.

첫 수렴청정은 세조의 왕비인 자성대비(정희왕후)가 했다. 성종이 직접 국사를 보게 된 것은 스무 살이 된 1476년(성종 7년)이었다.

성종은 어린 나이에 왕위에 올랐는데, 인망 높은 왕족이 바로 주변에 포진하고 있었다. 바로 구성군 이준. 이 상황은 훈구파에게는 매우 위험한 징조로 여겨졌다. 마치 단종이 즉위했는데 수양대군이 버티고 있었던 것과 별다를 것이 없는 상황이었다. 다만 그때와 다른 것이라면 대비들이 왕 뒤에 버티고 있다는 것이었다.

구성군을 제거하고자 하는 계책은 몇 번이나 있었다. 그러나 다 증거가 없었고 왕실의 비호가 든든해서 문제가 되지 않았다. 그러자 훈구파는 오래전 일을 들고나와 구성군을 공격했다.

1465년(세조 11년)에 궁녀 박덕중이 언문 편지를 구성군에게 보낸 일이 있었다. 궁녀가 러브레터를 외간 남자에게 보낸 것이니 보통 일이 아니었다. 덕중은 이미 세조가 수양대군이던 시절에 세조의 첩이 되어 아이도 낳은 여자였다. 불행히도 아이는 일찍 죽었고 그 후에는 소생이 없었다. 이미 그전에도 환관을 짝사랑하는 사달을 일으켜 후궁에서 나인으로 강등되었는데, 이번에는 더 큰 사고를 친 것이었다.

구성군은 즉각 아버지 임영대군과 함께 그 편지를 들고 자진 신고했다. 이것은 구성군의 잘못이 아니었고 세조도 당연히 알고 있는 일이었다.

"네겐 죄가 없다. 구름이 해를 가린다고 빛에 무슨 손해가 생기겠느냐. 네 마음이 바른데 남의 말로 근심하지 말라."

세조는 벌은커녕 술자리를 열어 구성군을 위로하였다. 하지만 이제 덕중은 더는 용서할 수가 없었다. 덕중과 편지를 전달한 환관은 모두 사형에 처해졌다.

그런데 당시의 내막을 뻔히 알고 있을 조정의 원로인 정창손 등이 이 사건을 들고나왔다. 자성대비는 처음에는 구성군을 벌주라는 청을 완강히 거절했으나 정인지까지 이들 편을 들고 나오자 더 이상 버티질 못했다. 다만 이때도 가산 적몰은 허용할 수 없다고 하고 귀양만 허락했다.

하지만 이렇게 되니, 구성군은 죄인이 되었다. 그 후에 훈구파들은 구성군의 심복들을 모조리 정계에서 제거했다. 구성군은 실의에 빠져 유배지에서 지내다가 9년 만에 죽고 말았다.

그러나 구성군만 유명을 달리한 것은 아니었다. 훈구파의 거목들도 세월을 이길 수는 없었다. 1475년(성종 6년) 신숙주와 홍윤성이 모두 죽었다.

1476년(성종 7년) 자성대비는 스무 살이 된 성종에게 왕권을 넘겼다.

성종의 왕권 확립과 사림파

성종이 왕위에 올라 처음 한 일은 훈구파의 최고 권력자인 한명회를 제거한 것이다. 한명회는 성종의 장인이기도 했으니 성종이 자신의 버팀목을 친 것으로 볼 수도 있겠지만, 이때는 이미 한명회의 딸이었던 공혜왕후가 사망한 뒤였다. 이미 남이를 저격한 바 있는 유자광이 한명회 탄핵에 앞장섰다. 국왕의 뜻이 한명회를 버리는 쪽에 있다는 것을 안 대간들도 한명회 탄핵으로 기울었다. 한명회는 스스로 물러나는 길을 택했다. 그는 한강변에 '압구정鴨鷗亭'이라는 정자를 짓고 소일했는데, 그 자리가 오늘날 대한민국에서 가장 번화한 곳이 될 줄은 그도 몰랐을 것이다.

조선은 이렇게 국왕이 중심만 잡으면 누구도 국왕의 상대가 될 수 없는 나라였다. 성종은 한명회를 물러나게 한 뒤 훈구파 권력의 중심인 원상제院相制를 폐지했다. 국왕이 어리거나 질병에 걸리는 등 국정을 정상적으로 수행할 수 없을 때 원로대신들을 중심으로 국정을 운영하는 제도가 원상제이다. 훈구파의 권력자들을 견제한다고 해도 조정이 훈구파와 연결된 사람들로 가득 차 있으면 결국 견제의 의미가 없게 된다. 이 때문에 성종은 새로운 세력을 관료로 끌어들이기 시작했다.

고려에 대한 충성을 지켜 조선 조정에 출사하지 않고 낙향하여 선비들을 가르친 사람으로 야은 길재吉再(1353~1419)가 있다. 그는 포은 정몽주, 목은 이색과 함께 고려의 삼은이라 불린 유학자이다. 그의 제자 중 김숙자金叔滋(1389~1456)라는 인물이 있다. 길재는 조선 조정에 출사하기를 거부했지만 제자들에게는 출사를 권했기에 김숙자도 과거를 치고 벼슬을 지냈다. 그의 아들 김종직金宗直(1431~1492) 역시 출사하여 세조 밑에서 관리 생활을 했다. 그는 성리학에 조예가 깊었고 명성이 조야에 가득했다.

세조는 김종직을 중용하지 않았지만 성종은 그의 명성을 듣고 그를 중용했다. 이후 김종직을 따르는 신진 선비들이 대거 등장했는데 이들이 바로 사림파가 된다.

조선의 헌법을 만들다

성종은 25년간 왕위에 있으면서 많은 업적을 남겼다. 첫 번째로 꼽을 수 있는 업적은 조선의 헌법 격인 『경국대전』을 반포한 일이다. 조선이라는 국가의 운영 체제가 이 법전 안에 수록되었다. 이후 변화되거나 새롭게 만들어진 법령들을 모아 새로운 법전들이 계속 생겨났지만 그 근본은 어디까지나 『경국대전』에 있었다. 또한 국가 예식을 정리한 책인 『국조오례의國朝五禮儀』도 펴냈다.

『경국대전』

이후 조선의 국가 운영 체제와 법, 제도의 기본 틀이 되었다.

세조가 없앴던 집현전 대신 인재들을 육성하는 자문 기관으로 홍문관을 만들었다. 홍문관은 '옥당玉堂'이라고도 불렸으며 사헌부, 사간원과 더불어 삼사라고 칭해지는 중요한 정부 기관으로 성장했다. 홍문관 대제학은 가장 영예로운 직책으로 여겨졌다.

고조선부터 고려 말까지의 역사를 담은 역사서『동국통감』, 우리나라의 시문들 중 좋은 문장을 가려 실은『동문선』, 지리지『동국여지승람』, 음악 서적『악학궤범』등을 출간하는 등 많은 문화 사업도 했다. 한글이 창제된 이후라『악학궤범』에는 고려 시대 가요도 한글로 기록하여 남길 수 있었다. 또 악기와 무용수 등을 그려서 남겨놓아 오늘날 우리나라 음악 연구에 큰 도움을 주고 있다.

성종은 과부 재가 금지법을 만드는 등 가부장적인 제도를 성립시키며 풍속에 신경을 많이 썼다. 하지만 사람의 성정을 통제할 수는 없다는 것은 성종 때 벌어진 조선 최대 스캔들의 주인공인 어우동을 통해 알 수 있다. 어우동은 양반집 딸로 여러 남자들과 성관계를 맺었다. 이 일이 탄로 나자 조정은 발칵 뒤집혔다. 법에 따르면 유배형이 맞는 것이었지만 사형을 시켜야 한다는 주장이 힘을 얻었고 결국 어우동은 1480년(성종 11년)에 사형에 처해졌다.

성종 때 명신 손순효孫舜孝(1427~1497)는 애주가로 유명했다. 성종이 그의 건강을 염려하여 은잔을 하사하고 하루 석 잔만 마시라고 명했다. 하지만 그는 또 술에 취해 조정에 들어왔다. 성종이 여러 잔을 마신 게 아니냐고 책망하자 손순효가 말했다.
"은잔이 작아서 은장이를 불러 두들겨서 크게 만들게 한 뒤에 한 잔을 마셨습니다. 하사하신 은잔의 무게는 변함이 없습니다."

폐비 윤씨의 진실은
무엇일까?

폐비 윤씨는 일반적으로 성종의 강한 뜻에 따라 폐비가 되었다고 알려져 있다.
그것은 맞는 말일 것이다. 하지만 그렇게 된 데에는 다른 이유가 있지는 않았을까?
왕국의 역사를 왕실의 음모로 몰아가는 것은 잘못된 해석일 수도 있지만,
그런 해석을 무조건 배척할 수는 없다. 왕조에서 가장 중요한 권력자는 왕이고,
왕실이었기 때문이다.

윤 숙의, 왕비가 되다

성종의 첫 왕비는 공혜왕후 한씨로 한명회의 딸이었다. 성종이
왕위에 오른 것은 공혜왕후 덕이었다. 한명회가 예종 사후 자신의
사위인 성종(그때는 자을산군)의 즉위를 원했던 것이다. 그녀는 성종보
다 한 살 많았는데 19세에 소생 없이 죽고 말았다.

이후 왕비의 자리는 2년간 공석이었다. 수렴청정을 하고 있던 자
성대비 윤씨가 왕비 책봉을 결정했다. 왕비로 뽑힌 사람은 윤 숙의
였다. 같은 윤씨기는 하지만 자성대비는 파평이 본관이고 윤 숙의는
함안이 본관으로 서로 인연은 없다.

윤씨는 외가가 신숙주의 집안으로 신숙주가 힘을 써서 후궁으로
들어올 수 있었다. 미모가 워낙 출중해서 들어오자마자 성종의 눈에
띄어 숙의의 자리에 올랐다. 윤씨는 성종보다 두 살 연상이었다.

그녀는 매우 가난한 집안 출신이어서 궁에 들어와서도 검소하게
지냈고 이것이 자성대비의 마음에 들었다. 자성대비가 왕비로 선발

코자 하자 윤 숙의가 사양하며 말했다.

"저는 쌓은 덕이 없고 과부의 집에서 자라나 보고 들은 것이 없으니 대왕대비 마마의 뜻을 받들지 못하고 주상의 거룩하고 영명한 덕에 누를 끼칠까 두렵습니다."

자성대비는 그 겸손한 말이 또 마음에 들었다. 그리하여 1476년(성종 7년) 윤 숙의는 8월 9일 왕비에 책봉되었다.

그런데 사실 이런 것은 모두 짜 맞춘 것이었다. 윤 숙의는 이때 임신 중이었다. 궁궐에 아직 원자가 없었으니 왕비로 책봉하여 원자를 보는 것이 중요했던 것이다. 왕비 윤씨가 11월 7일 원자를 낳으니, 이 아기가 훗날 왕위에 오른 연산군이다. 연산군은 조선 건국 이래 최초로 궁에서 태어난 왕자였다.

윤씨의 앞날은 완전 탄탄대로에 오른 것 같았지만, 사실은 그렇지 않았다. 궁궐 내 실력자인 인수대비(성종의 어머니)가 그녀를 싫어했다. 인수대비는 세조의 장남인 의경세자의 부인이다. 의경세자는 왕위에 오르지 못하고 일찍 죽었다. 의경세자의 둘째 아들 성종이 즉위한 후에 의경세자는 덕종德宗으로 추증되어 그녀도 대비의 칭호를 가지게 되었다. 인수대비가 윤씨를 싫어한 것은 시어머니인 자성대비가 선택했기 때문일 수도 있다.

투서 사건

성종은 윤씨가 원자를 출산한 후 후궁들을 가까이 했다. 정 소용과 엄 숙의가 총애를 받는 후궁이었는데, 이들은 인수대비를 찾아가 왕비를 모함했다. 윤씨의 뒤를 봐주던 신숙주도 죽은 뒤여서 윤씨는 권력의 보호를 받을 수 없는 상태였다.

이때 권 숙의의 집에 언문 투서가 들어왔다. 정 소용과 엄 숙의가 왕비와 원자를 해치려 한다는 것이었다. 거기에다 극약인 비상과 주술이 적힌 책이 함께 작은 상자에 담겨 있었다. 이 일은 정 소용의 짓으로 생각하고 국문을 열고자 했다. 하지만 정 소용이 임신 중이라 일단 국문은 연기되었다.

그런데 이때 원자의 유모(봉보부인奉保夫人이라고 부른다)가 중궁의 침전에 있는 쥐구멍에서 종이를 하나 발견했다. 이 종이가 자못 의심스러워 인수대비에게 바쳤는데, 그 종이는 권 숙의의 집에서 나온 주술서에서 오려낸 것이었다.

성종도 왕비의 침전에서 뜻밖의 것을 발견했다. 윤씨가 늘 감춰두는 작은 상자가 있어서 수상히 여기다가 윤씨가 세수하는 틈에 열어보았더니 비상을 바른 곶감이 두 개 있었다.

"이것이 대체 무엇이오?"

"아, 이건 저, 삼월이가 바친 것입니다."

잘못을 여종에게 미룬 것인데, 삼월이를 붙잡아 심문하니 삼월이는 뜻밖의 사실을 고했다.

"권 숙의의 집에서 발견된 언문 투서는 윤구(왕비의 오빠)의 처와 제가 쓴 것입니다. 비상은 대부인(왕비의 어머니 신씨)이 준 것입니다."

즉 윤씨는 자기와 원자를 해치려고 한다는 함정을 파서 성종이 예뻐하는 후궁을 제거하고자 한 것이었다. 성종은 크게 노해서 당장 폐비해야겠다고 했으나 신하들이 극력 반대하여 삼월이를 교수형에 처하고 대부인 신씨는 입궁하지 못하게 하는 선에서 정리를 했다. 이 일은 연산군을 낳고 채 다섯 달이 안 되어 생긴 일이었다.

성종이 화를 내기는 했으나 왕비와 사이가 완전히 틀어진 것은 아니었다. 두 사람 사이에서 또 한 명의 아들이 태어났다. 아들을 둘이나 보았으니 윤씨는 안심해도 되지 않았을까?

그러나 윤씨의 생일날 묵은 문제가 다시 터지고 말았다.

쫓겨난 왕비

왕비의 생일이니 하례를 올려야 함에도 하례가 중지되고 선물만 진상되었다. 인수대비가 못마땅한 며느리의 생일 행사를 방해한 것이다.

여기에 더해서 성종은 왕비의 생일인데도 왕비를 보러 오지 않고, 후궁에게 가버렸다. 분개한 윤씨는 후궁의 방으로 쳐들어갔다. 야사에서는 이때 흥분한 윤씨가 성종의 얼굴을 손톱으로 그었다고 한다.

성종은 폐비에 반대하는 승지들을 감옥에 가두는 등 강경한 자세를 유지했다. 사간원, 사헌부, 홍문관, 육조 판서와 참판은 물론 종친인 은천군, 옥산군 등이 모두 폐비를 반대하였으나 성종은 기어이 폐비를 명하는 조서를 내리고야 말았다.

신하들은 윤씨를 민가로 보내서는 아니 되며 최소한 궁에 두어야 한다고 말했지만 성종은 받아들이지 않았다. 단단히 화가 난 것이다.

또한 그 집에 출입하는 것을 엄금하니 집 앞은 귀신이 나올 정도로 인적이 끊어지고 말았다. 결국은 도둑이 들어와 재물을 훔쳐 가는 일까지 생기고 말았다. 그런 일은 아무것도 아니었다. 윤씨가 궁에서 쫓겨난 지 열흘 만에 둘째 왕자가 죽고 말았다. 아이를 품어보지도 못하고 보냈으니 윤씨의 마음은 갈가리 찢겨졌을 것이다.

과연 윤씨가 후궁들을 죽일 음모를 꾸몄을까? 그랬다면 어떻게 그 후에 아들을 하나 더 낳을 수 있었을까? 그녀는 집안이 한미하여 성종의 애정에 기댈 수밖에 없었다. 그런데도 그렇게 질투를 심하게 해서 왕의 노여움을 자청했을까? 성종이 쓴 글에 따르면 성종이 그녀의 뺨을 때려, 윤씨가 두 아들을 데리고 친정으로 돌아가겠다고 거짓말을 했다고 되어 있다. 정말 거짓말이었을까? 유모가 왕비의 방에서 종이를 발견해서 인수대비에게 가져갔다는 것은 뭔가 수상하지 않은가?

윤씨가 생일날 홀대에 화가 나서 후궁의 방에 쳐들어가 난동을 부릴 수는 있다고 생각한다. 하지만 그렇게 되기까지 일어난 일을 『조선왕조실록』에 기록된 그대로 받아들이기에는 이상한 점이 많다.

사건의 배후는?

성종은 환관 안중경을 보내 폐비 윤씨의 동정을 살펴보게 하였는데, 윤씨는 눈물을 흘리며 반가워하고 성종의 안녕을 기원한다고 말하였다. 하지만 안중경이 궁으로 오자 인수대비가 불러서 폐비가 매일 단장을 하고 뉘우치지 않는다고 고하게 했다. 안중경은 윤씨가 기고만장해서 이렇게 말했다고 전했다.

"내가 오래 살게 되면 장차 할 일이 있다."

뿐만 아니라 신하들 사이에서는 가난하게 사는 폐비에 대한 동정이 자꾸 화제에 올랐다. 원자는 자꾸 나이를 먹어가는데 후환이 두렵지 않을 수 없었다. 원자가 이후에 왕이 되어 어머니를 궁으로 들이고, 그 어머니가 자길 내쫓은 신하들에게 복수하겠다고 하면 나라가 무슨 꼴이 날 것인가? 결국 성종은 윤씨를 죽이기로 결정하고 사약을 내렸다.

1482년(성종 13년) 8월 16일 윤씨는 28세의 나이로 한 많은 생을 마쳤다. 원자의 생모를 죽임으로써 후환의 싹을 제거했다고 생각한 성종은 다음 해에 연산군을 세자로 공표했다.

하지만 이 일은 결국 성종이 죽자마자 표면으로 부상했다. 연산군이 재위한 지 10년째 되던 해(1504년) 임사홍任士洪(1445~1506)이 폐비 사건의 전말을 연산군에게 이르자 크게 화가 난 연산군이 조정 중신들을 죄 처단하는데, 이것을 갑자사화라고 한다.

인수대비는 왜 그렇게 며느리 윤씨를 싫어했을까? 성종은 윤씨가 쫓겨난 후 파평 윤씨 집안의 윤 숙의를 새 왕비로 삼았다. 이 사람이 정현왕후다. 정현왕후는 폐비와 같은 해에 궁에 들어왔는데 폐비는 열아홉, 그녀는 열두 살이었다. 인수대비는 정현왕후를 귀여워하고 직접 가르쳤다. 그녀는 성정이 유순하여 시키는 일을 고분고분 잘 따랐다. 인수대비는 처음부터 그녀가 왕비가 되기를 바랐던 것은 아니었을까?

정현왕후는 연산군을 자식으로 키웠고 연산군도 정현왕후가 어머니인 줄 알고 컸다. 하지만 연산군이 사실을 안 뒤에 엄 귀인과 정 귀인을 참혹하게 죽이고 자순대비(정현왕후)의 침전으로 달려가 고함을 질렀다.
"빨리 뜰 아래로 나오라!"
궁녀들은 달아났지만 대비는 나오지 않았다. 연산군의 왕비 신씨가 달려와 간신히 말려서 불상사가 일어나지 않을 수 있었다. 자순대비의 아들 진성대군이 후일 중종이 된다.

사화의
시대

권력은 부자지간에도 나눌 수 없다고 한다. 훈구파와 성종 대
새롭게 세력을 형성한 사림은 권력을 놓고 부딪칠 수밖에 없었다.
하지만 사화의 이면에는 그것만이 있는 것은 아니었다.
사화는 권력을 놓고 다투는 것이었지만 그 권력은
조선이라는 왕국에선 왕이 가지고 있었다는 것을 명심해야 한다.

첫 번째 사화, 무오사화

무오사화戊午士禍는 조선에서 처음 일어난 사화로, 1498년
(연산군 4년)의 일이다.

사화란 무엇일까? 왜 사화라고 부를까? '사림들이 당한 재난'이라
는 뜻으로 사화라고 부르는 것이다.

길재의 학통을 이어받은 김종직에게 영남의 선비들이 모여들면
서 성종 때부터 일정한 세력을 형성했다. 이들은 주로 삼사의 관직
을 맡았고, 삼사는 대신들의 잘못을 간쟁하는 곳이었으므로 훈구파
대신들과 자주 충돌했다.

따라서 두 세력은 언젠가 부딪칠 수밖에 없었다. 그것이 어떤 상
황일 것인가가 문제였다. 그 상황은 뜻밖의 일에서 비롯되었다. 『성
종실록』을 만들기 위해 모은 사초에서 문제가 일어났다. 무오사화
는 사초에서 비롯되어서 사화士禍가 아니라 사화史禍라고도 말한다.

김종직의 제자 김일손金馹孫(1464~1498)이 사관으로 있었을 때, 권

신 이극돈李克墩(1435~1503)을 비난하는 기록을 많이 남겼다. 이극돈은 실록을 편찬할 때 김일손의 사초를 보고 매우 화가 났다. 이극돈은 김일손이 세조에 대해서도 쓴 글이 있는 것을 보고 이걸 빌미로 김일손을 징치하고자 마음먹었다. 이극돈은 유자광에게 어떻게 하는 것이 좋겠는지 상의했고, 유자광은 이번 일을 크게 벌여 사림을 몰아낼 수 있으리라 여기고 바로 연산군에게 무엄한 내용이 사초에 있다고 고했다.

연산군도 화가 나서 사초를 가져오라고 했는데, 사초는 왕이 볼 수 없는 것이라 하여 사초 자체를 대령하지는 못하고 대신들이 사초의 내용 중 일부만 따로 적어 보여주었다.

유자광은 김종직의 문집을 가져와 그가 본래 세조에게 불손했다고 하면서 그가 쓴 「조의제문弔義帝文」이 사실은 세조가 단종에게서 왕위를 빼앗은 것을 비난한 것이라고 주석을 달아 돌려 보게까지 했다.

「조의제문」이란 '의제를 조문하는 글'이라는 뜻이다. 의제는 초나라의 왕으로 진시황의 진나라에 대항해 유방, 항우 등이 봉기했을 때 항우의 숙부 항량이 추대한 왕이다. 항우는 훗날 의제를 죽이고 초패왕이 되었는데, 그 항우의 불의한 행동을 비판하는 내용이다.

처음 문제가 된 부분은 세조가 아들 의경세자의 후궁이었던 권 귀인을 불렀으나 오지 않았다는 내용이었다. 그러니까 세조가 며느리를 욕보이려 했다는 내용을 적었던 것이다. 연산군은 김일손을 불러들여 소문의 출처를 물었다. 처음엔 출처를 밝히지 않으려 했던 김일손이 결국 권 귀인의 조카 허반許磐(?~1498)에게서 들었다고 고

했다.

허반이 붙잡혀 오고 추궁을 당했는데, 허반은 그런 말을 한 적이 없다고 버티다 결국은 자기 말을 김일손이 잘못 이해한 것이라고 말하는 데에 이르렀다.

김일손이 쓴 사초에도 「조의제문」이 있다는 사실이 알려지면서 일은 더욱 커졌다. 김일손은 노산군(단종)의 시체가 숲속에 한 달이나 버려져 있었다는 내용을 쓰고 그 뒤에 김종직이 느낀 바 있어 「조의제문」을 지어 충성스럽고 분함을 비유했다고 적었던 것이다.

「조의제문」이 단종의 죽음을 빗댄 것이라면 이것은 엄청난 문제였다. 단종은 공식적으로는 자살한 것이었는데, 「조의제문」은 그가 살해된 것이라고 적고 있었기 때문이다.

이로써 김일손 개인 문제였던 것이 이제는 김종직 제자 집단의 문제로 확대되었다. 사초가 전부 재검토되고 문제 되는 구절을 쓴 사람들이 속속 체포되었다.

연산군은 평소에 왕의 잘못까지 지적하며 간언하는 삼사에 불만이 많았다. 이번 기회에 삼사를 뒤흔들어 놓으니, 삼사의 언론은 극도로 위축되고 말았다.

김일손이 적은 내용들은 세상에 떠도는 풍문들이어서 부정확한 유언비어에 가까운 것들이 많았다. 하지만 사초의 내용은 공개되지 않고, 실록에 실리면 국왕도 볼 수 없기 때문에 그런 이야기라도 적어서 세조의 찬탈 행위를 비난하지 않고는 견딜 수 없었던 것 같다. 하지만 사초를 보는 것이 결국은 당대의 이익이 걸린 대신들이라는 것을 생각한다면 너무 모험적인 행동을 했던 것이고 그 대가는 참혹하기 이를 데 없었다.

어머니의 복수, 갑자사화

1504년(연산군 10년)에 벌어진 갑자사화甲子士禍는 경우가 좀 다르다.

연산군은 아버지 성종이 죽고 작성된 묘지문을 읽고 친어머니가 따로 있다는 사실을 알았다. 하지만 어머니의 죽음의 전말까지는 몰랐던 것 같다. 윤씨에게 사약을 들고 갔던 이세좌의 경우 연산군 재위 중에 큰 문제가 없이 예조판서까지 승진했다. 그런데 1503년(연산군 9년) 9월에 있었던 잔치에서 이세좌는 연산군이 내린 술을 엎지르는 실수를 저질렀다. 이세좌는 이것을 빌미로 유배형을 받았다가 이듬해 1월에서야 풀려났다. 하지만 실상은 풀려난 게 아니었다. 그해 3월에 연산군은 이세좌의 잘못도 아닌 일에 이세좌를 끌고 들어가더니 다시 유배형을 내렸다. 그뿐이 아니라 곤장까지 때리고 아들, 사위, 친척까지 싸그리 죄를 내렸다. 연산군은 이세좌 집안을 뿌리 뽑을 작정을 하고 있었던 것이다. 왜 그랬을까? 친어머니 윤씨에 대한 복수 말고는 설명할 길이 없다.

3월 20일 저녁 연산군은 이세좌 집안에 대한 조치를 마무리하고 엄 숙의와 정 소용의 소생들, 즉 자신의 이복동생들을 불러다가 자기 어머니를 때리게 했다. 그걸로 분이 풀리지 않은 연산군은 사람들을 불러다 두 사람을 참혹하게 죽였다. 두 사람의 시신은 젓갈로 만들어 산속에 뿌리게 했다. 자신을 키워준 자순대비도 죽일 뻔했으나 왕비의 만류로 넘어갔다.

그다음에는 인수대비의 침전으로 쳐들어가 어째서 우리 어머니를 죽였는가 따져 물었다.

이 일의 이면에는 임사홍이 있었다. 임사홍은 효령대군의 아들 보성군의 사위였고, 유자광과 함께 한때 잘 나가던 사람이었다. 하지만 성종 때 탄핵을 받고 재기하지 못하고 있는 상황이었다. 임사홍의 아들 임숭재任崇載(?~1505)는 연산군의 심복이었다. 아들이 줄을 놓아 연산군을 만난 임사홍은 연산군에게 폐비 윤씨의 진실을 알려주었다.

폐비 윤씨의 사건을 주도한 사람들은 이미 나이가 많았다. 즉 훈구파의 핵심들이 되어 있었다. 연산군은 무오사화 때와는 달리 훈구파에 칼을 들이대었던 것이다. 아니, 엄밀히 말하면 자신의 비위에 어긋난 신하들은 모두 손을 보았다. 즉 갑자사화는 훈구파건 사림이건 가릴 것 없이 모조리 화를 당한 그야말로 선비士들의 화였다. 무오사화에 연루되었던 사람들도 다시 이때 다시 조사받고 처벌을 받았는데, 그중에는 임사홍의 아들 임희재任熙載(1472~1504)도 있었다. 임사홍이 불러일으킨 참극은 자신의 아들에게까지 미쳤던 것이다.

본래 훈구파는 철저하게 왕의 편을 드는 집단이었다. 그 대가로 권력과 재물을 취해도 별 탈이 없는 것에 익숙했다. 그런데 연산군은 스스로 친위 세력의 목을 졸랐다. 그 결과 훈구와 사림 양측의 원망을 사게 되었고, 그것은 결국 반정을 불러왔다.

연산군은 왕의 권위를 내세우면서 신하들을 너무 핍박했다. 또한 백성들에게 좋은 왕도 아니었다. 사냥을 즐기기 위해 백성들을 내쫓고 금표를 세워 출입을 막았다. 잔인무도한 고문과 형벌 또한 엄청났다. 양반과 백성 모두에게서 원성이 하늘을 찌르는 상황이었다. 왕의 권력은 절대적이지만 그렇다고 해서 신하들을 개돼지처럼 취급해서는 안 되는 일이었다. 연산군 역시 자신이 너무 멀리 가버렸다는 것을 알고 있었다. 하지만 되돌아갈 길도 없었다.

연산군은 '신언패慎言牌'라는 것을 만들어서 환관들에게 차게 했다. 그 패에는 이런 말이 적혀 있었다.

"입은 화의 문이요, 허는 몸을 베는 칼이다. 입을 닫고 허를 깊이 간직하면 몸이 편안하여 어디서나 굳건하리라."

잔소리하지 말라는 뜻이었다. 연산군은 곧 이 신언패를 조정 신료들도 차게 했다. 심지어 대제학이 시를 지어 이 패에 덧붙였다.

"얼굴 앞에서 따르는 것은 구차한 것이고, 돌아서서 그르다 함은 곧 뒤집는 행동이니라. 시종 마음을 변치 말아야 섬기는 도리가 올바른 것이니라."

이 역시 임금의 말에 잔말하지 말라는 것이었다. 이렇게 연산군은 신하를 무조건 군주에게 복종해야 하는 존재로 보았다.

연산군의 애첩, 장녹수

연산군은 노는 것을 좋아했다. 전국에서 기생들을 뽑아 올린 것으로 모자라 대신들의
처까지 강간하였다. 그 자신도 이런 일이 잘못된 일이라는 것을 모르지 않았다.
음탕한 놀이를 하다가 아이들이 남산에서 바라본 것을 알고는 마을 사람들까지
싸그리 잡아들여 죽일 정도로 곤장을 쳤다. 그 사람들이 알게 되는 것을 부끄러워했기
때문이다. 이 때문에 자기가 노는 곳의 집들을 헐어서 없애버리기도 했다.

흥청망청, 장녹수

"인생은 풀잎의 이슬 같으니, 모일 때가 많지 않더라."

연산군이 궁궐 후원에서 열린 잔치 도중에 풀잎을 꺾어 몇 곡조
를 불더니, 문득 시를 한 수 지어 읊었다. 자신의 몰락을 예감한 듯
두 눈에서 눈물이 주르르 흘러내렸다. 지고지상의 왕이 난데없이 눈
물을 흘렸으나 후궁과 시녀들은 볼썽사납다고 속으로 비웃었다. 그
는 이미 존경의 대상이 아니었던 것이다.

하지만 장녹수張綠水(1470?~1506)와 전전비 두 후궁은 왕과 함께
울었다. 연산군이 두 숙용을 측은히 바라보며 말했다.

"태평한 지 오래되었으니 별일이야 있겠냐마는, 만일 무슨 일이
생긴다면 너희 둘은 빠져나갈 수 없을 것이다."

연산군은 두 사람에게 각각 하사품을 내렸다. 연산군의 나이는
이때 서른하나, 장녹수는 그보다 네댓 살 위였다.

장녹수는 지금의 충북 청주시에 있던 문의현의 현령 장한필의 서

녀로 태어났다. 집안이 몰락했었는지 품팔이를 하며 생계를 연명하다가 시집도 여러 번을 갔다. 그러던 중 예종의 둘째 왕자인 제안대군 집의 가노와 결혼하여 아들을 하나 낳았다. 이 집에서 춤과 노래를 배워 기녀가 되었다. 뜻밖에도 노래에 재능이 있어서 입술을 움직이지도 않는 것 같은데도 맑은 소리를 낼 줄 알아 인기를 얻었다. 나이가 벌써 서른이 넘었는데도 얼굴은 열여섯 소녀 같았다. 비록 절세미인은 아니었지만 사람들의 마음을 끄는 얼굴이었다.

연산군은 춤 잘 추고 노래 잘한다는 이야기에 그녀를 궁으로 불러들였다. 이 무렵 연산군은 흥청興淸이라고 하여 가무에 뛰어난 기녀들을 각 고을에서 뽑아 올리게 하여 모아놓고 있었다. 흥청은 '흥청망청'이라는 말의 유래가 된다.

1502년(연산군 8년)에 궁에 들어온 장녹수는 바로 연산군을 사로잡았다. 산전수전 다 겪은 장녹수에게 구중궁궐 속의 연산군은 어려운 상대가 아니었던 모양이었다. 애교와 아양이 천하에 제일이라 연산군은 장녹수의 품에서 흐물흐물 녹아버렸다. 장녹수는 연산군을 왕으로 대접하지 않았다. 그를 마치 어린아이처럼 다루었고 노비에게 욕하듯이 욕을 내뱉었는데, 연산군은 그런 녹수의 행동에 좋아 죽었던 것이다. 연산군이 불같이 노해있어도 장녹수만 나타나면 벙실벙실 웃었다. 이러니 장녹수의 말이라면 안 들어주는 것이 없었다.

장녹수는 입궁하자마자 바로 숙원(종4품)이 되었는데, 다음 해에는 숙용(종3품)으로 올라갔다. 연산군은 주변의 민가를 헐어 장녹수의 집을 크게 만들었다. 이 공사가 빨리 진행되지 않는다고 문책을 할 정도였다.

이 집에 연산군은 때로 장녹수와 함께 놀러 갔다. 이곳에서 연산군은 장녹수의 어머니를 보고 아무렇지도 않게 "어머니"라고 불렀다. 장녹수의 어머니는 종이었을 가능성이 높은데, 종의 몸으로 왕에게서 어머니 소리를 들은 유일한 경우가 아닐까?

장녹수는 물론이고 장녹수의 언니 장복수와 그 자녀들도 모두 면천받을 수 있었다. 장복수는 내수사內需司(왕실 재산을 관리하는 부서)의 여종이었는데 김효손이라는 양민과 결혼했다. 하지만 그 자녀는 어머니의 신분을 따라 종이었는데 장녹수 덕분에 면천한 것이다.

거칠 것이 없어라

장녹수는 연산군과의 사이에서 영수라는 딸을 낳았다. 이 딸은 종친 집안에 보내서 키웠는데 맡은 사람이 양녕대군의 서손인 오천정 이사종이었다. 이사종은 일찍이 장녹수에게 아부를 떨어서 서자임에도 불구하고 집안의 제사를 차지하였다. 장녹수가 딸을 낳자 자신의 집에 데려가 키웠고 장녹수는 이에 보답하여 그의 사위인 이희보를 특채하도록 만들었다.

장녹수는 은혜를 베푸는 데 아낌이 없었다. 형부 김효손을 무관으로 출세시키고, 제안대군의 장인인 김수말도 승진시켜 주었다. 영수의 유모에게 아들이 하나 있었는데 이 아들은 동평관東平館(조선시대에 일본 사신이 머물던 숙소)의 창고지기로 영구 취업을 보장받았다. 사헌부에서 부당하다고 상소를 올렸지만 연산군은 묵살해 버렸다. 장준손이라는 사람은 장녹수를 만나서 동성동본이라고 너스레를 떨어서 강화 부사 자리를 받기도 했다. 이 일이 소문나자 온갖 무뢰

배들이 몰려와 장녹수와 친척이라고 난리를 치고 한 자리를 받아 갔다.

반면에 원한을 사면 그 또한 잔인무도하게 갚아주었다. 후궁들 중 전향이라는 여자가 있었는데 얼굴이 고와서 연산군이 마음에 두었던 모양이다. 장녹수는 전향이 궁중의 일을 종이에 써서 장녹수의 집에 붙였다고 고발을 했는데, 고발한 종 돌동은 붙인 사람의 얼굴을 보지 못하였고, 전향의 시비들도 모두 그런 일이 없다고 하였다. 하지만 연산군은 전향을 거열형에 처하고 그녀의 부모 형제도 모두 하루아침에 처형해 버렸다. 경기도 관찰사 홍귀달은 손녀를 바치라는 명을 거역하여 귀양을 갔다가 결국 죽임을 당했는데, 그 원인 중에 하나는 장녹수가 청탁한 고지기 자리를 거절했던 것에 있었다.

종2품인 동지중추부사 이병정은 집 밖에서 다투는 소리가 크게 나서 나가서 좋게 말려보았는데, 장녹수의 종이 큰소리를 치면서 장숙용 집 사람이라고 뻗대는 바람에 열불이 났다.

"네가 누구네 종이라 한들 나와 무슨 상관이냐? 불경하기가 이만저만이 아니로구나. 의금부를 불러서 네놈을 혼내주겠노라."

이러면서 하인들을 시켜 머리채를 붙잡아 혼쭐을 낸 뒤에 돌려보냈다. 가만있을 장녹수가 아니었다. 이 이야기를 들은 연산군은 즉각 이병정을 붙잡아 의금부에 하옥했다.

장녹수의 종과 대질 신문을 하자 종이 팔을 걷어붙이며 욕을 퍼부었다. 연산군이 크게 노해서 이병정을 죽이려고 하였고, 이병정의 집은 급히 장녹수에게 가산을 기울여 뇌물을 바쳐서 간신히 목숨을 건질 수 있었다.

"비록 이번에는 풀어주지만 내가 한 마디만 하면 목이 떨어질 것을 알아야 할 것이야."

장녹수의 협박에 이병정은 다시 재산을 털어 뇌물을 바쳤다.

서슬 퍼런 정승들도 장녹수의 손에 나가떨어지니 보통 사람들은 어땠겠는가?

흥청 밑에는 운평運平이 있었는데, 운평 옥지화는 장녹수의 치마를 밟았다가 참수형에 처해졌다. 장녹수가 얼마나 부들부들 떨었으면 치마를 밟았다는 이유로 대신들이 참수형에 처해야 한다고 했을까? 연산군도 옥지화의 목을 베고 마음에 찔리는 바가 있었던 모양인지 옥지화는 죽을죄를 지어서 죽었을 뿐이라고 거푸 두 번이나 전교를 내렸다.

나라의 고혈을 탕진한 죄

장녹수는 한양에만 대여섯 채의 집을 두었고 전국 각지의 농토와 광산을 소유했다.

연산군이 잔치를 벌여 사대부의 아내들도 옷깃에 이름을 붙이고 궁에 들어오게 했는데, 이때 마음에 드는 미색을 발견하면 장녹수를 시켜 밀실로 안내하게 했다. 장녹수는 머리 모양이 흐트러졌다는 핑계를 대고 부인들을 데려가 연산군에게 바쳤다.

연산군의 악행이 쌓여서 중종반정이 일어나자 연산군의 예언대로 장녹수는 바로 끌려나갔다. 당일 장녹수와 전전비, 그리고 나주 기생 출신 흥청 김숙화(기명 백견)는 군기시 앞에서 참수형에 처해졌다. 백성들이 "나라의 고혈이 여기에서 탕진되었다!"라고 분노의 돌팔매질을 해서 시신은 순식간에 돌무더기와 기왓장 더미에 묻혀버리고 말았다.

장녹수가 연산군 때 간신 임사홍의 아들로 전국에서 미녀를 뽑아 연산군에게 바치는 채홍사로 활약한 임숭재와 간통을 했다는 내용도 『조선왕조실록』에 전해진다. 다만 이것은 궁에 들어가기 전의 일로 보인다. 장녹수가 연산군의 총애를 받자 같이 잔 사실이 드러날까 두려웠던 임숭재는 장녹수에게 이렇게 말했다.

"만일 주상이 그 일을 묻는다면 반드시 임희재가 상대였다고 말하십시오. 그러면 주상은 나를 믿고 시기치 않을 것이고, 그대도 몸을 보전할 수 있을 것입니다."

임희재는 연산군을 비판하는 시를 쓴 것이 탄로되어 거열형을 당했는데, 그 사달이 본래 여기서 시작되었다 한 것이다. 그러나 이 이야기의 신빙성은 없다. 임희재가 간통 상대였다고 해서 임희재 혼자만 처벌당했을 리는 없었기 때문이다.

장녹수는 사사로운 이익을 위해서 나랏일에 간섭하고 자신의 사사로운 복수를 위해 권력을 사용했다. 다른 이들이 비웃는 왕과 함께 울 정도로 왕을 사랑했으나 다른 사람에게는 가혹했던 그녀의 끝은 비참한 죽음이었다.

연산군의 철권통치를 비난하는 글이 언문(한글을 낮춰 부르는 이름)으로 작성되는 경우가 많았다. 한글은 쉽게 배울 수 있고 이해하기도 편했다. 이 때문에 연산군은 궁에서 언문을 쓰지 못하게 막기도 했다. 나중에는 언문을 가르치거나 배우지도 말라는 엄명을 내리기도 했으나 이미 언문은 궁중의 여인들에게 필요불가결한 것이었다. 연산군도 결국 인정하고 말 수밖에 없었다. 나중에는 언문을 아는 여자를 뽑기도 했으며 궁인들을 언문으로 교육하게 하기도 했다.

백정의 딸을
아내로 맞은 양반

이장곤은 연산군 때(1502년) 과거시험에서 을과乙科(문과 급제자 중 성적에 따른 두 번째 등급으로 4등부터 10등까지 7명)로 급제한 인재였다. 그는 열아홉 살 때 이미 용력이 뛰어난 것으로 소문이 나서 성종이 직접 불러서 강궁을 쏘아보게 했던 인물이었다. 용모 또한 뛰어나고 시도 잘 지었다. 그러나 출사한 지 불과 2년 후 갑자사화가 일어났을 때 곤장 백대를 맞고 거제도로 유배되었다.

갑자사화는 연산군의 생모였던 윤씨가 성종의 얼굴을 할퀴는 바람에 폐비되었다가 죽은 일을 연산군이 알게 되면서 벌어졌다. 이장곤은 그때 관직에도 없었는데 충언을 거듭하던 이극균과 친분이 있다는 이유만으로 이런 처벌을 받은 것이었다.

연산군은 용력이 뛰어난 이장곤이 꺼림칙해서 견딜 수가 없었다. 그는 결국 이장곤을 죽일 결심을 하게 되었다. 관찰사에게 명을 내려 죽도록 고문을 가하라고 하기에 이르렀다. 이장곤은 앉아서 죽느니 탈출하자는 생각을 하고 거제도를 빠져나갔다. 유배된 지 1년 3개월이 된 시점이었다.

연산군은 즉시 활을 잘 쏘는 무관 둘을 파견해 두둑한 포상을 약속하며 이장곤을 잡아오라고 했다.

연산군이 이장곤을 두려워한 만큼, 연산군의 폭정에 치를 떨던 사람들은 이장곤이 군사를 이끌고 와 연산군을 몰아내 주기를 희망했다.

하지만 이장곤은 나타나지 않았고, 박원종 등 여러 신하들이 반정을 일으켜 중종을 즉위시키고 연산군을 쫓아냈다. 이장곤은 어디에 있었던 것일까?

이장곤은 한양 쪽은 쳐다도 보지 않고 북쪽으로 달아나 함흥에 도착했다. 목이 말라 마침 시냇가에 물을 뜨는 처녀가 있어서 물 좀 달라고 청했다.

그런데 처녀가 바가지에 물을 뜨더니 근처 버드나무에서 잎을 따서 물 위에 뿌리고는 주는 것이 아닌가.

"나그네가 목이 말라 급히 물 좀 마시고자 청했는데 어찌 버들잎을 물 위에 띄워놓는 건가?"

"나리가 몹시 목이 말라 하시기에 급히 마시다 탈이 날까 하여 천천히 드시게 하기 위해서 그랬습니다."

이장곤은 처녀의 말에 놀랐다(그런데 이런 이야기는 워낙 많이 나와서 사실일 가능성이 별로 없다. 여자의 현명함을 표현하는 흔한 이야기라고 하겠다).

"너는 어느 집의 여식이냐?"

"이 건너편의 고리백정 집 딸입니다."

고리백정은 버드나무 가지로 광주리 같은 것들을 만들어 관청에 바치는 천민이다. 소를 잡는 백정이나 한 가지에 속한다.

이장곤은 그 길로 처녀의 집으로 따라가서 청혼을 했다.

허우대가 멀쩡한 청년이 청혼을 하니 거절할 일이 없었다. 이때 이장곤의 나이 서른셋이었다.

하지만 이장곤이 사대부 양반 집 출신으로 버들고리 짜는 법을 알지 못하니 하는 일 없이 밥만 축내며 한량으로 지냈다.

그런데 이장곤이 탈출한 지 불과 한 달이 못 되어 연산군은 쫓겨났는데 산골 깊이 숨어 지내는 이장곤은 그 사실을 알지 못했다. 행여 들키기라도 할까 싶어서 집에서 꼼짝도 안 했으니 더욱 알 리가 없었다.

이러니 장인 장모는 그가 미워 견딜 수가 없었다.

"덩치가 좋아서 일을 잘하겠거니 생각했더니, 이건 뭐 신혼이랍시고 밥만 먹고 잠만 처자니 밥보가 따로 없네."

그러더니 이장곤에게 주는 밥을 반으로 줄여버렸다. 하지만 아내가 부모 몰래 솥을 긁어서 누룽지를 모조리 이장곤에게 주어 배를 곯지 않게 하였다. 이장곤이 아내의 정에 고마워했음은 말할 나위 없었다.

반정을 일으킨 사람들은 소식이 없는 이장곤을 찾고 있었다. 우연히 반정 소식을 듣게 된 이장곤은 사정을 알아보려면 관가에 가봐야 한다고 생각하고는 버들고리 납품 때 자기가 가겠다고 이야기했다.

"잠자는 거 말고는 할 줄도 모르는 자네가 납품을 어찌 한단 말인가? 내가 가서 납품해도 퇴짜 맞을 때가 많은데 자네가 가서 어쩌려고 그러나? 허락 못 하네."

그러자 아내가 남편 역성을 들었다.

"해봐야 늘죠. 어찌 일을 안 한다고 하면서 일을 하겠다고 해도 못 하게 하십니까?"

이리하여 이장곤이 버들고리를 지게에 지고 관청으로 들어갔다. 이때 사또로 있던 이가 평소 이장곤과 알고 지내던 이라 바로 이장곤을 알아보고 반가이 맞아들였다. 그는 이장곤에게 의관을 내어주고 세상이 바뀌어서 그를 찾고 있던 중이니 속히 상경하라 이야기했다.

"내가 이미 햇수로 3년을 이곳에서 지냈네. 아내와 장인 모르게 떠날 수 없어 내 일단 집으로 돌아갈 터이니 자네가 내일 아침에 내가 있는 곳으로 와주게."

이장곤은 원래 입고 왔던 옷으로 갈아입고 집으로 돌아갔다.

"납품은 문제없이 잘하였습니다."

장인이 손뼉을 치며 기뻐했다.

"별일이네, 별일이야. 올빼미가 천 년을 늙으면 토끼를 잡는다더니 옛말이 맞았구만. 우리 사위가 큰일을 해냈으니 오늘 밥은 몇 숟갈 더 얹어줘야겠네."

다음 날 새벽 이장곤은 일찍 일어나 마당을 쓸었다. 장인이 기뻐하며 말했다.

"우리 사위가 오늘은 청소까지 하다니, 해가 서쪽에서 뜨겠구만."

청소를 마친 이장곤이 멍석을 마당에 펼쳤다.

"멍석은 왜 까는 건가?"

"사또가 찾아올 것이라 깔아놓은 것입니다."

"잠꼬대하나? 사또가 어찌 이 누추한 곳에 온단 말인가? 이거 납품 잘했다는 것도 거짓말 아냐? 길거리에 버리고 온 거 아니냐고?"

그런데 장인의 말이 끝나기도 전에 관아의 공방이 달려와 사또의 행차를 알렸다. 장인은 이게 무슨 일인가 싶어 얼굴이 핼쑥해졌다.

곧이어 정말 사또가 나타나더니 이장곤과 인사를 나누고 방으로 들었다. 사또가 말했다.

"형수님은 어디 계시오? 어서 나오라 하시죠."

이장곤이 아내를 불러 절을 올리게 하였다. 아내는 탱자나무 비녀에 삼베 옷 차림으로 나와서 인사를 올렸다. 사또가 보니 의복은 남루하나 용모와 거동에 품위가 있었다. 사또가 공손히 말했다.

"이 학사가 곤궁한 처지에 몰렸는데 다행히 형수님의 힘에 의지해 오늘을 맞이했습니다. 의기 남아라 해도 이보다 더 잘할 수 없었을 것입니다. 어찌 감탄하지 않겠습니까."

아내가 말했다.

"미천한 시골 아낙이 귀인을 몰라보고 맞이하였습니다. 돌이켜 보면 무례한 일이 하나둘이 아니었을 것입니다. 죄가 큰데 어찌 사또에게 감사의 말을 듣겠습니까? 사또께서 오늘 천한 집에 오셔서 사또의 복이 줄어들까 걱정됩니다."

사또는 술을 내려 장인과 장모에게 올리고 치하를 했다. 인근 동네 사람들도 모두 몰려와 이 놀라운 정경을 바라보았다.

이장곤이 사또에게 말했다.

"아내의 신분이 천민이라 하나 내가 이미 혼례를 올렸으니 내 아내임이 분명하네. 나와 정이 깊으니 내가 신분을 되찾았다 하여 내칠 수 없네. 가마를 하나 빌려주면 함께 한양으로 갈까 하네."

이장곤이 중종 앞에 나가 그동안 있었던 일을 이야기하자 중종도 크게 감탄하여 말했다.

"그 여인이 매우 가상하다. 천첩으로 둘 수 없으니 승차시켜 부인으로 삼도록 하라."

이장곤은 아내와 백년해로했다고 한다.

중종반정

연산군은 자기편을 만들 줄 몰랐다. 국왕이 아무리 권력이 강하다 해도 혼자 독불장군으로 나라를 손아귀에 넣을 수는 없는데 연산군은 그것을 간과했다. 세종은 집현전을 통해서 국정을 담당할 세력을 키웠고 세조는 공신들을 데리고 나라를 다스렸으며 성종은 사림을 길렀다. 그러나 연산군은 모든 신하를 적으로 돌렸다.

반정을 준비하다

연산군은 전국에서 미녀를 구하고, 신하들의 아내까지 탐하였으며 사냥을 위해 백성들을 내쫓았다. 신진 세력을 등용하는 데는 관심도 없었던 모양으로 성균관마저 연회장으로 썼다. 문묘에 짐승을 기르는가 하면 망원정(지금 서울 마포구 망원동에 있다)에서 창덕궁까지 운하를 파서 물길을 내려고도 했다. 규모가 작은 수양제였던 셈이다.

결국 왕에게 도전하는 세력들이 발생했다. 연산군은 이장곤이 어디서 반란을 일으킬까 노심초사했지만 반란은 그의 발밑에서 일어났다. 경기도 관찰사 박원종朴元宗(1467~1510), 이조참판 성희안成希顔(1461~1513), 이조판서 유순정柳順汀(1459~1512) 세 사람이 주역이었다. 이들을 반정 삼대장이라고 부른다. 박원종은 무관 출신이었다.

박원종의 누나가 월산대군(성종의 형)의 부인이었다. 박씨 부인과 연산군 사이에 간통이 있었다는 소문이 있다. 연산군에게는 박씨 부인이 백모인데 그런 발칙한 소문이 꽤나 신빙성 있게 돌았다. 연산 군 말년에 박씨 부인이 죽었는데, 창피해서 자살했다는 소문도 있었다. 이 일로 박원종이 연산군에게 등을 돌렸다고 말하기도 한다.

성희안은 연산군을 비난하는 시를 지었다가 쫓겨난 상태였다. 성희안은 나라를 바로잡아야 한다는 생각은 가지고 있었으나 뾰족한 수가 없어서 답답해하고 있었다. 마음속으로 박원종과 손을 잡으면 좋겠다고 생각했지만 딱히 친분이 있는 사이가 아니어서 속내를 털어놓을 수가 없었다. 그런데 같은 마을 사람인 군자시부정 신윤무후 允武(?~1513)가 박원종과도 친분이 있었기에 성희안은 신윤무를 통해 박원종의 뜻을 살피게 했다. 박원종이 흔쾌히 동참을 표하였고, 이들은 그다음에 이조판서 유순정을 만났다. 유순정은 망설였지만 결국은 뜻을 같이했다. 이들은 무사들을 조직하여 반정군을 만들었다.

신하들이 왕을 몰아내다

1506년(연산군 12년) 9월 1일 밤, 드디어 반정군이 거사를 일으켰다. 신윤무가 앞장서서 임사홍과 신씨 집안 사람들을 도륙했다. 반정군은 옥을 열고 죄수들을 병사로 징발해서 세력을 불렸다.

반정이 일어났다는 소식이 전해지자 경복궁을 지키던 병사, 궁녀, 환관 들이 도망쳐버렸다. 왕을 보호할 가치를 못 느꼈던 것이다. 반정이 시작되자 대세를 빨리 읽은 유자광도 얼른 반정군에 합류했다.

연산군은 반정 소식을 듣고는 공포에 휩싸였다. 말도 못 할 지경이었다. 반정군은 연산군을 붙잡아 옥새를 넘겨받았다. 박원종은 대비전으로 갔다.

"주상이 크게 임금의 도리를 잃어 종묘를 맡을 수 없는 지경이 되었고, 천명과 인심은 이미 진성대군(자순대비의 친아들)에게 돌아갔으므로 진성대군을 맞아 대통을 잇고자 하니 청컨대 명을 내려주소서."

왕이 세자가 없이 죽으면 대비가 후사를 지명할 권리를 가지게 되는데 연산군에게는 세자도 있었고(심지어 현명하고 어질다는 평을 받았다) 죽은 것도 아니었다. 하지만 왕을 내쫓은 이상 대비가 새 군주를 지명해야 했다.

그동안 왕족이 왕을 몰아낸 일은 있었지만 신하들이 주도하여 왕을 갈아 치운 일은 이번이 처음이었다.

진성대군은 정실 왕비의 몸에서 나온 성종의 적자였으므로 왕위를 잇는 데 있어서 큰 결격 사유가 없었다. 유순정이 진성대군의 집으로 가 대통을 이을 것을 청했고, 진성대군은 왕위를 받을 수 없다고 몇 번 사양한 끝에 결국 궁으로 들어왔다.

불과 하루 만에 정권이 바뀌었다. 이때 중종은 열아홉. 친정을 할 수 있는 나이였다. 하지만 왕이 되기 위한 교육을 받은 것은 아니었다. 당연히 조정의 권력은 반정의 핵심 인물들에게 넘어갔다. 이들이 자기 기반을 확충한 방식은 전대와 동일했다. 공신 집단을 만든 것이다.

역대 최대의 공신 집단

중종반정의 공신들을 정국공신靖國功臣이라고 부르는데 무려

117명이나 되었다. 조선 개국공신은 55명이었고, 세조 즉위를 도운 정난공신은 모두 43명이었다. 훈구파의 핵심인 성종 때의 좌리공신佐理功臣은 75명이었다. 정국공신은 역대 최대 공신 집단이었다.

이렇게 공신이 많았다는 것은 이들이 서로 이질적인 집단이었음을 가리키기도 한다. 결국 1519년(중종 14년)까지 몇 차례에 걸쳐 공신이 너무 많다는 이유로 위훈僞勳(가짜 공적) 삭제를 했다. 공신 책봉을 취소한 것이다. 이렇게 해서 정국공신은 모두 29명으로 줄어들었다.

박원종의 부친 박중선은 이시애의 난을 평정하고 봉해진 적개공신(1등), 남이를 죽이고 봉해진 익대공신翊戴功臣(3등), 성종의 즉위를 도왔다고 봉해진 좌리공신(3등)으로 훈구파이다. 무장이고 글을 잘 몰랐는데도 이조판서에 올랐다. 반면 성희안은 홍문관과 사간원을 거친 언관 출신으로 무오사화 때 사림을 비호하기도 했었다. 이렇게 박원종과 성희안은 완전히 다른 부류의 사람이었다.

중종반정에 적극적으로 참여하고 반정을 성공시킨 세력은 무신들이었다. 하지만 이후의 국정은 반정 중에 합류한 문신들이 주도했다.

신윤무는 무관으로 병조판서까지 되었다가 탄핵을 받고 물러났는데, 무신이라 홀대받았다고 분개하고 역모를 꾀하다가 노비의 고변으로 체포되어 처형되었다. 또한 반정의 핵심 세력이었던 박원종이 1510년(중종 5년), 유순정이 1512년(중종 7년), 성희안이 1513년(중종 8년)에 잇달아 죽으면서 정국공신들의 힘은 약해졌다. 이 틈에 위훈 삭제가 겹치면서 정국공신들의 권력은 더욱더 약화되었다.

중종 초반의 국정을 담당했던 사람들은 결국 연산군 때도 고위직에 있던 사람들이었다. 즉 훈구파가 계속 정권을 담당하는 상황이었다. 훈구파의 권력이 왕권을 넘어섰는지 이야기하기 위해 반정 직후 단경왕후의 축출을 거론하기도 한다.

중종의 왕비인 단경왕후는 연산군의 처남 신수근의 딸이었다. 이때문에 공신들은 단경왕후를 폐비해야 한다고 주장했고, 결국 단경왕후는 7일 만에 폐비되어 궁에서 쫓겨났다. 중종은 이에 찬동한 바없었지만 반정 직후의 상황에서는 공신들을 말릴 수가 없었다.

단경왕후의 비극적인 출궁 때문에 중종은 왕권을 제압당한 불운의 군주처럼 여겨지는 경우가 많은데, 조선 국왕의 권력을 생각하면 이런 생각은 너무 성급한 판단이다. 반정 삼대장이 다 죽은 이후 중종은 자기 뜻대로 조정을 움직이려 하는데, 그러면서 사화가 또 발생하게 된다.

반정 공신 중 고위직이었던 유순정은 성희안의 이종사촌이었다. 그는 일찍이 김종직에게 글을 배운 적이 있었다. 하지만 무오사화에서는 연좌에 걸리지 않았다. 그는 성종 때 장원 급제로 관직에 나왔다. 문과 출신이지만 평안도 절도사 등 무관 벼슬도 하는 등 문무를 겸전한 인재였다. 하지만 욕심이 많아 뇌물을 밝히고 농장을 많이 가지고 있었다. 또한 여색을 밝혀 말년에 병에 걸려 실명까지 했다.

기묘한
기묘사화

중종 역시 자신을 직접적으로 보호하는 새로운 세력을 만들고 싶어 했다.
그를 위해 사림을 불러들였는데, 중종의 이상과 사림의 이상은 합치하지 않았다.
이를 틈타 훈구파의 대반격이 벌어졌다.
그것을 기묘사화己卯士禍라 부른다.

제도의 복원

중종은 패륜 군주 연산군을 몰아내고 왕위에 올랐다. 따라서 미풍양속을 다시 복원하는 것이 정권의 큰 목표가 되었다. 성리학적인 질서를 사회에 정착시켜야 했다. 이를 위해 중종은 정몽주를 문묘에 배향하고, 『삼강행실도』를 찍어냈다. 1511년(중종 6년)에 2,940질이나 찍었는데, 이후에도 계속하여 출판했다.

또한 연산군이 없앤 홍문관, 사간원, 경연 등을 부활시켰다. 언관의 역할과 왕의 교육이 부활한 것이었다. 이런 와중에 반정 삼대장이 하나둘 사라졌다. 그러자 1513년(중종 8년)에 중종은 인사권을 직접 챙기겠다는 말을 했다. 왕이 인사권을 가지는 것이 당연한데 직접 챙기겠다는 것은 무슨 말일까? 이전에는 이조와 병조에서 인사안을 올리면 왕은 그저 승인만 했던 것인데, 이제부터는 왕이 인사를 직접 행하겠다는 말이었다.

그럼 모든 인사를 왕이 할 것인가? 물론 불가능한 이야기다. 신하들이 육조와 대간, 관찰사 등 주요 관직만 친히 제수除授(임금이 직접 벼슬을 내림)할 것을 권하자 중종도 받아들였다.

조선은 시끄러운 나라였다. 신하들이 왕의 일거수일투족에 대해서 시시콜콜히 간섭하기 일쑤였고, 그런 간섭에 대해서 책임을 물으려 하면, 그것이 의무이며, 자신들은 그저 의무에 충실한 것이라 답했다.

조광조의 등장

중종은 자신의 세력을 기르고자 했는데, 그 중심에 있는 인물이 조광조趙光祖(1482~1519)였다. 조광조는 김종직의 제자 김굉필에게서 글을 배웠다. 그는 성균관에 들어가 단연 두각을 드러냈고 사간원 정언에 임명되어 조정에 진출했다.

1515년(중종 10년)에 중종반정으로 폐출된 왕비 신씨를 복위시키라는 상소가 올라왔다. 폐비 신씨는 반정 세력에 의해 살해된 신수근의 딸이었기에 이 주장은 반정공신들을 위협하는 주장이었다. 이에 상소를 올린 이들은 의금부에 의해 체포되기에 이른다.

그러자 사간원 정언에 임명된 조광조가 이 문제를 따졌다. 상소를 올린 박상과 김정의 주장이 옳다고 주장한 것이 아니라, 그런 주장이 나왔을 때 그것을 벌준 행위를 따진 것이다.

"언로言路가 열렸느냐 막혔느냐는 나라에 가장 중요한 문제입니다. 언로가 열려 있으면 나라가 잘 다스려지고 언로가 막혀 있으면 나라가 어지러워져 망하게 됩니다. 근래 박상·김정 등이 간언을 구하는 임금의 뜻에 따라 그들의 생각을 다 말씀드렸습니다. 그들의

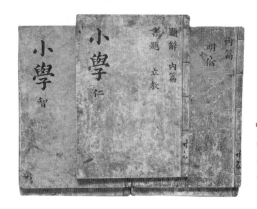

말이 지나쳤다 하더라도 그저 받아들이지 않으면 그만인데 왜 죄로
써 다스리고자 하십니까?"

조광조가 따진 대상은 임금이 아니었다. 대간이었다. 대간은 사헌
부·사간원 양사의 관원을 가리키는 말이다. 이 두 기관은 왕과 신하
의 잘잘못을 고하는 기관으로 말하자면 비평을 전문으로 하는 부서
다. 조광조는 사간원의 정언이므로 대간에 속한 사람이었다.

"대간이 두 신하가 잘못했으니 죄를 청한다 하였기에 의금부에
서 낭관郎官(정5품 이하의 당하관)을 보내 그들을 체포하기에 이르렀습
니다. 대간이란 언로를 열어야 그 임무를 다했다고 할 수 있습니다.
설령 대신이 이들을 벌하라고 청했다 해도 대간은 이들을 변호하여
언로를 널리 열어야 하는데 도리어 언로를 막았으니 이는 대간이
맡은 임무를 스스로 저버린 것입니다."

조광조는 이런 대간들과는 같이 일할 수가 없다고 말했다. 사헌
부와 사간원의 모든 관원들을 다 파직시키라고 상소를 올린 것이다.
말단 초짜 관리가 들어오자마자 상관들이 썩었다고 다 내쫓으라고

했으니, 이건 이만저만한 하극상이 아니겠다.

그런데 그 일이 정말 일어났다. 대간이 전원 교체되었다.

조광조에 대한 중종의 신임이 굳건했기에 조광조를 중심으로 사림 세력이 뭉치기 시작했다. 조광조는 전국에 『소학小學』을 보급해서 성리학에 대한 이해를 높이고자 했다. 『소학』은 남송의 학자로 성리학을 성립한 주자朱子의 제자인 유청지가 쓴 책으로 도덕과 실천을 강조하여 성리학 입문서로 활용되었다. 또한 조광조는 무당들의 집합소인 소격서昭格署를 없애게 했으며, 과거로는 기존 세력을 대치하기 어렵다고 보고 어진 선비를 추천받아 등용하는 현량과賢良科를 실시하게 했다. 기존의 과거 시험이 문제만 달달 외우는 암기형 인간을 뽑는 것이라 그렇게는 참된 인재를 가려낼 수 없으니 뛰어난 인재를 추천받아서 기용하자는 것이었다. 이렇게 추천받은 사람들을 경복궁으로 불러 대책對策이라는 주관식 시험을 치러 선발했다. 그 결과 조광조를 따르는 선비들이 대거 선발되어 조광조는 일시에 세력을 불릴 수 있었다. 그러나 이렇게 불린 세력은 사화를 불러오게 되고 말았다.

조광조와 공신의 대립

조광조는 정국공신의 과도한 수에도 주목했다. 이들은 대체로 기존 권력자들이었으므로 조광조가 위훈을 삭제하자고 주장하는 것은 결국 훈구파에 대한 도전이기도 했다.

조광조는 도학정치道學政治를 주장했는데, 천명을 따르는 것이 도를 따르는 것이고 요순 시대와 같은 태평성대를 이루는 것이라 보았다. 이를 위해서 군주는 덕을 기르고 실천해야 했는데, 그것이 성공하느냐 마느냐는 군주가 자신의 자질을 함양하기 위해 열심히 노력하는 데 달렸다. 또한 군주가 잘못을 저지르면 안 되기 때문에 언관이 언제든지 군주의 잘못을 지적할 수 있어야 했다.

이러한 군주에 대한 엄격한 제한과 자질 함양을 위한 지나칠 정도로 경직된 경연에 중종은 싫증을 내기 시작했다.

이런 왕의 마음을 읽은 심정沈貞(1471~1531)은 '주초대부필走肖大夫筆'이라고 적힌 참서讖書를 궁궐 안에 던져넣었다. 참서란 예언서를 말한다. '주초대부필'은 고려 말 예언서에 나오는 말인데, '주초'라는 한자는 합해서 쓰면 조趙씨 성을 가리키는 것이어서 조광조를 겨냥해서 만든 글이었다. 이 일은 후일 크게 번져서 나뭇잎에 벌레가 '주초위왕走肖爲王'이라고 파먹은 것이 발견되었다는 전설로 변했다. 나뭇잎에 꿀을 발라서 벌레가 파먹게 했다고 말하는데, 벌레가 꿀을 잎과 함께 먹을 이유가 없는데도 사람들은 재미난 이야기라고 다들 이런 엉뚱한 이야기를 사실로 믿곤 한다.

붕당을 만들어 국정을 어지럽혔다는 죄목으로 조광조 등 사림의 핵심 인물들은 처형당하고 사림파는 조정에서 쫓겨났다.

중종 때 일본과의 교역은 경상도 바다 쪽의 삼포(부산포, 제포, 염포)에서 행했는데, 이곳의 일본인들이 조선의 교역 정책에 반발하여 쳐들어온 일이 있다. 이것을 삼포왜란이라고 한다. 이때 조정에서는 비상사태를 해결하기 위해 비변사備邊司를 두었다. 비변사는 군사 문제를 빨리 수습하기 위해 만들어진 임시 기구였다. 임시 기구였지만 이후 존속했고 임진왜란 이후에는 더욱 확대되어서 의정부를 넘어선 국정 담당 기관이 되었다.

이 모든 게
자라 탓?

안당의 묘한 식탐

안당安瑭(1460~1521)은 중종반정 후 부활한 사간원의 책임자인 대사 간이었다. 폐비 신씨를 다시 맞이하라는 상소가 올라왔을 때 조광조와 같은 입장이어서 사림파로부터 좋은 평가를 받았다. 기묘사화 때 조광 조를 구하기 위해 많은 노력을 기울이기도 했다.

그런데 안당에게는 묘한 식탐이 있었다. 평생 자라 먹기를 좋아해서 이 강, 저 강에 사람을 보내 자라를 구하니 결국 소문이 나서 자라를 구해다가 갖다 바치는 사람들이 있을 정도였다. 이 때문에 이상한 전 설이 생겨났다.

안당의 집에 자라들이 가득 생겨났다. 자라를 좋아하니 잡아먹으면 그만이겠거니 싶지만, 이 자라들은 겨우 동전만 해서 먹을 수도 없었 다. 그런 것이 온 마당에 드글드글하니 징그러울 뿐이었다. 잡아 없애 기도 힘들어서 나중에는 마당에 커다란 독을 하나 만들고 그 안에 자 라들을 던져 넣은 뒤에 강가에 가져가서 방생했다.

이런 일이 근 1년이나 가더니만 집안에 큰일이 일어났다. 반역죄의 누명을 쓰게 된 것이다.

안당에게는 세 명의 아들이 있었는데 처겸, 처함, 처근이라고 했다.

이 중 안처겸은 성균관의 장의로 있었다. 장의란 지금 식으로 말하자면 학생회장이다. 안처겸은 도교 의식을 치르는 기관인 소격서 폐지를 건의하는 등 활발한 활동을 펼치는 열정적인 청년이었다.

그는 서른넷의 나이에 벼슬에 나가게 되었으나 모친상을 당해서 관직에서 물러나 삼년상을 치렀다. 그런 후 아직 백수로 있으며 관직에 나아가기 전에 여러 명사들과 어울려 지냈는데, 그중에는 종친인 이정숙도 있었다. 이들은 모여서 시국을 한탄하며 이런저런 이야기를 나누는 것을 즐겼는데, 이 이야기를 과장해서 반역 혐의를 걸어 조정에 고변한 이가 있었다.

노비 출신 송사련의 고변

그 사람은 바로 송사련이라는 인물이었는데, 송사련은 안당의 아버지 안돈후의 서녀인 감정 소생이었다. 그러니까 안당에게는 조카이고 안처근과는 고종사촌이었다.

안돈후는 노비인 중금을 취해서 감정을 낳았는데, 감정은 성품이 교활하고 거짓말을 잘했다. 안돈후는 그런 감정을 더 참아내지 못하고 매질을 해서 외가로 보내버렸는데, 그곳에서 감정은 평민 출신의 송린이라는 남자를 만나 결혼을 했다. 송사련은 바로 이 둘의 아들이었다. 안당은 조카인 송사련을 예뻐해서 집에 종종 놀러 오게 하고 아들처럼 대해주었다.

하지만 송사련은 자신의 출생이 비천하여 출세를 할 수 없는 현실을 한탄하고, 안씨 일가를 미워했다. 그는 정치적으로 안당과 대립하는 간신배 남곤南袞(1471~1527), 심정과 어울려 관상감觀象監에 자리를 얻을 수 있었다.

관상감은 천문을 살피거나 점을 치는 일을 하는 관청으로 서자들도 여기 벼슬은 할 수 있었다. 송사련은 관상감에서 자기 사주를 점쳐보았다. 자기는 운수대통에 부귀영화를 누릴 수가 나오고, 안당 집안 사람들은 죽고 망하는 수가 나왔다. 때는 이때다 싶어서 안처근의 평소 비분강개하는 말투를 꼬투리로 잡아서 역모가 있다고 고변했다.

증거로 내놓은 명부가 있었는데, 안당의 아내가 죽었을 때 온 조문객들의 명단이었다. 조문객 방명록이 반역자들의 명단으로 둔갑한 것이다.

남곤과 심정은 안당 같은 강직한 인물이 껄끄러웠던 참에 잘됐다 싶어서 역모를 키워나갔다. 매 앞에 장사 없다고 이정숙이 자백을 하게 되자 사태는 급물살을 타서 안당은 귀양을 가고 안처근, 이정숙 등은 처형당하고 말았다.

송사련은 안씨 집안의 재산을 모두 차지하고 정3품의 관직까지 얻게 되었다. 80세까지 장수를 했고 부귀영화를 누리며 잘 살았다.

천재 학자 송익필의 비극

송사련에게는 송익필이라는 아들이 있었는데 그야말로 천재였다. 송익필은 25세에 과거 초시에 합격했지만, 송사련의 출신이 문제가 되면서 관직으로 나갈 수 없게 되었다.

그는 율곡 이이李珥(1536~1584), 우계 성혼成渾(1535~1598) 등 당대의 천재들과 우정을 쌓아갔다. 그러나 관직을 포기했음에도 그에게 평화는 주어지지 않았다. 송사련이 죽자마자 안당 집안이 억울하게 누명을 쓴 것이라는 사실이 밝혀지면서 집안에 온갖 비난이 쏟아졌고, 정치적으로 송익필을 옹호하던 이이도 과로사하는 바람에 송익필은 보호막을 잃어버리고 말았다.

송익필 집안의 뿌리가 되는 조모 감정이 사실은 안돈후의 자식이 아니라는 주장까지 나왔다. 안돈후의 첩인 중금이 그 전에 같이 살던 남편에게서 얻은 아이가 감정이라는 것이었다. 따라서 송씨 집안은 노비 집안이며, 송익필 또한 노비라는 주장이었다. 송사련이 죽은 지 11년 만에 송익필은 노비 신분으로 전락하고 말았다. 송익필은 노비가 될 팔자를 피해 여기저기 몸을 숨겨 피신을 해야 했다.

송익필의 제자 중에 예학禮學의 대가인 김장생金長生(1548~1631)이 있다. 아버지는 음모와 술수에 능한 인물이었지만 그 아들은 성실하게 학문을 연구하였고 일가를 이룬 대학자가 되었던 것이다.

그러니까 이 모든 일이 결국 자라를 하도 잡아먹은 안당 때문에 일어난 일이라고 한다면, 역사란 참 허무한 것이다. 착한 사람에게 일어난 터무니없는 비극을 설명하려고 이런 전설이 만들어진다. 오늘날에는 전설이 아니라 음모론이 만들어지는 게 다른 점이라고 하겠다.

심사손
살해 사건

조선은 북방의 안전을 위해 여진족에 대해서 많은 신경을 쓰고 있었다.
중종 초년에는 여진족의 6진 침입이 자주 있었다. 또한 폐사군 지역에
여진족이 들어와 살기도 했다. 당시 이들 폐사군 지역의 최전선은 만포진이었다.

좌의정의 아들이 여진족에게 살해되다

1528년(중종 23년), 삭풍이 불어대는 압록강변의 1월 24일.

만포진 첨절제사僉節制使(일선 진영을 관장하던 무관직으로 보통 첨사僉使라고 한다.) 심사손沈思遜(1493~1528)이 건주여진의 야인에게 살해되었다. 이 일로 조선 조정은 발칵 뒤집혔다. 심사손은 좌의정 심정의 아들이었기 때문이다. 중신의 아들이 살해되었으니 발칵 뒤집어지지 않을 수가 없었다.

심사손은 스물다섯에 급제해서 승문원 근무를 시작으로 승승장구하여 홍문관 직제학의 자리에 있다가 당상관으로 승진하면서 변방을 지키는 중차대한 임무를 띠고 있던 사람이었다.

첨사는 종3품의 직책이지만 만포와 경상도의 다대포는 그 중요성 때문에 정3품 당상관으로 임명했다. 변방을 다스리기 위해서 문치의 국가인 조선답게 문신 중에 무예가 뛰어난 자를 보내야 한다는 말이 나왔고, 그런 이유로 중종 때부터 문신들이 첨사로 부임했

다. 문신이 부임하면 변방의 사정을 익히기 때문에 향후 승진에 유리했다.

1526년(중종 21년)에 심사손이 부임했는데, 불과 2년 만에 야인들에게 살해당한 것이다. 이때 그의 나이는 서른여섯이었다. 대체 어쩌다가 이런 고관이 야인들의 손에 죽게 되었을까?

이 무렵 압록강변은 계속 소란스러운 상태였다. 1520년(중종 15년) 이후 여진은 압록강을 넘어와 폐사군 지역에 자리를 잡기 시작했다. 조선의 입장에서는 이들을 반드시 내쫓아야만 했다. 그러다 보니 충돌이 수시로 일어났다.

심사손이 부임하기 전에 조선 장수 이함이 허공교虛空橋(지금의 평안북도 자성군) 전투에서 전사하는 일도 있었다. 이때도 야인들이 노린 목표는 첨사였다. 이함을 첨사로 오인해서 추격했던 것이다.

조선이 허약한 나라로 여겨지지만, 이 시기에도 여전히 조선이 갑이고 야인은 을인 상태였다. 국경을 순찰하면서 야인을 발견하면 '사냥'하는 일이 흔히 벌어지고 있었다. 노약자를 붙잡아 가는 일도 있었고, 심하면 야인을 살해하는 일도 있었다. 국경을 넘어오거나 약탈을 하는 일이 있다면 당연히 방어 차원에서 응징할 수 있는 일이지만 생업에 종사하기 위해 사냥을 나온 사냥꾼을 무단히 살해하는 일은 공분을 불러일으킬 뿐이다. 야인들은 공공연히 복수를 하겠다고 분노를 표시하고 있었다.

심사손에게도 이런 첩보가 당연히 들어왔지만 그는 대수롭게 생각하지 않았다. 삭풍이 부는 동네인지라 당연히 땔감이 늘 필요했기에 심사손은 땔감을 구하기 위해 꽁꽁 얼어붙어 있는 압록강을 넘어갔다. 강 건너에서 자라는 모과나무를 벨 생각이었다.

부하 70여 명을 데리고 넘어간 심사손은 땔감을 구해오라 하고는 자신은 수하들과 함께 약주를 마시며 쉬고 있었다. 적지로 들어간 대장이 술이나 마시고 있었다니, 그야말로 날 죽여줍쇼 하는 격이 었다.

만포 첨사를 노리고 있던 야인들은 기회를 놓치지 않았다. 순식 간에 1백여 명이 달려들었다. 달랑 장수 넷밖에 없는 상황. 주변에 는 군인은 없고 데려간 노복들만 몇 명 있었다.

심사손은 활을 잡고 응사를 하기 시작했다.

"막을 수 있다! 쏘아라!"

하지만 1백여 명(이 숫자는 나중에는 2백여 명으로 불어난다)이 칼과 도 끼 등을 들고 달려오는 모습에 기겁을 한 조방장助防將(장군을 도와 적 의 침입을 방어하는 장수)과 군관들은 얼른 말을 잡아탔다. 이들은 나무 하는 일을 감독하러 온 것으로 변변한 무기도 가지고 있지 않은 상 태였고 그 때문에 더 두려워졌다.

"어딜 가느냐! 응사하면서 버티면 된다!"

노복들도 재빨리 나무 덤불 사이로 몸을 숨겼는데도 심사손은 달 아나는 군관들에게 돌아오라고 외쳤다. 하지만 이미 공포에 사로잡 힌 군관들이 그런 말을 들을 리가 없었다. 이제는 방법이 없다고 생 각한 심사손도 말 위에 올라탔다. 하지만 술이 과도했는지 등자에서 미끄러지면서 아까운 시간을 잡아먹었다. 심사손은 말에서 두 번이 나 떨어졌다.

결국 붙잡히고 말았다. 심사손이 적들에게 둘러싸이는 통에 만포

조방장 송인강은 무릎과 얼굴에 상처를 입으면서도 야인들을 뿌리치고 달아날 수 있었다.

야인들은 심사손을 에워싸고 옷을 벗으라고 말했다. 심사손은 흩어져 있는 군사들이 이 사실을 알면 자신을 구원하러 오리라 생각하고 천천히 옷을 벗었다. 하지만 벌거벗을 동안 아무도 구하러 오지 않았다.

달아난 심사손의 하인이 진영으로 뛰어들어 위급 상황을 알렸지만 장교들의 출동이 늦었다. 이들이 출동하여 간신히 현장에 도착했을 때 심사손은 이미 살해된 뒤였다. 그나마 나무를 하러 갔던 군관 김자례, 홍계종, 박성손 세 사람이 심사손의 위기를 뒤늦게 알아차리고 고함을 지르며 달려들어서 시신의 훼손만은 막을 수 있었다.

이들이 그리 멀지 않은 곳에 있었기 때문에 송인강 등이 침착하게 대응했다면 심사손은 목숨을 건질 수 있었을 것이다. 송인강은 달아나서 비상사태임을 알리고, 복수를 하겠다며 다음 날 출동했다. 이들은 적의 부락까지 도달했지만 눈비가 심해지고 적들을 찾기 어려워 아무 성과 없이 회군하고 말았다.

조선에서 이 일은 그냥 넘어갈 수 없는 큰일이었다. 관련된 군관들은 모두 처벌을 받았고 살인범을 찾아내기 위해 노력했다. 야인들은 살인범의 아비를 묶어 와 사죄했다. 그리고 십수 년이 흐른 인종 1년(1545)에 살인범 이아장합을 찾아내 사형에 처했다.

무술의 달인 백거추의 추태

그런데 이 일로 처벌을 받은 인물 중에 백거추白巨鰍라는 사람이 있었다. 조선 후기의 한문 소설 〈백거추전〉의 주인공이 되기도 하는 무술의 달인이었다. 〈백거추전〉의 내용은 이렇다.

백거추가 추노를 하여 재산을 압수하여 한양으로 돌아오다가 어느 깊은 산속을 지나갈 때 해가 졌다. 머물 데가 어디 없나 싶은데 마침 지나가는 사람이 있어 물어보니 고래 등 같은 집으로 안내를 해줬다.

집이 호사스럽고 음식도 진수성찬이 나온 데다가 하녀들도 천하절색이었다. 더구나 그중 하나를 골라 밤 시중까지 들게 해주었다. 그런데 백거추와 밤을 지낸 여자가 아깝다며 한숨을 쉬는 게 아닌가. 뭐가 아깝냐고 하니까 대단한 인물 같은데 오늘 죽을 거니 아깝다면서 여기는 사실 도둑 소굴이고 여자들도 모두 양갓집에서 잡혀온 사람들이라고 말해줬다.

무술 실력 하나는 자신 있는 백거추는 무기도 없이 나가서 졸개하나를 때려눕히고 칼을 빼앗아 두목을 베어버렸다. 그가 쌍검을 휘두르니 당할 자가 없었다. 도적을 다 죽여버린 뒤 창고를 털어서 잡혀 온 여자들에게 한 재물씩 주어서 집으로 돌려보냈다. 밤 시중을 든 여자가 첩으로 삼아달라 애걸하지만, 양갓집 처자를 어찌 첩으로 두느냐며 여자의 집까지 안전하게 호송해 주었다. 부모에게는 비밀을 지키라고 신신당부하고 적당한 남자를 골라 시집보내라고 말해주었다.

얼마 안 있어 백거추는 무과에 장원 급제했다. 이후 여러 번 병마절도사에 임명되어 명성이 나라 안에 널리 퍼졌으므로 거리에서 뛰노는 아이들조차 백거추의 이 이야기를 하고 다녔다.

심사손 역시 백거추를 총애했다. 그런데 하필이면 나무를 하러 간 날 그를 데려가지 않았다.

심사손이 변을 당하게 되었을 때 그 종 중 하나는 만포 병영으로 달려와 위급함을 알렸다. 백거추는 활을 가져오라는 등 시간을 허비하다가 오시午時(오전 11시~오후 1시)가 되어서야 움직였다. 활을 챙겨서 나갔다가 다시 한 식경食頃(20~30분) 만에 돌아와 먹을 걸 달라고 했다.

심사손의 시체는 성 밖 1리 지점에 있었다. 1리면 4백 미터밖에 되지 않는다. 말을 타고 1리라면 엎어지면 코 닿는 거리인데 한 식경을 나가 있던 백거추가 시신을 못 찾는다는 게 말이 안 되는 일이다.

송인강을 죽여야 한다는 대간들의 청이 올라왔지만 중종은 들어주지 않았다. 송인강은 60여 차례나 고문을 당했지만 자신이 잘못한 것이 없다고 버텼다. 자백하지 않은 것이다. 송인강은 충군형充軍刑(천인으로 군대에 복무하는 형벌)을 받았다. 백거추는 관직에서 추방된 것 같다.

이들의 사면과 복권은 6년 후에 이루어졌다. 그만 용서해 달라는 정승들의 주청으로 중종이 처음에는 거부하다가 마지못한 듯 들어준 것이다. 이들이 사면되자 사간원에서 사면해서는 안 된다는 상소가 올라왔다. 이에 대한 중종의 답변이 매우 흥미롭다.

"송인강의 일은 내가 죄 입을 당시의 전말을 자세히 알고 있으므로 말한 것이다. 심사손이 취하여 말을 탈 수 없었으니 송인강이 혼자서 어떻게 하겠는가. 그러나 조정은 송인강을 중죄인이라 하였고 심정도 분개하여 아뢰었으므로 형벌을 매우 많이 받아 거의 죽을 지경에까지 이르렀고 마침내 충군하는 것으로 정죄했던 것이다."

중종은 이 당시에 이미 송인강의 죄가 과하게 가해졌음을 알고 있었다. 하지만 당시 실세인 심정이 노발대발하고 있으니 그냥 그 말을 들어주었다는 것이다. 이들의 복권은 심정이 몰락한 뒤에야 가능했다.

심사손의 살해 사건 이후에 문관은 만포 첨사로 가지 못하게 되었다.

백거추는 이후에 한성부 훈련원 참군을 지낸 모양이다. 정7품으로 그리 높은 지위는 아니다. 백거추에 대한 이야기는 뒤에 다시 한 번 나온다.

조선의 북방에서는 여진족과의 소요가 끊이지 않았는데, 이 사건 이후 니탕개의 난(1583)까지는 잠잠한 편이었다. 이 전쟁은 여진족 추장 니탕개가 1만의 병력으로 두만강 하류 쪽의 경원진에 쳐들어오면서 시작되었다. 여진족은 총 병력이 3만까지 이르렀던 것으로 보고 있다. 이때 임진왜란 때 탄금대에서 일본군과 싸웠던 신립이 이들을 물리쳐서 명장으로 이름을 날리게 되었다. 이때 여진족 추장을 유인해서 잡아낸 군관이 있었는데, 그가 바로 임진왜란의 명장 이순신이었다. 니탕개의 난으로 조선은 제승방략制勝方略이라는 방어 체제를 확립했다. 침공을 받으면 각 지역에서 병력을 모아서 대응하는 것이었는데, 이 방침은 임진왜란과 같은 대규모 침공 때는 무용지물임이 밝혀졌다.

조선판 마르탱 게르의 귀환
- 유유 실종 사건

1548년 프랑스에서 마르탱 게르라는 사람이 아버지한테 혼난 뒤에
집을 나갔다가 아버지가 죽은 뒤인 1556년에 다시 돌아오는 일이 있었다.
마르탱은 다시 아내와 합쳤고, 아버지의 유산을 돌려달라고 삼촌과 법정 다툼을
벌였다. 친척들은 마르탱이 가짜라고 주장했는데 아내가 진짜라고 옹호하여
넘어갈 수 있었다. 그런데 1560년에 진짜 마르탱 게르가 나타났다.
이와 비슷한 시기에 조선에서도 비슷한 일이 있었다.

백거추의 망나니 같은 서자

심사손 살해 사건에 등장한 무관 백거추의 자식들 이야기
다. 앞서 심사손 살해 사건에서 이미 이야기한 것처럼 백거추는 이
름을 떨친 무관이었다.

족보에 따르면, 백거추는 정실에게서는 아들을 얻지 못하고 딸만
둘 있었던 것으로 나온다. 하지만 서자가 있었다. 이 서자가 개망나
니였다.

백거추는 대구 사람으로 경북 일대를 휘어잡고 있었다. 백거추를
따르는 무뢰배들도 적잖이 있었을 것이다. 이들은 백거추 사후에 경
상도 예천 지방을 중심으로 50여 인이 작당하여 몰려다녔다. 이들
을 가리켜 '추호酋豪'라고 한 것을 보면 그 세력이 상당하였다는 것
을 알 수 있다. 추호란 말하자면 호족 같은 것이다.

이들 50여 인의 핵심 인물을 따르는 자가 1백여 명이나 된다고
했으니 촌 동네 무력으로는 감히 대적할 상대가 없었을 것이다. 여

기엔 조선의 시스템상 뜻을 펼 수 없는 사족의 서자들도 대거 있었던 모양이다. 바로 그중 대표 주자가 백거추의 서자였다. 어차피 출사도 못 하는 사람이 협객이 되었다고 하면 좋겠지만, 백거추의 서자는 백거추의 첩을 취하는 통에 유교 국가에서 가장 극악한 죄라 할 수 있는 '상피相避(근친 관계인 남녀가 성관계를 맺는 일)'의 죄를 범해서 쫓기는 몸이 되었다.

이들은 민가를 약탈했을 뿐만 아니라 수령도 협박했는데, 누구도 뭐라 하지 못하는 상황이었다. 조정에서는 무용이 있는 인물을 수령으로 보내되 식솔은 데려가지 못하게 해 만약의 사태를 대비하게 했다.

백거추의 딸과 유유

백거추에게는 망나니 서자 말고 딸 둘이 있었다. 한 사람은 배씨 가문에, 다른 한 사람은 대구 사람으로 현감을 지낸 유예원의 둘째 아들 유유에게 시집을 갔다.

유유는 서른셋이었던 1558년(명종 13년)에 산에 들어가 글을 읽다가 실종되었다. 아버지인 유예원과 아내인 백씨는 유유가 미쳐서 사라졌다고 말했고 그 두 사람이 그렇게 말하니 사람들은 그런 줄만 알았다.

유예원이 죽었을 때도 유유는 돌아오지 않았다. 그런데 1562년(명종 17년)에 셋째 아들 유연의 매부 이지(유연의 누나와 혼인했는데 누나는 일찍 죽었다)가 뜻밖의 소식을 전했다.

해주에 채응규라는 사람이 있는데, 그가 실은 둘째 형 유유라는 것이었다. 깜짝 놀란 유연은 종을 보내 유유를 데려오게 했다. 하지만 종은 혼자 돌아와 채응규는 유유가 아니라고 말했다.

하지만 이지는 유유가 틀림없다고 다시 장담하였고 이에 또 한 번 종을 보냈다. 하지만 이번에도 종은 채응규는 유유가 아니라고 하고 혼자 돌아왔다.

다음 해, 이지는 채응규가 자기 집에 와 있고 유유가 분명하니 직접 와보라고 했다. 유연은 먼저 심부름 갔던 종을 보내고 자신도 곧 채비를 해서 이지의 집으로 갔다.

유연이 도착해 보니 이지와 채응규가 종을 매질하려던 참이었다.

"종이 되어서 주인 얼굴도 잊어버리고 배신을 해? 어디 한번 죽어봐라."

종은 유연이 곧 올 테니 그때까지만 살려달라고 사정했고 이들도 유연이 오면 혼쭐을 내주겠다고 으름장을 놓았다. 유연이 도착하자 채응규는 아프다고 누워있었다. 그러다가 유연의 손을 잡고 울며 말했다.

"아우는 얼굴이 하나도 변하지 않았구나. 아우를 보니 눈물이 절로 나고 병이 다 낫는 것만 같다."

하지만 유연은 이 사람을 형이라 인정하지 않고 물러났다. 그는 이지와 또 함께 온 사촌매부 심융에게 "정말 둘째 형이 맞느냐?"고 되물었다. 이지와 심융은 유유가 맞다고 말했다. 의심적다면 고향에 가서 여러 사람을 불러 물어보자고 하여 유연은 채응규와 함께 고향 대구로 돌아왔다.

이때 유유의 아내 백씨도 마중을 나왔는데, 백씨의 여종 중 시집올 때 같이 따라온 종이 채응규를 보고 놀라며 말했다.

"넌 누군데 감히 우리 주인마님으로 가장하고 있는 거냐!"

채응규는 일순 말할 바를 잊어버렸는데, 유연이 일단 계집종을 물리치니 채응규는 유연의 아명을 부르며 말했다.

"무양아, 어찌 이다지도 날 괴롭게 만드느냐?"

채응규를 데리고 관가로 가 사람들을 모아놓고 유유인지 아닌지를 가리는데, 모인 사람들이 모두 유유가 아니라고 말했다.

부사는 채응규가 계속 자신이 유유라고 우기자 모인 사람들의 이름을 대보라고 했다. 진짜 유유라면 고향의 일가친척들을 모를 리 없을 터인데 채응규는 아무 대답도 하지 못했다. 부사는 채응규를 옥에 가두게 했는데, 이때 채응규의 첩 춘수가 뛰어 들어와 사정을 했다.

"첩의 지아비는 병이 깊으니 부디 옥이 아니라 집에서 대기토록 해주십시오."

부사는 사정을 봐주어 관노의 집에 채응규와 춘수가 머물도록 편의를 봐주었으나 닷새 후에 채응규는 사라져 버리고 춘수만 남았다.

동생이 형을 죽였다?

이에 유유의 처 백씨는 감영으로 나아가 발고를 했다.

"남편에게는 재물을 탐내는 유연이라는 아우가 있는바, 형이 미치광이 병증이 있는 것을 이용해 옥에 가두려 하고 부사의 선처로 병을 치료하게 되었지만 끝내 사람들을 보내 형을 해치고 말았습니다. 유연의 죄를 다스려 제 원한을 풀어주십시오."

백씨는 유연을 살인범으로 고발한 것이다. 감사는 유연과 채응규를 지키던 사람들을 모두 옥에 가두었다. 그러나 유연의 처 이씨가 호소를 올려 감사도 실정을 알게 되었다. 감사는 백씨를 무고죄로 옥에 넣었다.

그러나 조정에서는 애초에 이런 송사는 유유와 유연을 모두 같이 옥에 가두고 정상을 파악해야 했는데 판관이 일을 잘못 처리했다 하여 유연을 다시 옥에 가두고 부사도 파직해 버렸다.

조사가 다시 시작되었다. 유연은 채응규는 절대 형이 아니라고 잘라 말했다.

"형은 광증이 있던 것이 아니고 집안에 사정이 있어서 어쩔 수 없이 집을 나간 것입니다."

형이 광증이 있는 것이 아니므로 사람을 몰라보는 일은 있을 수 없다는 것이었다. 조정에서 내려온 추관推官(조사관)은 이지와 심융도 불러서 심문했다. 이지가 말했다.

"신이 유유를 찾은 것이 아니고 유유가 신의 집으로 온 것입니다. 처음에는 저도 형색이 달라 의심했지만 집안 내력을 아는 것과 행동거지가 모두 유유여서 확신하게 되었습니다. 유연도 형을 처음 보고 서로 통곡하였습니다."

심융도 채응규가 형색은 변했지만 유유가 틀림없다고 증언했다.

당시 모였던 인물 중 일가인 김백천도 유유가 맞노라고 증언하여 백씨의 주장이 더욱 힘을 얻었다. 그리고 사건의 전말을 가장 잘 알고 있을 채응규의 첩 춘수에 대한 심문이 이루어졌다.

"이지와 심융, 김백천 등이 모두 지아비를 유유라 하였고 유연이 찾아와 데려갔는데 옥에 갇혔다는 말을 듣고 달려와 옥바라지를 했을 뿐입니다. 다행히 옥에서 나와 병을 치료할 수 있었는데, 하루는 부엌에 갔다 오니 방에 불이 꺼져 있고 지아비는 온데간데없었습니다. 그런 이유로 유연이 살해한 것으로 의심했습니다."

모두 같은 말을 하는데 유연 혼자 버티고 있으니 추관은 유연에게 곤장을 쳤다. 곤장이 42대에 이르자 더 이상 버티지 못하고 유연이 형을 죽였노라고 자백을 했다.

형이 집행되려 할 때 유연은 억울하다고 하면서, 1년만 유예를 해준다면 채응규와 형 유유를 찾아내겠다고 말하였으나 받아들여지지 않았다. 오히려 그곳에 있던 심통원(나중에 뇌물죄로 쫓겨난 인물이다)은 "지독한 놈이구나! 그놈의 입을 때려라!"라고 하여 다른 대신들이 말리는 일까지 생겼다. 옥사를 서둘러서는 안 된다는 지적도 있었지만 심통원이 저런 대역무도한 놈은 빨리 죽여야 한다고 펄펄 뛰는 통에 사형이 집행되었다. 이때 유연의 종 둘도 같이 사형에 처해졌다.

이때 유연의 나이 스물일곱이었다. 유연은 "제가 죽은 뒤에 진짜 유유가 나타나면 죽은 자는 되살아날 수 없으니 그때 후회해야 소용없을 것"이라고 말했다.

진짜 유유의 귀향

유연의 처형으로부터 15년 후인 1579년(선조 12년)에 뜻밖의 일이 일어났다.

수찬 윤선각이 순안현(지금의 경상북도 영주)에서 천유용이라는 사람을 만났는데, 고을을 떠돌며 학동을 가르쳐 입에 풀칠을 하고 있었다. 그런데 이 말 저 말 나눠보니 이 사람이 바로 유유였다.

즉각 천유용을 잡아들였다. 본인도 유유임을 순순히 말했고 집안 내력을 이야기하는데 틀림이 없었다. 왜 집을 나갔느냐 묻자 뜻밖의 말을 했다.

"광증으로 집을 나간 것이 아닙니다. 혼인 후 3년이 되도록 자식을 낳지 못하자 아버지가 화를 내며 집을 나가라 하여 떠나게 된 것입니다. 그 후에는 집안 소식을 전혀 듣지 못해서 아우의 죽음도 몰랐습니다."

이 말은 당초 유연이 집안 사정 때문에 나간 것이라 하였던 말과 일치하는 것이었다. 아버지 유예원은 그렇게 자식을 쫓아냈기에 사실대로 말하지 않고 미쳐서 실종된 걸로 처리해 버렸던 것이다.

유유는 키가 작고 몸이 허약한 사람으로 얼굴도 작고 수염도 나지 않았으며 누런 빛에 점도 있었다. 여자 입장에서 그리 끌릴 만한 외모는 아니었던 것 같다. 그래서인지 백씨는 남편을 탐탁지 않아 했고 유유도 백씨를 마음에 들어 하지 않아서 부부지간에 다툼이 심했다.

진짜 유유가 나타났다는 말을 듣고 유연의 처 이씨가 관아로 달려왔다. 이씨는 유연이 옥중에서 전한 유서를 가지고 와 제출했다. 유유는 이지, 심융, 백씨가 짜고 자신을 함정에 빠뜨린 것이며 그 이유는 재물을 갈취하려는 데 있다는 점을 적어놓았다.

이지, 심융과 마을 사람들을 불러와 유유가 맞는지 확인했는데, 모두 진짜 유유가 맞다고 인정했다. 이제야 잘못을 알고 급히 채응규와 춘수를 찾아 나섰다.

의금부가 채응규를 장련(황해도 은율)에서 체포했다. 춘수는 해주에서 체포되었는데, 채응규를 해주로 압송하던 중에 채응규가 스스로 목을 찔러 자살해 버리고 말았다. 춘수를 심문하자 이제서야 사실을 고했다.

"채응규와 살면서 유유라는 이름은 들어보지도 못했는데 이지가 채응규를 유유로 가장시키고 백씨에게도 사람을 보내 그 뜻을 전했습니다."

이지는 아내가 일찍 죽고 아내 몫의 논밭을 유연이 차지한 것에 불만을 가지고 있었다. 이지는 일찌감치 심통원에게 뇌물을 써서 한 편으로 만들고 심융과 김백천도 한편으로 구워삶았다. 그 뒤에 일이 잘 풀리지 않고 채응규가 갇히게 되자 사람을 보내 탈출시킨 것이다.

채응규가 떠날 때 춘수가 자기는 어쩌라는 거냐며 매달렸는데, 채응규는 그저 모른다고만 하면 된다 해놓고는 달아나 버렸다. 춘수는 자기 아들 채정백도 백씨에게 떠나보내야 했다. 세간의 의심을 덜기 위해서 어쩔 수 없이 그런 것이었다.

유연의 처

진실이 16년 만에 뒤집어졌다. 이지는 국문 중에 곤장을 맞다가 죽었고, 춘수는 교수형에 처해졌다. 유유도 무사하지는 못했다. 아버지가 돌아가셨을 때 초상을 치르러 오지 않은 것은 불효한 것이라 유배형에 처해졌다.

춘수에게는 언니 영수가 있었다. 영수와 그 남편 김헌은 유연의 옥사 이후에 유연의 처 이씨를 찾아왔다.

"춘수가 채응규와 같이 살고 있소이다. 나한테 자금을 주면 내가 그 뒤를 캐내겠소."

이래서 이씨는 시집올 때 가져온 패물까지 모두 처분해서 김헌 부부에게 건네주었다. 김헌은 종종 채응규와 춘수의 소식을 전했는데 진짜 유유가 나타나자 겁을 먹고 달아나 버렸다. 하지만 이씨도 예전의 무력한 아낙네가 아니었다. 이씨는 영수 일가의 행방을 파악해 두고 있었기에 이들을 추적해서 체포할 수 있었다. 재산도 모두 돌려받았다.

그러나 백씨는 공모를 한 정황이 분명치 않아 처벌받지 않았다. 오히려 백씨는 채응규와 춘수의 아들 채정백을 포박해 관아로 보내서 국문을 요청하는 대담한 행동을 했다. 하지만 관아에서는 이 건은 흐지부지 묻어버렸다.

유유는 유배를 떠나기 전에 백씨를 찾아가 "채가를 나라 우겨 아우를 죽게 만들었는데 이제 나를 보고 아니라는 말을 한번 해보지 그러냐"고 호통을 쳤다. 백씨는 기죽지 않고 "늘 내게 흉한 말만 하더니 변함이 없다"라고 되받아쳤다. 유유는 유배가 끝나 고향으로 돌아온 뒤에도 백씨는 쳐다보지도 않았다. 백씨가 이렇게 굴 수 있었던 것은 무뢰배 집단 추호가 등 뒤에 있었기 때문은 아니었을까?

유유의 이야기는 유연의 처 이씨가 오리정승 이원익에게 해주었고, 이원익이 오성 대감 이항복에게 부탁하여 후세에 글로 남게 되었다. 그런데 뒷이야기가 조금 남았다. 유연의 매부였던 이지의 아들 이언용은 부친이 억울하다고 주장했다. 그의 이야기는 권득기의 문집에 「이생송원록」이라는 글로 남았다. 이언용은 이항복을 찾아가 〈유연전〉의 잘못에 대해서 말했고, 이항복이 인정하여 「유연전 후서」를 써주었다고 말했다. 이지는 심문 중에 죽었기 때문에 그에게 모든 죄를 밀어버리고 백씨는 유유히 빠져나갈 수 있었던 것이다.

외척의 등장

중종의 뒤를 이은 인종이 즉위한 지 채 1년도 안 되어 세상을 떠나고
명종이 어린 나이로 즉위하자 권력은 외척에게 쏠리게 되었다.
외척들 간의 대결에서 문정왕후의 동생 윤원형이 최종 승자가 되었다.

대윤과 소윤의 등장

중종에게는 장경왕후章敬王后(1491~1515) 윤씨에게서 낳은
세자가 있었다. 그가 뒷날의 인종이다. 세자보다 나이가 많은 큰아
들이 있었는데 경빈 박씨가 낳은 복성군이었다. 중종은 세 번째로
맞이한 왕비 문정왕후文定王后(1501~1565)에게서 경원대군(뒷날의 명종)
을 낳았다. 경원대군은 적자이고 왕후가 살아 있으니 세자의 입지가
불안했다.

세자의 외숙부는 윤임尹任(1487~1545)이었는데, 그는 김안로金安老
(1481~1537)와 손을 잡았다. 김안로는 아들이 세자의 누나 효혜공주
와 결혼했으니 중종의 사돈이었다. 기묘사화의 주역 중 하나였던 남
곤은 김안로를 꺼려서 그를 조정에서 내몰았다. 남곤이 죽자 김안
로도 유배에서 풀려나 조정으로 돌아왔다.

김안로는 자신을 몰아냈던 남곤 일파에게 복수를 했다. 심정도
김안로에 의해서 사약을 받게 되었고, 경빈 박씨와 복성군도 김안로

에 의해 제거되었다. 김안로는 여기에 더해 문정왕후도 내몰을 생각을 했다. 철저하게 세자의 반대파를 제거할 생각이었던 것 같고, 그것이 중종의 뜻일 것이라 여겼던 것 같다.

하지만 중종은 그럴 생각이 없었다. 문정왕후의 형제인 윤원로尹元老(?~1547), 윤원형尹元衡(?~1565)이 김안로의 음모를 되받아쳤다. 김안로는 하루아침에 사약을 받는 몸으로 전락하고 말았고, 윤임의 권세 역시 크게 위축되고 말았다. 윤임 일파를 '대윤大尹', 윤원형 일파를 '소윤小尹'이라고 부른다. 이들은 모두 외척들로 조정에 개입하고 있었다.

중종은 39년이나 왕위에 있었다. 중종이 죽었을 때 세자는 서른 살의 장년이었다. 경원대군은 열한 살이었다. 세자는 서른이 되었는데도 불구하고 후사가 없었다.

인종이 즉위하여 조선의 제12대 군주가 되었다. 그러나 몸이 허약하여 재위 8개월여 만에 승하하였다. 그가 죽을 때 조광조의 관작을 복구하라고 명했으나 그 명은 지켜지지 못했다. 조광조의 신원은 선조가 즉위한 다음에야 이루어졌다. 인종의 뒤를 이어 경원대군이 제13대 왕으로 즉위했으니 그가 명종이다. 나이가 아직 어렸기 때문에 문정왕후가 수렴청정을 했다.

대윤과 소윤의 대립

조선은 어린 군주가 즉위하면 문제가 생기지만 성종 때 수렴청정으로 잘 넘어간 사례가 있었다. 문정왕후는 권력욕이 강한 사람이었지만 그녀도 명종이 스무 살이 되자 수렴청정을 거두었다. 그러나 그 8년의 수렴청정 기간이 문제였다.

명종이 즉위했을 때 조정은 대윤과 소윤의 대결장이 되었다. 대윤은 먼저 외척 중 가장 연장자인 윤원로를 공격했다. 문정왕후 입장에선 분했지만 세가 불리한 것을 인정하고 윤원로를 귀양 보냈다. 그 뒤 동생 윤원형을 예조판서로 임명하고, 이어 윤원형에게 밀지를 내려 윤임을 탄핵하게 했다. 대간들이 동생에게 밀지를 내려 일을 처리한 것은 잘못이라고 항의했다. 하지만 문정왕후는 코웃음을 쳤다.

"시종과 대간이 모두 바른말을 못 하는데 밀지를 내리지 않고 앉아서 죽었어야 한다는 것이오? 통탄을 금할 수 없소."

문정왕후는 1545년(명종 즉위년) 윤임에게 명종이 아닌 다른 왕족을 옹립하고자 했다는 누명을 씌워 죽여버렸다. 이때 또 윤임의 편에 있던 사림들이 대거 축출되었는데, 이를 가리켜 을사사화乙巳士禍라고 한다.

1547년(명종 2년) 양재역에 벽서가 하나 붙었는데, 여주女主가 정권을 잡고 간신들이 설친다는 내용이었다. 명백히 문정왕후를 겨냥한 벽서였다. 문정왕후는 대로했고, 대윤과 사림 중에 눈에 거슬린 자들은 모두 이때 축출해 버렸다. 이렇게 하여 문정왕후 독재의 기틀이 마련되었다.

문정왕후는 조선 건국 이래 금기로 되어 있던 한 가지 사업을 벌였다. 바로 불교의 진흥이었다. 조선 왕실은 불교를 많이들 믿었지만 그렇다고 해도 불교를 내놓고 진흥하지는 못했다. 하지만 문정왕후는 그 일을 해버렸다.

성종 때 도첩제度牒制(승려가 되려는 자에게 일정한 대가를 받고 허가증을 내주는 제도)를 폐지했고, 연산군 때는 승과僧科(고려·조선시대에 승려들이 보던 과거 시험)를 폐지했다. 이 두 가지를 문정왕후가 부활시킨 것이다. 또한 내수사에서 절을 관리하게 하여 절을 조정 관할하에 두었다. 이때 승과에서 장원을 하며 이름을 날린 사람이 후일 임진왜란 때 활약한 사명당四溟堂(1544~1610)이다.

문정왕후는 1553년(명종 8년)에 수렴청정을 거두었다. 이때 명종의 나이 스물로 홀로 국정을 볼 수 있는 나이가 되었던 것이다. 물론 대비로서의 영향력은 죽을 때까지 가지고 있었다. 그 때문에 문정왕후 때 기세등등했던 보우 국사는 그녀가 죽은 후 제주도로 유배되

백운동 소수서원의 전경
백운동 서원은 명종 5년(1550년) 왕에게서 '소수서원紹修書院'이라는 현판을 하사받아 '소수서원'으로 명칭이 변경되었다. 조선 최초로 왕에게서 이름과 현판을 받은 서원이었다.

었다가 참수형에 처해졌다. 승과와 도첩제도 폐지되었다.

문정왕후는 1565년(명종 20년)에 죽었다. 드디어 어머니의 그늘에서 벗어난 듯했던 명종은 2년 후 서른넷의 젊은 나이로 후사 없이 죽고 말았다.

1543년(중종 38년) 풍기 군수 주세붕周世鵬(1495〜1554)은 고려 때 성리학을 들여온 안향의 옛집인 백운동(지금의 경상북도 영주시 순흥면)에 서원을 세웠다. 안향의 사당을 세운 뒤에 유생들이 공부할 수 있는 건물을 지은 것이다. 이 백운동 서원이 조선 최초의 서원이었다. 이후 서원은 대표적인 교육 기관으로 자리 잡게 된다.

천인에서
정1품 정경부인까지

정난정은 노비 출신에서 정경부인까지 출세했는데, 그녀와 같은 시대를
산 사람 중에 백정 출신으로 조선을 떠들썩하게 만든 이가 있었다. 홍길동,
장길산과 더불어 조선 3대 도적이라 불리는 임꺽정이다. 임꺽정이
발호한 원인에는 외척 윤원형과 같은 탐관오리들의 권력 남용이 있었다.

드라마의 단골 주역, 정난정

정난정은 조선 전기의 탁월한 무장이었던 정윤겸의 서녀
였다. 어머니 남씨는 관비였다고 한다. 조선의 법에 따라 그녀의 신
분도 어머니를 따라 천인이었으며, 『조선왕조실록』의 기록을 보면
기생이라는 이야기도 나온다. 남씨 소생은 2남 3녀였는데 딸들은
모두 양반가에 첩으로 들어갔다. 정난정은 그중 막내였다.

그녀가 문정왕후의 동생 윤원형과 언제 만났는지 정확한 기록은
없다. 대략 윤원형이 마흔에서 마흔다섯이었을 때 사이에 만나서 첩
으로 들어간 듯하다.

당연한 이야기지만 윤원형에게는 정실부인이 있었다. 정실부인
은 연산 현감 김안수의 딸이었는데, 김안수는 중종 때 권신 김안로
의 사촌이었다. 김안로는 문정왕후를 제거하려고 했고 당연히 윤원
형과 극한 대립을 하게 되었다. 승자는 윤원형이었다. 김안로는 사
약을 받고 죽었다. 남편 때문에 친정 집안이 몰락했으니 윤원형과

부인 사이가 원만했을 리는 없었을 것이다.

　윤원형은 이때부터 첩실을 두기 시작했고, 마흔에는 첩실이 많아서 문제가 생길 지경이었다. 그리고 그 첩실 중에 두각을 드러낸 이가 바로 정난정이었다.

　정난정은 본가와는 그다지 사이가 좋지 않았다. 그녀와 사이가 좋은 사람은 사촌이었던 정준뿐이었고, 본가의 적손인 정종영과도 사이가 나빴으며 친자매 간이었던 신거관의 첩과도 사이가 나빴다. 정종영과 신거관은 윤원형과 대립하였고, 신거관은 이 때문에 유배까지 갔었다. 정난정은 정종영을 죽여버릴 생각을 했지만 어머니 남씨가 애써 말려서 무사할 수 있었다.

　"네가 종손을 해친다면 내가 죽어서 보상할 수밖에 없다."

　사실 양반집의 서녀가 기생이 되는 경우는 흔한 일은 아니었을 것이다. 서녀라 해도 딸인데 양반 가문에서 굳이 기생을 만들고 싶을 리가 없었을 것이다. 다른 종을 보내서 기적에서 빼내는 방법이 있었기 때문에 집안에서 정난정을 챙겨주었다면 기생이 될 이유는 없었다.

　정난정은 이 때문에 자기 자식들에게 큰 애정을 쏟았다. 자신과 같은 처지로 만들지 않으리라는 굳은 결심이 있었던 것이다.

　정난정은 문정왕후와 찰떡궁합이 되어 궁정의 내부 소식을 알아냈고, 윤원형은 이에 기반해서 을사사화를 일으켰다. 윤원형은 궁궐의 환관들을 매수해서 궁정 내의 일을 사소한 것까지 다 체크하고 있었다. 그는 심지어 친형인 윤원로까지 제거해서 명실상부한 조정의 일인자가 되었다.

정난정은 우선 찬밥 신세가 된 정실부인을 몰아내고 자신이 그 자리를 차지하고자 했다. 윤원형도 이미 쓸모도 없고 애정도 없으며 자식도 없는 정실에게는 아무 미련이 없었다. 하지만 사대부 집안의 혼인은 쉬운 일이 아니어서 우선은 국왕에게 고해야 할 필요가 있었다.

물론 이때 국왕 명종은 이름만 왕일 뿐, 국정은 어머니인 문정왕후의 수렴청정으로 이루어지고 있었다. 그러니 정실 김씨를 그 자리에서 끌어내리는 것은 일도 아니었다.

정난정은 그 후에 정실부인의 하녀들을 모두 자기 편으로 끌어들이고 정실부인에게는 밥도 주지 않았다. 정실부인이 배고픔을 하소연하자 그때 하녀 구슬이에게 밥을 가져다주게 했는데 그 안에 독을 넣어서 부인을 죽여버렸다. 하지만 이때는 이미 윤원형의 권세가 온 조정을 덮고 있던 때라 누구도 이의를 제기하지 못했다.

그녀는 드디어 꿈에 그리던 정경부인의 자리에 올랐다. 문정왕후는 을사사화에서 세운 큰 공을 기려 정난정의 자식들도 모두 벼슬에 나갈 수 있게 해주었다. 조선의 국법상 서자는 관직에 나갈 수 없게 되어 있었으므로 이 특혜를 놓고 말이 안 나올 수 없는 노릇이었다.

윤원형은 여기서 한 걸음 더 나아갔다. 서얼허통법庶孽許通法을 내놓아 관철시킨 것이다. '허통許通'이라는 것은 관직에 나가게 한다는 뜻으로 서자庶子(평민 첩의 자식)와 얼자孽子(천민 첩의 자식)가 관직에 나갈 수 있게 만든 것이다. 서얼은 이미 1415년(태종 15년)에 현관, 즉 실제 문무관의 직에는 기용할 수 없게 규정되었다. 『경국대전』에도 서얼은 과거 응시를 못 하게 되어 있다. 똑같은 사람인데 어머니의 신분에 따라 차별을 둔 이런 제도는 조선시대 내내 문젯거리였다. 〈홍길동전〉에 담긴 문제의식도 바로 이 서자 차별에서 시작된다.

서자가 관직에 나갈 수 없는 제도는 중국에는 없고 조선에만 있던 괴상한 법이었다. 따라서 선비들도 대놓고 서얼허통법에 반대할 수가 없었는데, 하필 이 법을 윤원형의 사적인 이익 때문에 만들었기 때문에 그 점이 공격 대상이 되었다. 그 때문에 윤원형 몰락 후에 다시 원점으로 돌아가고 말았다.

정난정은 자식들의 신분을 높이는 데 성공했고 딸들을 양반 가문에 시집을 보냈다. 사위들도 적극적으로 지원했다. 윤원형과 정난정의 권세는 엄청나서 한양에 10여 채의 커다란 집을 가지고 있었으며 집안에는 보화가 가득했다. 의복과 수레 등은 국왕처럼 화려했으며 전국에 사유지가 널려 있었다.

정난정의 몰락

윤원형의 권세는 사실 문정왕후라는 왕실의 힘에 기대고 있었기에 문정왕후가 죽자 바로 허물어지고 말았다. 윤원형은 관직을 삭탈당하고 시골로 내려가 은거해야 했다. 권력의 무상함을 알고 있기 때문에 이제 더 큰 처벌이 내려올 것이 분명하다고 생각했다.

실제로 조정에서는 정난정의 정실부인 지위를 박탈해야 한다는 상소가 올라왔고, 죽은 김씨 부인의 집에서는 정난정을 독살 혐의로 고발하기에 이르렀다. 하지만 명종은 외삼촌을 비호하고 있어서 모든 상소를 물리치고 있었다.

이런 사실을 모르고 있던 정난정은

"사세가 여기에 이르렀으니 반드시 나를 잡으러 올 것이다. 나는 결코 잡혀 가지 않겠다."

라고 다짐했다. 그래서 늘 품에 독약을 품고 있었다.

마침 다른 이를 잡아가던 금부도사가 그 마을을 지나쳤다. 집안의 종이 그것을 보고 윤원형 부부를 잡으러 온 줄 알고 집으로 달려가,

"금부도사가 옵니다."

라고 고하고 말았다.

윤원형은 넋이 나가 엉엉 통곡을 하는데, 정난정은 단호하게 말을 내뱉었다.

"남에게 고초를 겪느니 스스로 죽는 것이 낫다."

정난정은 단숨에 독약을 삼키고 죽었다. 정난정의 죽음에 충격을 받았는지 윤원형도 그로부터 불과 닷새 후에 숨을 거두고 말았다. 윤원형은 그녀를 정말 사랑한 것 같지만 정난정도 그랬는지는 의문이다.

정난정은 등에 종기가 났을 때 송윤덕이라는 의원을 부른 적이 있었다. 송윤덕은 가는 침으로 종기를 터뜨린 뒤 입으로 고름을 빨아냈다. 그런데 그가 입을 댄 곳이 종기만이 아니었던 모양이었다. 장안에 추문이 파다했는데 윤원형은 그걸 모르고 송윤덕을 아내의 병을 치료한 고마운 의원으로 알고 아들처럼 대했다고 한다.

장애인 부인을 얻은
스승과 제자

요즘은 현금 쓸 일이 많지 않아서 예전처럼 자주 보지는 못하는 천원 지폐의 주인공, 퇴계 이황李滉(1501~1570).

퇴계 이황은 두 번 결혼했는데 두 부인이 모두 아이를 낳고 산후병으로 죽었다. 그는 늘 아내를 공경해야 한다고 말했다. 손자가 혼인했을 때도 이를 당부한 바 있다.

"세상 사람들은 부부의 예와 서로 공경할 도리는 모두 잊어버리고 너무 지나치게 친근하게 지내다가 마침내 업신여기고 거만해지며 능멸해 버린다. 이것은 모두 서로 손님을 대하듯 존경하지 않기 때문이다."

이황은 21세에 첫 결혼을 했는데 부인 허씨와 서로 존댓말을 쓰며 공경하였다. 그가 27세일 때 허씨가 둘째 아들을 낳고 한 달 만에 세상을 떠났으나 그 후에도 늘 처가와 장모를 잘 모셨다. 그 후 30세에 안동 권씨와 재혼했다.

권씨는 연산군 때 갑자사화로 사약을 받은 권주(1457~1505)의 손녀였다. 권주의 부인은 사걸했고, 아들 권질(1483~1545)은 거제도로 귀양을 갔다. 중종반정으로 가문이 다시 살아나나 싶었으나 기묘사화에 연루되어 권씨의 숙부 권전(1490~1521)은 곤장을 맞아 죽었으며 숙모는 관비로 끌려갔다. 권질도 예안으로 귀양을 갔다.

그 권질이 이황을 불러 자기 딸을 부탁한 것이다. 그런데 그 딸이 정신이 온전치 못했다. 하지만 이황은 의기 높은 권씨 가문의 딸을 맞이하는 것을 주저하지 않았다.

이황은 아내를 지극히 사랑하고 결코 소홀히 대하지 않았다. 한번은 이런 일이 있었다. 제사상을 차리던 중 배가 굴러떨어졌다. 그때 권씨가 그 배를 냉큼 집어서 치마 속에 감췄다. 그것을 본 형수가 권씨를 나무랐다.

"제사상에 떨어진 배를 감추다니! 어서 이리 내놓게."

야단치는 소리를 들은 이황이 얼른 달려와 형수에게 사과의 말을 올렸다.

"죄송합니다. 제가 잘 가르치지 못한 탓입니다. 할아버지께서 손자며느리를 귀여워하실 테니 화를 내지 않으실 겁니다."

그 말에 형수도 화를 풀었다. 제사가 끝나고 나서 이황이 아내에게 물었다.

"배를 왜 숨겼소?"

"머, 먹고 싶어서…."

"알았소."

이황은 배를 가져와 직접 깎아서 아내에게 내주었다.

권씨가 이황의 두루마기를 직접 다림질하다가 태워먹은 일이 있었다. 권씨는 탄 부분에 빨간색 천을 대어 기워놓았다. 이황이 외출하려고 보니 옷이 그 모양이었다. 하지만 이황은 아무 내색 없이 빨간색 천으로 덧댄 두루마기를 입고 집을 나섰다. 빨간 천이 예법에 맞느냐는 질문도 받았지만 이황은 언짢은 내색을 하지 않았다.

"붉은색은 잡귀를 쫓고 복을 부르는 색으로 아내가 좋은 일이 생기라고 해준 것일세. 이상하게 생각하지 말게."

이황은 권씨와 17년을 함께 살았다. 권씨가 세상을 떠나자 이황은 두 아들에게 생모와 똑같은 예로 장례를 치르게 했다. 이황도 아내의 무덤 건너편에 암자를 짓고 그곳에서 1년 넘게 생활했다.

이황은 사람 그 자체를 중시하고 장애는 신경 쓰지 않았는데 이황의 제자 서해徐嶰(1537~1559)에게 전해오는 일화도 그런 점을 보여준다.

서해의 아내는 고성 이씨였는데 시각장애인이었다. 그녀는 청풍 군수 이고의 무남독녀였다. 하녀가 실수로 가져온 부자(독초)를 끓인 물로 세수를 하는 바람에 두 눈이 멀고 말았다.

가슴에 큰 한을 품은 이고는 훌륭한 청년을 딸의 배필로 삼으리라 결심했다. 이고는 이황을 찾아가 딸의 혼사 자리를 부탁했다. 사연을 들은 이황이 말했다.

"내 제자 중에 서해라고 있는데, 인품이 훌륭하여 선생의 따님과 혼인할 만합니다."

이렇게 해서 서해가 이씨와 혼인을 하게 되었는데, 서해는 첫날밤까지 아내가 시각장애인이라는 것을 몰랐다.

장애를 숨기고 결혼한 이씨는 첫날밤에 소박이라도 맞지 않을까 두려워하고 있었는데, 서해가 그녀의 손을 따뜻이 잡고 말했다.

"부인, 두려워하지 마시오. 부인의 현숙한 덕은 눈에 있는 것이 아니오."

서해는 눈먼 아내에게 밤새도록 자기 집안에 대해서 자세히 알려주

안동 소호헌
서해의 장인 이고가 서해에게 물려준 별당이다. 서해는 이 건물을 서재로 썼다.

고 어찌 대처할지 그 방법도 궁리해 주었다. 이씨는 감격의 눈물을 줄줄 흘렸다.

장인 이고는 사위에게 소호헌이라는 별당을 물려주었는데 이 건물은 보물 제475호로 지정되어 있다.

두 사람은 부부 금슬이 좋아서 곧 남자아이를 낳았는데, 뜻밖에도 서해가 그다음 해 운명을 달리하고 말았다. 아들 서성徐渻(1558~1631)은 열심히 공부하여 과거에 급제하고 임진왜란, 정묘호란 때 큰 공을 세워 정1품 벼슬까지 올라갔다. 요절한 아버지와는 달리 74세까지 장수했다.

서성의 호는 약봉인데, 한양 약현藥峴(서울 중구 중림동)에 살아서 붙은 호이다. 어머니 이씨가 '약산춘藥山春'이란 청주를 잘 빚어, 사람들 사이에 명주로 유명했다고 한다. 약산춘이라는 말에서 오늘날 쓰는 약주라는 말이 나온 것이라고도 한다. 전하는 말 중에는 이씨는 약주뿐만 아니라 약과, 약밥, 약포 등도 잘 만들어서 그걸로 생계를 이어갔다고도 한다. 서성의 6대손이 『임원경제지林園經濟志』를 쓴 서유구로, 그 책에 집안의 비법인 약산춘 빚는 법을 적어놓았다.

장애가 있는 아내를 진심으로 위했기 때문에 아내도 집안을 끝까지 잘 지켜나갈 수 있었을 것이다. 그 스승에 그 제자라 할 만하다.

1560년

선조 즉위 ──── 1567년 ●

● 1568년 ──── 네덜란드 독립 전쟁 발발

1570년 ● 1571년 ──── 신성동맹 함대, 레판토 해전에서 오스만 제국 격퇴

1580년

니탕개의 난 ──── 1583년 ●

● 1588년 ──── 영국이 스페인 무적함대 격파
● 1590년 ──── 도요토미 히데요시 일본 통일

임진왜란 발발 ──── 1592년 ● 1590년

● 1594년 ──── 셰익스피어, 〈로미오와 줄리엣〉 발표

정유재란 발발 ──── 1597년 ●
노량해전으로 임진왜란 종결 ──── 1598년 ● ● 1598년 ──── 프랑스 앙리 4세, 낭트 칙령 선포
1600년 ● 1600년 ──── 영국, 동인도회사 설립

광해군 즉위 ──── 1608년 ●
「동의보감」 완성 ──── 1610년 ●
1610년

영창대군 살해됨 ──── 1614년 ● ● 1613년 ──── 러시아 로마노프 왕조 성립

● 1616년 ──── 후금 건국, 갈릴레이, 종교재판을 받음
사르후 전투 ──── 1619년 ● ● 1618년 ──── 유럽에서 30년 전쟁 발발
인조반정 ──── 1623년 ● 1620년 ● 1620년 ──── 영국 청교도, 메이플라워호로 미국에 도착
이괄의 난 ──── 1624년 ●

정묘호란 ──── 1627년 ●

1630년 ● 1631년 ──── 명나라에 이자성의 난 일어남

병자호란 발발 ──── 1636년 ● ● 1636년 ──── 후금, 청으로 국호 변경, 미국, 하버드 대학 설립

1640년 ● 1642년 ──── 영국, 청교도 혁명 발발
● 1644년 ──── 명나라 멸망

● 1648년 ──── 베스트팔렌 조약으로 30년 전쟁 종결
효종 즉위 ──── 1649년 ● ● 1649년 ──── 영국, 찰스 1세 처형됨
1650년

하멜, 조선에 표류함 ──── 1653년 ●
제1차 흑룡강 원정 ──── 1654년 ●

제2차 흑룡강 원정 ──── 1658년 ●

1660년

1670년 ● 1670년 ──── 러시아, 스텐카 라진의 반란 발발

제**3**장

전란의 시대

조선은 평화로웠다. 선조의 즉위 이후에 붕당이 등장해서 권력 다툼은 격화되었지만 왕조가 위협받을 일은 없었다. 북방에서 벌어진 여진족의 준동도 성공적으로 진압되었다. 이이 같은 유능한 신하의 등장으로 내부적인 문제들의 해결점도 찾아가고 있었다. 이때, 예측할 수 없는 충격이 외부에서 찾아왔다. 일본의 대규모 침공이 벌어진 것이다.

일본이 왜 전쟁을 일으켰는가에 대해서는 여러 가지 설이 있다. 그동안 일본은 내전 중이었는데 도요토미 히데요시에 의해 통일되었다. 도요토미는 국내의 혼란을 잠재우기 위해 전쟁을 일으켰다고도 하고, 세계 정복의 망상에 사로잡혀 전쟁을 일으켰다고도 한다. 어찌 되었건 한 개인의 망상에 의해 수없이 많은 사람들이 전쟁에서 죽게 되었던 것이다.

세계 정복을 위해 일으킨 전쟁은 조선 점령에도 실패하면서 난관에 부딪쳤고, 도요토미는 조선의 분할 통치를 원하는 것으로 방향을 바꾸었다.

일본이 조선 점령에 실패한 것은, 해상에서 이순신 함대에 패배하고 전국 각지에서 일어난 의병의 항전, 명군의 참전으로 밀렸기 때문이었다. 의병은 지역 양반들에 의해서 주도되었는데, 관군과 협력 또는 재편되어 일본군과 싸워나갔다. 선조는 나라를 버리고 요동으로 도망칠 생각까지 했지만 백성들은 끝까지 외적과의 싸움을 멈추지 않았다. 명과 일본의 휴전 협상이 진행되면서 전쟁은 소강상태에 빠졌다가 협상 결렬로 재개되었다. 조선이 막대한 피해를 입은 끝에 이 어처구니없는 전쟁은 도요토미의 죽음으로 끝났다.

조선 전기 내내 쌓아왔던 경제는 이 전쟁으로 거의 다 무너져내렸고 조선은 길고 어려운 재건의 길을 걸어가야 했다. 전란의 여파는 북방에서 뜻밖의 형태로 나타났다. 조선이 오랫동안 제어해 왔던 여진족에 누르하치라는 새 지도자가 등장하면서 명과 조선의 약화를 틈타 세력을 확장했다.

여진족은 국가를 건설하고 조선을 침공했다. 여진족의 나라 청은 이 전쟁을 통해 군비를 확충하는 데 성공했다. 임진왜란을 극복했던 조선도 연이어 벌어진 외적의 침입으로 무릎을 꿇고 말았다. 청은 명나라마저 무너뜨리고 동아시아의 새로운 패자로 등극했다.

붕당의
발생

식민사관에 당파론이라는 것이 있다. 한국 사람들은 분열적인 민족성을 가지고 있어서 조선은 당쟁으로 멸망했다는 주장이다. 그러나 조선의 붕당들은 명분과 의리를 중시했다는 점을 생각해야 한다. 권력 투쟁 와중에도 명분과 의리가 중요했다. 같은 당파라고 해도 생각이 늘 같지는 않았다. 그 때문에 중요 사안에 부딪치면 당파가 여러 갈래로 갈라지는 일이 발생했던 것이다.

동인, 서인의 등장

명종은 후사가 없었다. 그 때문에 명종이 승하하자 왕실에서는 중종의 서자인 덕흥군의 3남 하성군을 새 왕으로 지명했다. 그가 조선의 14대 국왕 선조다. 선조는 열여섯에 즉위(1567년)했는데, 대비인 인순왕후(명종의 왕비)는 반년 만에 수렴청정을 거두었다. 그렇게 열일곱의 새 임금이 조선을 다스리게 되었다.

문정왕후가 죽고 강대한 세력을 형성했던 외척 윤원형도 처단되었다. 조선은 새 판에서 새롭게 시작할 기반이 마련된 상태였다. 이 새 기반을 차지한 사람들은 사림이었다. 사림 중 두각을 나타낸 사람들은 퇴계 이황, 남명 조식曺植(1501~1572), 화담 서경덕徐敬德(1489~1546), 율곡 이이였고 이 중 이이는 선조 초반을 대표하는 학자이자 관리였다.

1574년(선조 7년)에 이조정랑 자리에 김효원金孝元(1542~1590)이 천거되었다. 그는 장원급제 출신의 수재로 사림의 촉망을 받고 있었다. 그런데 김효원의 임명에 대해 선조의 외척인 심의겸沈義謙 (1535~1587)이 반대했다. 김효원이 윤원형과 가까웠다는 이유였다.

그럼에도 김효원은 이조정랑이 되었다. 다음 해 이조정랑에 심의 겸의 동생 심충겸沈忠謙(1545~1594)이 천거되자 김효원이 반대했다. 외척을 요직에 올릴 수 없다는 이유를 댔지만 심의겸이 자신이 이 조정랑에 임명되는 것을 반대한 것에 대한 보복이었다. 결국 심충겸 은 이조정랑에 오르지 못했다.

심의겸을 따르는 사람들은 그의 집이 도성 서쪽에 있다 하여 '서 인西人', 김효원을 지지하는 사람들은 그의 집이 동쪽에 있다 하여 '동인東人'이라 하였다. 동서 붕당은 이렇게 시작되었다.

이것은 이전에 있었던 외척 대 사림의 대결과는 다른 것이었다. 서인에는 기대승奇大升(1527~1572)의 제자 송강 정철鄭澈(1536~1593), 이황의 제자 윤두수尹斗壽(1533~1601) 등이 속했고, 동인에는 서경덕 의 제자 허엽許曄(1517~1580), 이황의 제자 유성룡柳成龍(1542~1607), 조식의 제자 정인홍鄭仁弘(1535~1623) 등이 있었다. 보다시피 어떤 학 맥에 따라 나뉜 것은 아니었다. 하지만 이후에 시간이 흐르면서 자 연스럽게 가문과 학맥에 따라 당파가 형성되게 되었다.

당쟁을 격화시킨 정여립의 모반

이이는 정철과 친했지만 당색을 따르지 않고 중립을 지키고자 노 력했다. 덕분에 양쪽에서 비난을 받았다. 이이는 동분서주하며 국가 정책을 혁신하고자 했으나 동서 양당에서 비난받은 끝에 결국 자리 에서 물러났고 49세의 나이에 세상을 떠났다. 동서 양당을 중재하려던 이이가 사라지자 정쟁은 더욱 격화되었다. 더욱 흥미로운 점은 살아 있을 때 중립을 지켰던 이이가 죽은 뒤에는 서인의 영수로 변모하고 말았다는 점이다.

정철은 1585년(선조 18년)에 대사헌 자리를 내놓고 낙향했다. 이때 한글 가사 문학의 최고봉이라 하는 〈사미인곡思美人曲〉, 〈속미인곡續美人曲〉 등을 썼다. 〈사미인곡〉은 미인을 생각한다는 뜻인데, 예쁜 여자를 생각한다는 말이 아니라 임금을 그리워한다는 뜻이다. 여기서 미인은 임금을 가리키는 말이다.

1589년(선조 22년)에 동인인 정여립鄭汝立(1546~1589)이 모반을 꾀했다는 첩보가 올라왔다. 정여립은 자살해서 체포되지 않았다. 정여립은 이이의 제자였으나 서인이 아니라 동인에 가담했고, 이이를 비방하는 데 앞장서서 이이의 제자들에게 공분을 샀던 사람이었다.

당시 권력은 동인이 잡고 있었는데, 동인인 정여립의 역모 사건이 일어난 것이 서인에게는 호재로 작동했다. 그동안의 원한을 풀듯이 정철은 동인을 마구잡이로 잡아들였다. 추국은 살벌하게 진행되었다. 노인과 어린이는 죽이지 않는 기존의 룰에서 벗어나 82세의 노모, 11세, 5세의 어린아이까지 모두 죽임을 당했다. 추국 과정에서 곤장을 맞다가 죽은 사람들도 있었고, 심지어 추국관 중에는 눈병 때문에 눈물이 나왔다가 역적을 동정한 것이라고 모함을 받아 곤장을 맞다가 죽은 일까지 있었다. 이 사건을 '기축옥사己丑獄事'라고 부른다. 실질적으로 기존의 사화와 다를 바가 없었다.

정여립이 정말 모반을 하려고 한 것인지, 그의 행동을 과잉 해석하고 모반으로 몰고 간 것인지에 대해서는 학자마다 의견이 다르지만 어쨌든 정철이 과잉 대응했다는 점에는 모두 동의하고 있다.

정철의 등 뒤에는 선조가 있었다. 조선의 국왕들은 언제나 신하들의 세력을 조종해서 힘의 균형을 찾으려 했는데, 그 결과는 늘 폭력적이었다.

정철 역시 얼마 가지 않아서 선조에게 내쳐졌다. 광해군光海君을 세자로 세우자는 의논을 하는 바람에 선조의 노여움을 샀던 것이다. 1591년(선조 24년) 6월 정철은 진주로 유배되었다. 그러자 정철을 죽여야 한다고 이를 가는 사람들이 생겨났다. 이들을 '북인北人'이라 부른다. 반면에 이 정도에서 서로 원한을 삭여야 한다고 생각한 사람들이 있었는데, 그들을 '남인南人'이라고 부른다. 당연히 북인은 정철로 인해 큰 피해를 본 사람들이었고, 남인은 별반 피해가 없었던 사람들이었다. 북인 중에는 조식의 제자들이 많았고, 남인 중에는 이황의 제자들이 많았다.

다가오는 전쟁의 위협

조선이 내부에서 이렇게 권력 다툼을 하고 있을 때 남쪽에서는 전쟁의 위협이 일어나고 있었다. 오랜 전란을 수습한 일본의 실권자 도요토미 히데요시豊臣秀吉(1536?~1598)가 침공을 준비하고 있었던 것이다.

조선에서는 일본의 진의를 알기 위해 통신사通信使를 파견하기로 했다. 통신사란 조선에서 일본 막부의 수장에게 파견하는 사신을 가리키는 말이다.

정사에는 서인 황윤길黃允吉(1536~?), 부사에는 동인 김성일金誠

—(1538~1593), 허성許筬(1548~1612)이 임명되었다. 김성일과 허성은 모두 남인의 주요 인물이 된다. 허성은 동인의 영수였던 허엽의 아들이다. 그의 이복형제로 시인으로 유명한 허난설헌許蘭雪軒(1563~1589), 문장가로 유명한 허균許筠(1569~1618) 등이 있다.

이들은 일본에 가서 도요토미 히데요시를 직접 만났는데, 그에 대한 평가가 엇갈렸다. 황윤길은 전쟁 위험을 경고했지만, 김성일은 그럴 리가 없다고 보고한 것이다. 허성은 김성일과 같은 동인이었지만 전쟁이 일어날 위험이 있다고 보고했다. 김성일은 후일 유성룡에게 전쟁이 난다고 하면 민심이 동요할 것을 우려해서 전쟁 위험이 없다고 보고했다고 말했다.

김성일은 전쟁이 벌어지자 책임을 물어 파직되었으나, 유성룡이 경상도에 그를 써야 한다고 주장해서 경상도 초유사가 되었다. 그는 의병들과 연합하여 일본군과 싸웠다. 홍의장군 곽재우郭再祐(1552~1617)를 지원하고 김시민金時敏(1554~1592)을 진주 목사에 임명하는 등 경상도에서 그의 활약이 컸다.

『조선왕조실록』 중 『선조실록』은 두 개가 있다. 하나는 『선조실록』이고 다른 하나는 『선조수정실록』이다. 『선조실록』은 광해군 때 완성했다. 이때 집권한 당파는 북인이어서 북인의 시각으로 정리된 부분이 많다는 이유로 인조 때부터 서인들에 의해서 『선조실록』의 보완 작업이 들어갔다. 『선조수정실록』은 1년을 한 권으로 정리하여 만들어졌다. 모든 사실을 완전히 새롭게 쓴 것이 아니라 잘못된 부분만을 고친다고 한 것이지만 이 역시 공정하지 않을 수 있기 때문에 이 두 실록은 모두 참고해서 살펴봐야 한다. 『조선왕조실록』이 대단한 점은 기존의 기록을 잘못되었다는 이유로 없애버리거나 하지 않고 그대로 남겨둠으로써 후세의 판단을 기다렸다는 점에 있다. 이후에도 이런 원칙하에 『현종개수실록』, 『경종수정실록』이 만들어졌다.

태산이
높다 하되

'태산이 높다 하되 하늘 아래 뫼이로다'라는 시조를 쓴 사람은 양사 언楊士彦(1517~1584)이다. 그는 조선의 명필로 안평대군, 한석봉 등과 어 깨를 나란히 한다.

이 양사언의 어머니는 조선시대 야담집의 단골 소재였다. 양사언의 아버지가 변방에서 만난 평민의 딸이 소실로 들어와서 양사언 형제를 낳았고, 집안을 아주 잘 다스리려 칭송을 받았다는 것인데, 이 여자의 후반부 이야기가 서로 다르다. 양사언을 임금님의 눈에 띄게 만들어서 출세의 발판을 만들었다는 이야기도 있고, 남편이 죽은 뒤 자결하였다 는 이야기도 있다. 자결한 이유도 두 가지가 있다. 하나는 적자들에게 따로 삼년상 치르는 폐를 안 끼치게 한다는 것이다. 다른 하나는 자기 자식들을 적자로 올려달라고 부탁하고 죽었다는 것이다.

양사언은 과거에 합격한 후 40년을 관직 생활을 했는데, 양사언이 서자라면 불가능한 이야기인 셈이었다. 앞서 송익필과 같은 경우도 있 으니, 그의 어머니가 정실부인이 아니라 소실이었는지는 상당히 중요 할 수 있다.

영·정조 시절이 되면 양사언이 서자 출신이었다는 게 공공연히 이 야기되어서 『조선왕조실록』에도 그러한 내용이 실려 있다. 뛰어난 재주에도 한미한 관직밖에 못 지냈다고 나오는데, 그는 내내 지방 사또를 역임했으니 그럴 수도 있겠다. 그런데 정조 때가 되면 아예 초야에 묻혀 있었다고 처지가 더 하락한다.

양사언의 이런 이상한 출신 성분에 대한 연구가 여럿 있는데, 관심 사항은 그의 어머니가 자살로 신분 세탁을 시도한 것이 사실인가 하는 부분에 맞춰져 있다.

양사언 이야기를 가장 먼저 전하는 『무송소설撫松小說』(1676?)에서도 양사언의 모친이 자살하는 것으로 나온다. 이때 자살의 이유가 삼년상 핑계이다. 이미 양사언의 부친이 죽을 때 적자들이 서자들을 적자처럼 대우할 것이라 부친에게 말한 것으로 적혀 있다.

아마도 양사언의 모친이 남편이 죽자 따라 죽은 것은 사실인 것 같다. 그 이유는 여러 가지였을 수 있을 텐데, 아들을 관직에 나갈 수 있게 해주기 위한 것으로 몰아갔다가 후일에 그건 너무 잔혹하다는 인식이 생겨 아들의 출세를 위한 지혜로운 어머니의 이야기로 이야기가 바뀐 것이 아닐까 한다.

이런 양사언의 내력을 알면, 그의 시조 〈태산이 높다 하되〉가 새롭게 읽힌다. 양사언은 서자였으나 관직에 나갔고 비록 지방 수령에 그치기는 했으나 오랫동안 역임하고 은퇴했다. 양사언과 그 어머니는 정말 조선의 서얼 차별이라는 극복할 수 없는 태산을 오르고자 노력한 인물이라고 할 수 있겠다.

이순신은
어떻게 발탁되었는가?

1587년(선조 20년) 9월 함경도 두만강에 있는 녹둔도에 여진족이 쳐들어와 백성과 병사 160여 명을 잡아가는 일이 벌어졌다. 이때 경흥 부사 이경록과 조산 만호 이순신이 여진족을 쫓아가 세 명을 참살하고 조선인 50여 명을 구출해 왔다. 그러나 북병사 이일이 이순신에게 패전의 책임을 떠넘겨 이순신은 처형당할 뻔했다. 다음 해 1월에 이일은 쳐들어왔던 여진 부락을 급습했는데, 이때 이순신은 여진족 추장을 사로잡는 공을 세워 복직할 수 있었다.

조선의 전쟁 준비

도요토미 히데요시는 1587년 규슈를 정벌함으로써 일본 전국 통일을 마무리하고 명실상부한 일본의 지배자가 되었다. 그는 조선 국왕의 입조를 원했다. 물론 이루어질 수 없는 꿈이었는데, 그는 쓰시마주를 부려 그런 요구를 조선에 알리게 했다. 입장이 난처했던 쓰시마주는 통신사 파견을 위해 노력했다. 그는 조선 정부의 요구 사항을 다 들어줘서 결국 통신사 파견을 승낙받는다.

이순신 영정

경상남도 통영시 한산도 제승당에 있는 영정으로, 1978년 정형모가 그린 것이다. 구군복 차림을 하고 있다. 실제 얼굴을 묘사한 것이 아닌 상상화다.

도요토미 히데요시의 초상
일본 조정 최고의 관직인 관백으로
재임할 때의 모습을 그린 초상이다.

그동안에도 위기의 순간들이 있었다. 1588년 한 해 동안 조선 왕이 입조할 거라고 생각했던 도요토미 히데요시는 1589년 3월에 대로하여 쓰시마주에게 최후통첩을 보내라고 방방 뛰기도 했다.

조선도 일본의 분위기가 심상치 않다는 것을 아주 모른 것은 아니었다. 이 때문에 능력 있는 장수들을 주로 남쪽 지방에 배치하게 되었다. 조선통신사는 1590년 3월 6일에 서울을 떠났는데, 그 전인 1590년 1월에 비변사는 무신들의 불차채용不次採用(등용된 순서나 서열을 뛰어넘어 벼슬을 줌)을 행했다.

이순신李舜臣(1545~1598)은 바로 이때 천거되었다. 이순신을 천거한 사람은 두 명이었다. 북인의 영수 이산해李山海(1539~1609)와 우의정 정언신鄭彦信(1527~1591)으로 정언신은 함경도 관찰사로 있을 때 이순신의 능력을 본 적이 있었다. 이산해의 천거 배경에는 이순신의 후견인인 유성룡이 있었다. 유성룡은 저서 『징비록懲毖錄』에서 이순신을 추천한 사람이 자신이라는 것을 밝혀두었다.

이때 이순신과 함께 천거된 이들은 정말 능력이 출중한 사람들이었다. 손인갑孫仁甲(?~1592)은 가덕진 첨절제사로 승진하였다. 그는 임진왜란이 벌어지자 정인홍이 일으킨 의병에 합류하여 무계(지금의 경남 고령군 성산면)에서 일본군을 격파하고 초계(경남 합천) 마진 전투에서 크게 승리했으나 그 자신은 전사했다. 박진朴晋(1560~1597)은 밀양 부사가 되었다가 임진왜란 때 경상좌도 병마절도사로 승진하고 경주성 탈환 작전을 성공시켰다. 조선에 첫 발을 내디딘 적을 만나 적의 간담을 서늘케 했던 부산 첨사 정발鄭撥(1553~1592)도 이때 천거된 인물이며, 행주산성에서 권율權慄(1537~1599)과 같이 싸웠던 수원 부사 조경趙儆(1541~1609)도 천거 명단에 들어 있다. 금산 전투에서 전사한 변응정邊應井(1557~1592)도 이때 천거되어 해남 현감이 되었다.

비변사는 7월에 또 남쪽 지방을 담당할 병사와 수사 명단을 올렸다. 이순신은 이 명단에 없었다. 이 명단에는 신할申硈(1548~1592)이 있었다. 신할은 경상 좌수사에 임명되었다. 신할은 임진왜란 때 임진강 방어를 맡고 있다가 무모하게 강을 건너 적을 공격했다 전사한 사람이다. 도강할 때 신할을 극구 말린 인물이 유극량劉克良(?~1592)이었다. 유극량은 적의 함정임을 간파하고 신할을 말렸지만 신할은 유극량이 적을 무서워하는 줄 알고 칼을 들이밀었다. 결국 그는 신할을 따라 출전해서 적과 장렬히 싸우다 전사했다. 유극량은 이순신의 전임자였다. 유극량은 천인 출신으로 정3품의 전라 좌수사까지 올라간 입지전적인 인물이었다. 실록에는 그가 유능한 군인이라는 이야기가 몇 번이나 나온다.

이순신을 지명한 선조

선조는 명단에 없던 이순신을 거론했다.

"이경록李慶祿(1543~1599), 이순신 등도 채용하려 하니, 아울러 참작해서 의계議啓(왕이 명령한 일을 신하들이 의논한 뒤 아룀)하라."

같이 지목된 이경록은 누구인가? 이경록은 이순신이 녹둔도에 침입한 여진족을 물리칠 때 함께 싸웠던 전우였다. 이순신과 이경록을 같이 거론한 것으로 보아 선조는 이 사건에 매우 관심이 깊었던 것이 틀림없다. 이경록은 의병장 김천일과 같이 임진왜란 동안 많은 공을 세웠다. 이 추천으로 이경록은 나주 목사로 나가게 된다.

선조는 이순신을 니탕개의 난(1583) 때 알았다. 이순신은 기발한 계책으로 여진 추장을 생포하는 데 성공해서 선조에게 깊은 인상을 남겼다.

이순신은 파격적으로 거듭 승진했다. 얼마나 파격적이었는가 하면 전라 좌수사가 된 다음 사간원에서는 이순신의 관직을 여전히 현감인 것으로 알고 있었다. 이순신은 1591년 2월 1일에 전라 좌수사가 되는데, 바로 그 전날 유성룡에게 이조판서직이 내려진 것과 무관하지는 않은 것 같다. 유성룡은 이때 우의정이었는데 이조판서를 겸임하게 된다. 이조판서는 조정의 인사를 총괄하는 자리다.

사간원에서는 현감이었던 이순신이 좌수사가 되는 것은 불가하다고 간했다.

"전라 좌수사 이순신은 현감으로서 아직 부임하지도 않았는데 좌수사에 제수하시니, 인재가 모자란 탓이긴 하지만 관작의 남용이 이보다 심할 수 없습니다. 다른 이로 바꾸소서."

선조는 비상시국임을 인지하고 있었다.

"이순신의 일이 그러한 것은 나도 안다. 다만 지금은 예사 규정에 구애될 수 없다. 인재가 모자라 그렇게 하게 하지 않을 수 없었다. 그 사람이면 충분히 감당할 터이니 관작의 고하를 따질 필요가 없다. 다시 논하여 그의 마음을 동요시키지 말라."

그 뒤에도 다시 상소가 올라와 이순신과 이경록을 내치라고 하지만 선조는 완강하게 거부했다. 이로써 이순신의 지위는 안전하게 유지될 수 있었다. 말하자면 선조는 이순신을 능력 있는 장수로 인정하고 있었다. 또한 일본군의 침입이 있을 것도 예상하고 있었다.

많은 사람들이 상식으로 아는 것처럼 조선 정부가 아무 대비도 없이 임진왜란을 맞았던 것은 아니다. 엉성한 면이 많기는 해도 조선 정부도 대비를 하긴 했다. 그중 하나가 이순신의 발탁이었다.

역사라는 것은 실로 소설보다 더 드라마틱한 측면이 있다. 그런 면에서 이순신의 등장은 정말 기적 같은 일이었다.

> 야사에 따르면 유극량의 어머니는 조광조의 제자인 홍섬洪暹(1504~1585) 집의 노비로 이름은 옥대玉臺였다. 옥대는 옥잔을 깨뜨리고는 벌 받을 것이 두려워 도망쳐 나왔는데, 산에서 호랑이를 만나 정신을 잃었다. 호랑이는 그녀를 상처한 유 좌수의 집에 놓고 사라졌다. 옥대는 자신의 신분을 숨기고 유 좌수와 혼인하여 아들을 낳았으니, 그가 바로 유극량이었다. 유극량이 무과에 급제한 뒤, 옥대는 그가 벼슬을 할 수 없는 천인이라는 사실을 밝혔다. 그러자 유극량은 홍섬을 찾아가 자신이 도망 노비의 자식이라고 고백했다. 홍섬은 유극량의 기개에 감동하여 그를 양인으로 돌린다는 속량문권을 써주었다. 유극량은 이렇게 해서 무관으로 날개를 펼 수 있었다.

임진왜란은
어떤 전쟁인가?

1592년 4월, 일본의 일방적인 침략으로 일본과 조선은 전쟁에 돌입했다.
이 전쟁에 명나라가 참전하게 되면서 전쟁은 국제전이 되었다.
1593년 6월 제2차 진주성 전투 이후 전쟁은 소강상태에 들어갔고,
1597년 7월 정유재란이 발발해서 다시 시작된 전쟁은 1598년 8월
도요토미 히데요시가 사망하고 11월에 노량해전에서 일본군이 철수하는 것을
요격하면서 끝났다. 실제 양국의 군대가 충돌한 시기는 대체로 2년 정도였다.

예수회 선교사의 기록

일본은 일찌감치 기독교가 전파되었는데, 주로 가톨릭의
수도회 중 하나인 예수회 신부들이 일본에 들어갔다. 포르투갈 출
신의 예수회 선교사 루이스 프로이스Luis Frois(1532~1597)는 1563년
일본에 들어가 30여 년간 포교 활동을 했다. 그가 쓴 『일본사Historia
de Iapam』에는 임진왜란 직전의 일본 상황을 알 수 있는 자료가 많이
있다.

프로이스에 따르면 도요토미 히데요시는 중국 정벌을 이렇게 생
각했다.

"지금 나는 일본 전국의 유일한 군주이며 중국을 정복하는 일 이
외에는 내가 할 만한 일이 남아 있지 않다. 설령 이 일을 진행하다가
내가 세상을 떠날 것이 분명하다고 해도 나는 이러한 계획을 단념
하지는 않을 것이다. 왜냐하면 나는 일본 역사상 유일하게 인간으로
서 도달한 일이 없는 영예와 명성을 후세에 남길 것을 바라고 있기

고니시 유키나가의 모습을 그린 우키요에(일본식 다색 목판화)

때문이다. 이제 중국을 다 정복하지 못하고서 도중에 쓰러지는 한이 있더라도 나의 이름은 영원히 남을 것이며 불멸의 영예로써 영원히 기념될 것이다."

도요토미 히데요시는 마지막 장애물인 호조 우지나오北条氏直 (1562~1591)를 정벌함으로써 전국 통일을 완성한 뒤 중국 정복의 야욕을 드러냈다. 그는 이 계획을 영주들이 두려워하고 있다는 것을 간파한 뒤 그들을 조종하는 방편으로 이용할 수 있다는 것을 알게 되었다. 그는 점점 더 이 계획에 빠져들었다.

"나는 일본 왕국, 곧 천하의 군주로 충만한 기쁨과 즐거움, 재보, 번영에 둘러싸여 있음에도 불구하고 스스로 그것들을 포기하고서 세계에서 유례없는 명예롭고 경탄할 만한 계획을 나의 힘으로 성취하고자 한다. 비록 나의 아들(1591년 어린 나이에 사망한 아들 쓰루마쓰)이 소생하여 나의 발아래 엎드려 많은 눈물을 흘리며 아비의 자비를 기대하면서 이 계획을 단념토록 탄원하여도 나는 결코 받아들이지 않겠다."

일본의 배가 약하고 원양 항해를 할 수 없는 수준이었다는 이야기는 이 책에 여러 차례 되풀이되어 나온다. 일본이 중국을 치겠다고 하면서 조선을 향해 온 것도 바로 배로 인한 문제라고 진단한다.

일본군의 선봉장이었던 고니시 유키나가小西行長(1558~1600)는 세례를 받은 천주교인으로 세례명은 아고스티뇨다. 고니시는 천주교인 영주로 프로이스에게 많은 정보를 제공했다. 고니시가 자신의 전과를 위해 얼마나 많은 과장을 했는지도 이 책을 통해 알 수 있다. 탄금대에서 일전을 벌인 신립의 병력은 대개 8천 명 정도로 알려져 있는데, 이 책에는 신립이 8만의 대군을 거느리고 있었다고 나온다. 고니시는 엄청난 수의 조선군을 보고 공포에 질려 도망치려는 일본군을 설득하기까지 했다고 말하여 자신의 거짓말에 신빙성을 더해 놓는다. 하지만 강에 막혀 대부분 도망갈 수 없었던 조선군들은 대부분 죽었다고 했는데, 그 수가 8천 명에 가까웠다고 써놓아 스스로 거짓말을 폭로하고 있다. 그렇긴 해도 병력 수의 과장을 빼면 탄금대 전투의 진행 양상을 자세히 알 수 있다. 그는 동래성의 병력도 2만 명이었다고 과장하고 있다. 이때도 역시 조선군 전사자 수는 대폭 줄어들어 5천 명이 나왔다고 했는데 이 전사자 수도 과장된 것 같다.

임진왜란에 종군 수도사로 참여한 스페인 출신의 선교사 그레고리오 데 세스페데스Gregorio de Cespedes(1551~1611) 신부는 이런 내용의 편지를 프로이스에게 보냈다.

"기아, 추위, 질병, 그 밖의 상상도 하지 못할 정도의 고통을 겪고 있는 이곳 천주교도들의 궁핍함은 너무나도 극심합니다. 왜냐하면 관백(도요토미 히데요시)이 이곳에 식량을 보내주기는 하지만 여기에 도착하는 양이 너무도 적어서 모든 병사들을 먹여 살리기에는 턱없이 모자란다고 하겠습니다."

왜 도착하는 양이 너무도 적었던 것일까? 프로이스는 지리에 익숙한 조선 병사들이 매복해 있다가 수송대를 습격해서 식량을 약탈했기 때문이라고 설명했다.

프로이스는 이 전쟁으로 15만 명의 일본군이 조선으로 건너갔으며 그중 5만 명이 전투보다는 기아, 과로, 추위, 질병으로 죽었다고 전한다. 조선인은 훨씬 많은 수가 죽거나 포로가 되었다고 전한다. 규슈에 잡혀 온 조선인들만 해도 헤아릴 수 없이 많았다고 한다. 프로이스는 전쟁 중에 이 책을 썼으므로, 전쟁이 끝날 때까지는 더 많은 조선인들이 포로가 되거나 죽었을 것이다.

조선이 무능한 탓?

임진왜란 때 조선은 거의 모든 국토가 침략을 받았고 수없이 많은 사람들이 죽거나 포로로 잡혀갔고 소중한 건물과 기록들이 불타 없어졌다. 이 때문에 임진왜란 때 제대로 방어해 내지 못한 조선이 무능하다는 인식이 널리 퍼져 있다. 하지만 그것이 제대로 된 인식

일까?

국가는 국민을 보호해야 한다는 점에서 어떤 일이 생겨도 방비를 제대로 하지 못한 조선의 책임이 있는 것은 분명하다. 특히 전쟁이 벌어진 다음에 선조는 백성들을 속여가며 달아나기까지 했으니 이런 책임론에서 빠져나갈 수는 없다.

하지만 전쟁은 왜 일어났을까? 흔히 병자호란의 원인을 조선이 청의 비위를 건드렸기 때문이라고 말들 하는데(이런 생각도 잘못이다) 조선은 일본의 비위를 건드린 적도 없었다. 그야말로 잠자다가 날벼락을 맞은 것이다. 처음에 너무 세게 맞아버리는 바람에 정신을 차릴 틈이 없었던 것도 사실이다. 하지만 그 와중에 조선의 지배층들은 병력을 조직하고 반격을 가하기 시작했다. 그것이 바로 의병이다. 의병을 조직한 주체는 양반 사대부들이었다. 이들은 관직에 있는 경우도 많았기 때문에 의병은 어떤 면에서는 관군이기도 했다. 무관 출신들이 의병 조직에 들어가 싸운 경우도 많았다.

전쟁의 원인은 전쟁마다 다를 것이다. 그런데 임진왜란의 원인을 조선이 약하기 때문이라고 보는 것은 이상한 해석일 수밖에 없다. 아무런 이유 없이 자신이 세계를 정복하겠다는 망상에 빠져서 침공을 한 쪽이 나쁜 것이고 잘못된 것이다. 스페인이 대항해 시대에 라틴아메리카 대륙을 침공했는데, 이것을 놓고 라틴아메리카 원주민들에게 책임이 있다고 말하지는 않는다.

조선은 일본의 침공에 대해서 나름대로의 대비책을 세웠다. 삼포왜란, 을미왜변 등의 경험도 있었다. 하지만 조선은 일본의 경제력을 몰랐고, 그들이 동원할 수 있는 물량에 대해서도 알지 못했다.

임진왜란을 어떻게 보느냐에 따라 조선에 대한 평가는 달라질 수 있다. 왕조는 보존되었고 국토 중 어떤 곳도 잃지 않았다. 명나라의 도움을 받았지만 외국의 지배로 이어지지는 않았다. 이 점을 보면 임진왜란은 외국의 침략으로부터 나라를 지킨 전쟁이다.

물론 왕이 백성들을 적의 아가리에 밀어 넣은 상태에서 파천을 해 수없이 많은 인명 피해를 보았다는 점에서 보면 조선 조정의 대응은 대실패였다고 할 수 있다. 전쟁을 막을 수는 없었겠지만 피해를 줄일 방법은 과연 없었을까? 역사로부터 무엇인가를 배운다고 한다면 왜 이렇게 실패했는지를 살피고 이렇게 실패했을 때 어떻게 대응해야 하는가를 궁리하는 데 있다고 하겠다. 막연하게 조선은 당쟁이나 하다가 나라를 말아먹었다고 생각하고 말한다면 굳이 역사를 공부할 이유도 없는 셈이다.

이 전쟁을 통해서 일본은 무엇을 얻었을까? 도요토미 히데요시는 세계 정복을 꿈꾸며 시작한 이 싸움에서 조선 정복조차 마음대로 안 된다는 것을 깨달았다. 그는 조선을 반으로 갈라 남쪽을 차지하겠다고 하고 조선 왕자를 인질로 보내도록 하며 명나라 공주를 일본 왕의 후비로 삼아야 한다고 요구했다. 이 모든 조건은 도요토미 히데요시의 죽음으로 사라져 버렸다. 일본은 전쟁의 목표는 물론, 전쟁 중에 변경한 목표도 달성하지 못했다. 뿐만 아니라 이 무모한 시도는 내전으로 번져서 도요토미 일족이 멸망하는 결과를 빚었다.

명나라는 적당한 선에서 일본과 타협하고자 했다. 조선이 무력하게 손을 놓고 있었다면 어쩌면 그렇게 되었을지도 몰랐지만 그런 일은 일어나지 않았다. 또한 명나라는 명군을 조선에 주둔시키고 싶어 했는데 조선은 완강하게 외국군의 주둔에 반대했다. 선조는 명군의 주둔을 바랐지만 대신들이 저지했다. 이렇게 해서 조선은 왕조를 유지하는 데 성공했다.

한편 임진왜란의 뜻밖의 승자는 여진이었다. 1592년 9월 건주여진의 추장 누르하치는 3만 명의 원군을 보내주겠다고 서한을 보내왔다. 여진족에 누르하치가 등장한 이후 정세가 변했다. 누르하치는 1589년에 건주여진을 통일하고 도독첨사에 임명되었다. 명나라는 누르하치의 원군 파견을 반기는 편이었으나 조선은 절대 받아들일 수 없다고 했다. 조선은 오랫동안 여진과 싸웠기 때문에 조선의 위기를 틈타 원한을 갚으려는 수작으로 본 것이다. 임진왜란으로 조선과 명나라의 국력이 쇠하자 누르하치는 마음껏 활개를 칠 수 있었다. 1616년에 누르하치는 금나라를 계승한다는 의미의 후금을 건국했다. 1636년에 2대 황제 홍타이지가 국호를 청으로 바꾸었다.

임진왜란의 전개

조선에게 임진왜란은 날벼락 같은 전쟁이었다. 조선이 일본에 대해 잘못한 일이 있는 것도 아닌데 일본은 느닷없이 조선을 공격하여 지옥을 연출했다. 일본군은 쾌속 진군을 하여 한양, 평양까지 점령하지만, 바다에서 일격을 당하고 의병들이 합류한 진주대첩으로 전라도 지방 공략에 실패하면서 주춤거리게 된다. 거기에 명군까지 참전하자 일본군은 서서히 후퇴하게 된다.

전쟁의 발발

도요토미 히데요시는 1586년(선조 19년) 6월 쓰시마주에게 조선 정벌의 뜻을 밝혔다. 쓰시마주 소 요시시게宗義調(1532~1589)는 조선에 사신을 보내 통신사를 요청했다. 일본에서 도요토미 히데요시가 새로 권좌를 차지했다는 명목이었다. 조선은 그를 반역자라 판단하고 통신사 파견을 거부했다. 3년 후 새 쓰시마주 소 요시토시宗義智(1568~1615)는 직접 조선으로 와 통신사 파견을 요청했다. 조선은 1587년(선조 20년)에 전라도 손죽도에 쳐들어온 왜구와 납치해 간 조선인을 돌려주는 조건으로 통신사 파견을 허락했다. 일본의 상태가 심상치 않으니 정탐을 해야 한다는 생각도 있었다.

1590년(선조 23년) 3월에 일본으로 떠난 통신사 일행은 11월이 되어서야 도요토미 히데요시를 만날 수 있었고, 푸대접을 받았다. 통신사 일행은 1591년 3월에서야 조정에 일본의 동향에 대해 보고할 수 있었다. 이때 정사 황윤길, 서장관 허성은 전쟁의 위험을 경고했고 부사 김성일은 전쟁의 위험이 없다고 보고했다.

도요토미 히데요시는 조선에 보낸 국서에서 명을 침공한다는 뜻을 밝혔고 조선에게 동참을 권했다. 조선은 이에 대해 그럴 수 없음을 명백히 밝히는 국서를 보냈다. 6월에 소 요시토시가 다시 조선에 들어오려고 했으나 조선은 입국을 불허했다.

조선은 일본의 침입을 우려했지만 그게 어느 정도의 규모일지는 예상하지 못했다. 평소보다 군비의 점검도 늘리고 나름대로 성과 참호도 구축했지만 막상 전쟁이 터지고 보니 다 헛일이었다.

일본의 침공 야욕은 명을 향한 것이므로 이것을 명나라에 알려야 하는지가 큰 문제가 되었다. 조선은 공연한 오해를 일으킬 일본의 국서는 숨기고 그런 소문이 있다고 전달하기로 했다. 조선 조정이 세계 정세에 얼마나 어두웠는지를 보여주는 사례라 할 수 있다. 명나라는 이미 일본의 침략 계획을 알고 있었는데, 조선에서 보고가 오지 않는 것을 이상하게 보는 중이었다. 명나라는 일본이 중국 남쪽 지방을 침공하리라 예상하는 중이었다. 그 지역은 원래 왜구들이 종종 침입하던 곳이었기 때문이

〈부산진순절도〉

조선 영조 대의 화가인 변박이 부산진 전투의 모습을 그린 그림이다.

었다. 명나라는 조선이 일본과 손을 잡았는지 의심하고 있었다.

도요토미 히데요시는 조선통신사들이 돌아간 직후 조선 침공을 위한 군대를 소집했다. 총 9군 15만 8천 7백 명으로 편성된 일본군은 1592년(선조 25년) 4월 13일 부산진에 나타났다. 부산진 첨사 정발은 6백 명의 병사를 이끌고 일본군 제1군 고니시 유키나가의 1만 8천여 병력을 맞이하여 분투했지만 애초에 병력의 차이를 극복할 수 없는 상황이었다. 동래성을 공격할 때는 일본군은 3만여 명으로 늘어나 있었다.

조선의 대응

4월 17일 일본의 침공을 안 조정에서는 급히 장수들을 내려보냈으나 일본군의 신속한 진격 앞에 제대로 대응할 수가 없었다. 4월 20일에는 이순신의 전라 좌수영에 일본군을 공격하라는 어명이 내려왔다. 사실 바다에서 일본군을 저지함이 마땅했지만 전쟁을 담당해야 하는 경상 좌수영과 우수영은 적선을 보고 달아나버렸다. 원균元均(1540~1597)이 바로 경상 우수사였다.

북방의 명장으로 꼽힌 신립申砬(1546~1592)은 충주 탄금대에서 기병을 이용해 고니시 유키나가를 저지하려고 했으나 병력의 차이와 조총의 위력 앞에 무너지고 말았다. 신립은 병력의 열세와 자질의 부족을 넘어서려면 배수진을 치는 결사의 각오가 필요하다고 보았지만, 일본군은 노련한 정예군이어서 각오만으로 이길 수 없는 상대였다.

처음부터 전쟁에 회의적이었던 고니시 유키나가는 승전에도 불구하고 강화를 하고 싶어 했다. 그는 포로로 잡았던 울산 군수에게 강화의 뜻을 담은 편지를 전달하게 했는데, 울산 군수는 이 편지를 전달하지 않았다. 책임 추궁을 당할까 봐 무서웠던 것이다. 고니시 유키나가는 다시 인편에 4월 28일 강화회담을 충주에서 하자고 조선 조정에 전달했고 이에 따라 편지에서 지목한 교섭 상대인 이덕형李德馨(1561~1613)이 고니시 유키나가를 만나러 갔다. 하지만 이덕형의 출발이 늦어 일본군은 이미 충주를 떠난 뒤였고 이덕형은 제2군인 가토 기요마사加藤清正(1562~1611)와 부딪치게 되었다. 강화 같은 데 전혀 뜻이 없던 가토 기요마사는 이덕형이 보낸 사절을 죽여버렸고 이덕형은 성과 없이 되돌아가야 했다.

4월 29일 저녁에 신립의 패전 소식이 한양에 전해졌다. 선조는 다음 날 새벽 한양을 버리고 빗속을 뚫고 도망쳤다. 광해군을 세자로 책봉했다. 임진왜란이 발발했을 때 정권은 동인의 손에 있었지만, 전쟁의 책임을 물으면서 동인이 실각하고 서인이 정권을 잡게 되었다.

전쟁이 발발하자 경상도 관찰사 김수金睟(1547~1615)는 명나라 요동 도사에게도 전쟁이 발발했음을 통보했다.

5월 1일에 선조는 유몽정柳夢鼎(1527~1593)을 명나라에 보낼 성절사聖節使(황제의 생일을 축하하는 사신)로 임명했다. 5월 7일 선조 일행은 평양에 도착했다. 전해에 명나라에 일본의 동향을 보고하러 갔던 한응인韓應寅(1554~1614)도 도착했다. 선조는 전란 중이라 성절사 파견을 멈추려 했는데 한응인은 그러면 명나라가 의심할 수 있으니 보내자고 말했다. 그러자 선조는 유몽정에게 자기가 명나라에 내부內

附하고자 한다는 뜻을 전하라 했다. 내부란 망명을 의미한다. 유몽정은 기가 막혔을 것이다.

"명나라는 우리가 일본과 손잡았다고 의심하는데 원군을 요청하지 않고 내부하겠다고 하면 더욱 의심할 것입니다. 지금 왜변이 일어난 이유를 상세히 고하고 명나라에서 자문을 보내면 그때 내부를 거론해야 합니다."

5월 3일 고니시 유키나가는 한양에 들어왔다.

5월 7일, 이순신의 함대는 옥포해전에서 적선을 대거 격파했다. 이순신은 5월 29일 2차 출격을 해서 또 커다란 전공을 세웠다. 이순신 함대의 대활약으로 일본군의 전라도 지역 진출에 빨간불이 켜지고 말았다.

명군의 참전

5월 중순에 비변사는 다시 전쟁의 상황을 명나라에 보고했다. 명나라는 이때 일본의 목표는 자국 침입이라고 판단하고 전쟁 대비에 들어갔다.

고니시 유키나가는 5월 27일 임진강을 건너고 6월 8일 평양성 아래 도달했다. 6월 5일에 명나라의 사신 요동 진무 임세록林世祿, 최세신崔世臣이 평양성에 도착했다. 임세록은 일본군을 직접 보고 돌아갔다. 명나라는 정예 부대 약간을 파견하기로 했다. 조선 조정은 명나라에 원군을 청하기로 결정하고 6월 11일에 이덕형을 명나라로 파견했다.

명으로 떠나기 이틀 전인 6월 9일 대동강에 띄운 배 위에서 이덕

형이 고니시 유키나가의 선봉장 야나가와 시게노부柳川調信(?~1605),
승려 겐소玄蘇(1537~1611)와 회담을 가졌다. 일본은 정명가도征明假道,
즉 명나라를 정벌하기 위해 길을 빌려달라는 기존 입장을 되풀이했
고 이덕형은 당연히 거절했다. 협상이 결렬되자 선조는 6월 11일에
평양을 버리고 영변으로 달아났다.

이 무렵 남쪽에선 조선군의 반격이 준비되었다. 전라도 관찰사
이광李洸(1541~1607)의 휘하에 삼남의 군사가 모여 남도 근왕군을 조
직했다. 6만여 명의 병력은 한양 탈환을 위해 북상했다. 신중한 작
전을 구사해야 한다는 광주 목사 권율의 조언을 무시한 이광은 6월
5일 용인에서 무리한 공격에 나섰다가 패배하고 다음 날 새벽 일본
군의 기습을 받아 붕괴하고 말았다. 6만 대군이 일본군 1,600명에게
패배한 충격적인 패전이었다. 권율은 휘하 부대를 이끌고 잘 퇴각하
여 손실을 입지 않았다. 이 기회를 놓치지 않았다면 임진강에 있던
고니시 유키나가를 포위할 수 있었을 것이고 전쟁을 조기에 종결할
수 있었을지도 모른다.

고니시 군은 6월 14일 평양성을 함락시키고 입성했다.

명군은 6월 15일 압록강을 건넜다. 이때 명나라로 향하고 있던 이
덕형과도 만났다. 하지만 평양이 이미 함락된 것을 알고 철수했다.

조선의 반격

선조는 어디로 도망쳐야 할지 고민하고 있었다. 험준한 함경도로
달아나 버틸 것인지, 명나라로 도망치기 쉬운 의주로 도망칠 것인
지가 문제였다. 선조는 세자에게 분조分朝를 명했다. 전란 등 비상시

에는 왕이 세자에게 인사권과 상벌권을 임시로 떼어주어 또 하나의 임시 조정을 운영하게 했는데, 세자가 이끄는 이 임시 조정을 분조라고 한다. 세자는 분조를 이끌고 평안도, 함경도, 강원도, 황해도 등지를 다니면서 민심을 수습하고 의병을 모집했다.

요동 부총병 조승훈祖承訓은 7월 초 3천의 병력을 가지고 조선으로 들어왔다. 그는 7월 17일에 적은 병력으로 무모하게 평양성을 공격했다가 일본군의 매복에 걸려 대패했다. 명군의 패전으로 상황은 좋지 않게 변했다. 선조는 계속 요동에 파병을 요청했지만, 파병이라는 중대한 문제는 결국 황제에게 달린 것으로 여겨 8월 12일 황제에게 파병을 요청하기로 했다. 하지만 이때는 이미 명나라 조정에서 전쟁에 대한 조사가 끝나고 중앙군을 파견하기로 결정되어 있었다. 내부적으로 파병에 대한 회의론이 높았지만 명나라 황제 만력제萬曆帝(재위 1572~1620)는 파병하기로 결단을 내렸다.

도요토미 히데요시는 육전은 문제가 없다고 보았지만 바닷길이 막힌 것은 문제라고 보았다. 그는 원래 수군 출신인 와키자카 야스하루脇坂安治(1554~1626)에게 이순신 함대를 쳐부수라는 명을 내렸다. 7월 6일 한산도 앞에서 와키자카 함대를 만난 이순신 함대는 이들을 대파했다. 이 전투가 임진왜란 3대첩 중의 하나인 한산도대첩이다. 이때 고니시 군은 평양에서 바다로부터 올 식량과 원군을 기다리고 있었다. 하지만 원군은 이순신 함대에 대패해 도착할 수가 없었다.

일본군은 보급에 큰 문제를 겪고 있었다. 경상도에서는 홍의장군 곽재우를 비롯한 의병들이 나타나서 일본의 보급선을 괴롭히고 있었다.

의병은 독특한 존재였다. 성리학을 공부한 선비들이 충의를 위해 근왕과 향토 방위를 목적으로 군대를 사적으로 조직한 것인데, 일단 성립이 조직되고 나면 조정에서는 의병장에게 관직을 내려 공적 조직으로 변모하게 만들었다. 어떤 경우에는 관직을 가진 관리가 의병을 조직하기도 했다. 따라서 임진왜란 때의 의병이란 사적 존재이기도 하고 공적 존재이기도 했다.

4월 하순 경상도에서 곽재우를 필두로, 권응수權應銖(1546~1608), 김면金沔(1541~1593), 정인홍鄭仁弘(1536~1623) 등의 의병장이 등장했고, 적의 침입을 받지 않은 전라도에서도 고경명高敬命(1533~1592), 김천일金千鎰(1537~1593) 등이, 충청도에서는 조헌趙憲(1544~1592) 등이 의병장으로 활약했다. 이들 의병의 활약으로 일본군은 경상도에서 전라도로 넘어가지 못하고 있었다.

그러자 일본군은 북쪽으로 우회하는 공격 루트를 잡았다. 이때 광주 목사 권율이 이들의 진군을 이치梨峙에서 막아냈다. 금산성으로 후퇴한 일본군을 고경명이 공격하였고, 그 뒤에 조헌이 공격에 나섰다. 고경명 군과 조헌 군은 모두 전멸하였으나 일본군도 더 이상 남진할 수 없는 처지가 되어 결국 후퇴하고 말았다.

의병들의 활약으로 경상우도(낙동강 서쪽)가 지켜졌고 경상좌도(낙동강 동쪽)의 주요 성도 회복할 수 있었다. 김천일은 강화도에 주둔하여 조운로를 지켜내서 군량 조달에 큰 역할을 수행했다.

일본군은 경상우도의 중심지가 진주성이라고 생각하고 진주성에 대병력을 보내 함락을 시도했다. 진주성은 김시민이 지키고 있었다.

김시민은 의병들의 도움을 받아가며 3천 8백의 병력만 가지고 2만 명의 일본군을 열흘 동안 막아냈다. 결국 일본군은 진주성을 함락시키지 못하고 물러났다. 김시민은 이 방어전을 마치면서 전사했다. 이것이 임진왜란 3대 대첩 중 하나인 진주대첩이다.

가토 기요마사는 함경도로 올라가 만주까지 도달했다. 그는 그곳에서 명나라 공격 루트를 찾고 싶었던 모양인데, 기후와 지세로 보아 불가능함을 알고 후퇴했다. 함경도에서는 북평사 정문부鄭文孚(1565~1624)가 의병을 조직해서 가토 군을 괴롭혔다.

경상좌도 병마절도사 박진은 의병장 권응수 등과 함께 경주성 탈환에 나섰다. 1592년 8월 20일에 공격에 나섰지만 일본군의 반격에 사상자만 내고 물러났다. 다시 9월 8일 공격에 나섰는데 이때 신무기를 사용하여 성을 탈환하는 데 성공했다. 화포장 이장손이 만든 비격진천뢰였다.

일본과의 협상

8월 17일 명나라의 사신 심유경沈惟敬(?~1597)이 의주에 나타났다. 그는 8월 29일 평양에서 고니시 유키나가를 만났다. 여기서 심유경은 터무니없는 말을 한다. 대동강 이남은 원래 조선 땅이니 침공해도 되지만 그 이북은 명나라 것이니 들어오면 안 된다고 한 것이다. 고니시 유키나가는 명나라 공주를 일본 왕의 후비로 보내고 조선의 남부 4도(경기도, 충청도, 전라도, 경상도)를 일본이 차지한다는 등의 강화조건을 내세웠다. 조선 측은 함경도로 도망쳤던 선조의 서장자 임해군臨海君(1574~1609) 등이 가토 기요마사에게 포로로 잡혔기 때문에 왕자들의 생환이 큰 협상 조건이 되었다. 심유경은 사안이 중대하니 일단 본국에 돌아가서 재가를 받겠다고 하고 돌아갔다.

9월 4일에 명나라에서 사신이 와서 원군 파병을 결정했다는 소식을 전했다. 심유경은 11월에 다시 고니시 유키나가와 2차 회담을 가졌다. 심유경이 자꾸 조선 영토를 나눠 먹으려는 수작을 부렸기 때문에 조선 조정은 심유경을 매우 불신했다. 다행히 원군의 총사령관인 경략 송응창宋應昌(1536~1606)은 심유경을 믿지 않았다. 명의 원군은 총 5만 명으로 이여송李如松(1549~1598)을 사령관으로 하여 1593년(선조 26년) 1월 6일 평양성을 공격했다. 이틀에 걸친 공격 끝에 일본군은 도주했다. 명군은 일본군의 퇴로를 막지 않아 그들이 쉽게 도망치게 했다. 고니시 유키나가는 한양까지 돌아갔다.

명군은 그 뒤를 밟았다. 1월 27일 벽제관에서 양군이 다시 충돌했다. 이 전투는 승자 없이 양군이 모두 피해를 입고 후퇴하는 결과를 빚었다. 이여송은 일본군의 전투력에 놀란 듯 임진강을 건너 주둔한 뒤에 한양 공격이 불가능하다고 만력제에게 표문表文(군주에게 올리는 글)을 올렸다. 한양에 일본군이 너무 많아서 도저히 이길 수 없다고 한 것이다.

그런데 2월 12일 자그마한 행주산성에서 3만 일본군의 공격을 막아냈다. 권율의 지휘하에 벌어진 이 전투를 임진왜란 3대 대첩 중 하나인 행주대첩이라고 한다.

2월 29일에 함경도에 있던 가토 기요마사가 함경도를 포기하고 한양으로 들어왔다. 이여송은 이때 평양까지 후퇴해 있던 상태였다. 일본군 역시 진퇴양난에 빠져 있었다. 명군이 무서울 뿐만 아니라 이제는 조선군도 이기기 어려웠다. 군량은 만성 부족 상태였다.

심유경이 다시 일본군과 강화 협상에 나섰다. 그 결과 4월 18일 일본군은 한양에서 철수했다. 이때 고니시는 포로가 된 왕자들을 송환하는 대신 선조가 일본으로 와서 사례하고 조선이 일본에 속하는 걸로 해달라고 요청했는데, 심유경은 적당히 그렇게 하겠다고 사기를 쳤던 것 같다. 일본군의 갑작스런 후퇴에 조선은 오히려 불안감을 가졌다. 명은 일본군의 안전한 철수를 보장했기 때문에 조선군은 후퇴하는 일본군을 공격할 수도 없었다. 명군은 나고야로 사신을 보내 강화 협상을 시도했는데, 이때도 일본은 조선의 남부 4도를 내놓으라는 요구를 했다. 물론 이 요구는 무시되었다.

남으로 내려간 일본군은 지난해에 당한 수모를 갚기 위해 진주성을 다시 공격했다. 6월 20일 진주성에 총 12만여 명의 일본군이 몰려들었다. 6월 29일 진주성이 함락되었다. 진주성에서는 6만여 명의 백성들이 학살당했다.

진주성을 함락한 일본군은 전라도로 침입했다. 명군과 조선군이 원군으로 급히 전라도에 들어갔고, 그러자 일본군은 김해까지 후퇴했다. 일본군은 남해안 일대의 왜성에 5만 명가량을 남기고 나머지 군은 일본으로 후퇴했다.

일본군의 이간계

진주성 함락 이후 긴 강화 협상이 이어졌다. 심유경은 도요토미 히데요시의 항복 문서를 받았다고 주장했으나 조선도 명도 그 문서를 믿지 않았다. 조선은 심유경을 의심하고 사명당을 보내 가토 기요마사와 접촉하였다. 또한 그 뒤에 김응서와 고니시 간에도 접촉이 시작되었다. 하지만 명군과 고니시 간의 강화 교섭이 진전을 보이면서 조선과의 접촉은 중지되었다.

1596년 8월 도요토미 히데요시를 일본 국왕에 책봉하는 책봉식이 거행되었다. 도요토미 히데요시는 책봉에 만족했다. 하지만 조선 남부에 대한 영유권을 인정받지 못하고 조선에 있는 왜군들을 철수해야 한다는 것을 알자 격렬하게 분노했다. 결국 심유경이 적당히 양측을 속여왔던 것이 파탄에 도달하고 말았던 것이다. 조선이 왕자를 보내지 않아 성의를 보이지 않았다는 점도 트집거리였다. 가토 기요마사가 도요토미 히데요시에게 강화하면 안 된다고 생각을 바꾸게 했다.

가토는 1597년(선조 30년) 다시 부산으로 들어왔다. 가토가 부산으로 올 때 고니시가 조선 조정에 뜻밖의 말을 전해 왔다. 가토의 이동 경로를 알려줄 테니 그를 막으라는 것이었다. 이 제안이 사실일지 아닌지 의견이 분분했다. 가토가 쓰시마에 병력 7천을 가지고 도착한 사실도 고니시 쪽이 알려 왔다.

전라 병사로 있던 원균도 이 제안을 받아들였다. 조정에서는 이순신에게 이 사실을 알리고 가토를 막으라고 했는데, 이순신은 마땅찮아했다. 그런데 가토는 이미 부산에 도착한 뒤였다. 어차피 막을 수는 없는 상황이었다.

그러나 이순신이 부정적인 반응을 보인 것에 선조는 불같이 화를 냈다. 선조는 계속 이순신의 출정을 명했다. 결국 이순신이 전쟁에 최선을 다하지 않고 있다고 생각하고 그를 파직시키고 원균에게 삼

비격진천뢰와 내부 모습
도화선이 있어 시간 차를 두고 폭발한다. 폭탄 안에 쇳조각을 넣어 살상력을 높였다.

도수군통제사를 맡겼다.

이런 결정이 조정에서 내려지고 있을 때 이순신은 명에 따라 부산진을 공격하고 있었다. 이때 이순신의 기함旗艦(지휘관이 타고 있는 배)이 너무 육지에 가까이 가는 바람에 모래톱에 올라가 꼼짝 못 하는 상황이 벌어졌다. 부하들이 필사적으로 구원을 위해 달려가 이순신을 업어 나르고, 기함은 밧줄로 묶어 끌어냈다. 죽을 뻔한 작전에서 돌아온 이순신은 금부도사에 체포되어 한양으로 압송되었다. 정유재란이 다가왔다.

비격진천뢰는 화포장 이장손이 만든 폭탄으로 수류탄처럼 일정 시간이 지난 뒤에 폭발한다. 도화선을 목곡이라 불리는 원통에 감아서 서서히 타들어 가게끔 하여 시간 차를 두고 터질 수 있었다. 비격진천뢰 밖으로 나온 심지에 불을 붙인 뒤에 중완구라는 대포에 넣어 발사하였다. 폭탄 안에 쇳조각이 들어 있어서 살상력이 대단했다. 비격진천뢰는 경주성 탈환뿐만 아니라 진주대첩, 이순신의 해전 등 곳곳의 전장에서 유용하게 사용되었다.

기문포 해전과
원균

원균의 승전 소식

때는 1597년(선조 30년) 3월 8일.

거제도의 기문포에 왜선 3척이 정박하였고 일본군이 상륙하였다 하여 이순신을 밀어내고 삼도수군통제사 자리에 오른 지 한 달여 된 원균이 즉시 출동했다. 삼도수군통제사의 지위로 치른 첫 출전이었다.

밤새 노를 저어 9일 새벽에 기문포에 도착했다. 그런데 일본군은 그닥 놀라는 기색이 아니다. 이들은 배에 있지도 않고 섬에 올라 밥을 지어 먹고 있었다. 원균은 항왜降倭(항복한 일본군을 가리키는 말) 남여문南汝文 등을 보내서 항복을 권유했다.

일본군 20여 명이 남여문을 맞아 이야기했다. 이야기를 나누는 동안에 일본군들이 여기저기서 나타났는데 모두 80여 명 남짓이었다. 나중에 밝혀진 바에 따르면 이 수치는 과장되었다.

이들 중 우두머리가 부하 일곱 명을 데리고 원균의 배에 올랐다. 그런데 이때부터 이상한 일이 벌어졌다.

원균은 이들에게 술을 나눠주고 타고 온 배를 타고 돌아가도 된다고 말했다. 기껏 밤을 새서 노를 저어왔는데 그냥 돌아가라고 한 것이다.

일본군은 기뻐하면서 무수히 머리를 조아리며 물러났다. 그러나 이

지자총통과 장군전

대포인 지자총통에 거대한 화살 장군전을 넣어 발사한다. 적함을 꿰뚫어
침몰시키는 용도로 사용했다

들이 배에 올라 바다로 나선 순간 조선군의 포격이 시작되었다. 원균
이 지자총통을 발사했다. 총통은 조선시대에 사용되던 대포로 규격에
따라 천天, 지地, 현玄, 황荒으로 나뉘는데, 지자총통은 천자총통 다음으
로 큰 것이다. 지자총통에는 마치 미사일처럼 생긴 거대한 화살 장군
전을 넣어서 발사하는데, 폭발하는 무기는 아니고 적함을 꿰뚫어 침몰
시키는 용도로 사용한다.

원균이 지휘기를 흔들며 뿔피리를 불어대니 장수들도 모두 참전했
다. 고성 현령 조응도趙凝道(?~1597)가 그중 가장 빨랐다. 적선에 가까이
배를 붙이자 일본군은 일제히 난간을 타 넘어 조응도의 배로 뛰어들었
다. 조응도의 배는 순식간에 일본군에게 장악당하고 말았다. 현령 조
응도도 칼에 맞고 배에서 떨어졌다. 조선 수군은 앞다퉈 바다로 뛰어
내렸다.

일본군은 빼앗은 배로 계속 육지가 있는 북쪽으로 달아났다. 조선
수군은 악착같이 추적해서 지자총통, 현자총통을 쏘고 불화살을 날려

서 결국 원래 우리 배였던 판옥선을 침몰시켰다. 배에서 뛰어내린 일본군 중 열여덟 명을 사살해서 그 수급을 조정에 바쳤다. 대체 돌아가라고 하고는 뒤통수를 치는 이런 일은 왜 벌어진 것일까?

하지만 이순신을 불러나게 하고 속으로 불안감에 떨었을 선조는 도원수 권율이 올린 이 소식에 기쁨에 젖었다. 즉시 비변사에 원균의 공을 알렸고 비변사에서는 원균이 자세한 내용을 올리면 그에 따라 논공행상을 치르겠노라고 답했다.

원균의 장계는 권율의 장계가 올라간 지 엿새 후에 도착했다. 이때 바친 일본군의 수급은 열여덟이 아니라 마흔일곱으로 늘어나 있었다.

나무꾼을 때려잡은 원균

선조는 즉시 비변사에 논공행상을 치르라고 닦달했다. 그런데 비변사의 반응이 뜨악했다. 비변사의 말을 요약하면 이러했다.

"원균이 바친 수급이 나무를 베러 왕래하는 왜인 듯하니 논공행상은 잠시 미루고 조사를 함이 좋겠습니다."

'나무를 베러 왕래하는 왜'란 무엇인가? 당시 전쟁은 휴전 상태에 놓여있었다. 때문에 조일 양군은 서로 충돌을 자제하고 있었다. 왜군은 경상우병사 김응서金應瑞((1564~1624), 김응서는 초명으로 나중에는 김경서金景瑞라 부른다)와 약조를 맺고 거제도 일대에서 나무를 해 가는 것을 허락받은 상태였다. 왜군도 밥을 해 먹으려면 불이 필요하니까 이런 허락을 따로 받은 것이었다. 이 약조는 고니시 유키나가의 부하인 요시라가 체결했다. 거제도 인근 섬에서의 벌목을 허가한 것이다. 그러니 이 약조에 따라 나무꾼을 죽여서는 안 되는데, 원균이 죽인 것이 이 나무꾼인 것 같다는 이야기였다. 다시 말하자면 비무장 병력을 사살한 것이다.

비변사가 이렇게 나온 것은 이날 경상우병사 김응서가 보낸 장계가 도달했기 때문이었다. 김응서의 장계에는 원균이 행한 추악한 짓이 낱낱이 밝혀져 있었다.

김해 죽도에 머물고 있던 왜장 도요 시게모리가 김응서에게 나무를 베기 위해 떠난 자기 부하들이 원균에게 몰살당했다고 항의했다는 내용이었다.

비변사의 보고에 선조는 나무꾼이 아닐 것이다, 원균에게 상을 내리는 게 마땅하다라고 투덜대면서도 포획한 병기를 바치는 걸 보고 결정하라고 양보하게 된다.

이번이 처음 있었던 일도 아니었다. 이미 열다섯 명이 탄 배를 습격하여 총검을 빼앗은 바 있었고, 또 다른 열다섯 명이 탄 배는 사람까지 모두 죽인 바 있었다. 이들은 공문을 가지고 있었음에도 이런 처참한 꼴을 당한 것이었다. 여기에 세 번째 배까지 침몰되고 승선했던 서른두 명이 모두 죽었던 것이다. 이 때문에 왜군 쪽에서는 약조를 맺은 요시라를 죽여버려야 한다는 말까지 나오고 있었다. 일전을 불사하자는 주전론자들을 애써 달래고 있으나 이렇게 신의가 없어서 어떻게 할 것이냐, 이제 더 못 말리면 쳐들어가게 될 것이니 백성들을 대피시키는 것이 좋겠다는 협박까지 하고 있었다.

아무리 원균을 싸고도는 선조라 해도 김응서가 전말을 밝혀놓은 장계 앞에서 더 억지를 부릴 수는 없지 않을까? 그렇게 생각하면 선조를 너무 쉽게 보는 것이다.

"나무를 베러 다니는 건 왜군이 아니냐? 이놈들도 적이다. 기록을 보자니 보통 왜는 아닌 것 같지만 나무를 하러 온 왜는 절대 아니다. 원균은 품계를 올리고 은냥을 내리는 게 마땅하지만 조금 더 조사하고 나서 시행하라."

그러나 다시 닷새 후 도원수 권율의 장계가 올라왔는데 이 역시 김응서가 올린 내용과 같았다. 이로써 원균에게 줄 상 같은 건 없어져 버렸다. 한 번에 세 척의 배를 상대한 것도 아니고, 80여 명의 왜군이 있었던 것도 아니다. 원균은 나무꾼들을 안심시키고 뒤에서 몰래 죽였으며 심지어 그 과정에서 아군의 배를 한 척 빼앗기기도 한 비열하고 무능력한 장수였을 뿐이다. 심지어 이 사건은 도요토미 히데요시에게 재침을 결심하게 하는 데 일조했다.

흔히 하는 착각 중에 원균이 용맹한 장수로 판옥선으로 왜선을 들이받아 격파하는 당파撞破 전술을 썼다는 것이 있다. 조선 수군의 전법 중에 당파 전술이라는 것은 없다. 당파란 함포 사격을 가해서 적함을 때려 부수는 것을 가리키는 것이다. 이것을 부딪쳐서 격파한다고 생각하는 바람에 이런 이상한 착각이 생겨났다. 기문포 해전을 보아도 알 수 있듯이 판옥선이 왜선에 접근하면 일본군은 재빨리 배를 타 넘어올 수 있고, 그렇게 되면 배를 빼앗긴다.

오늘날 우리나라의 일각에서는 원균을 용장이었다고 추켜세우는 일이 있는데 크게 잘못된 것이다. 원균은 조선 수군을 말아먹은 천하제일의 졸장일 뿐이다.

정유재란의 전개

진주성 함락 이후 잠잠했던 일본군은 심유경이 도요토미 히데요시를 적당히 속여 넘기려 했던 강화 회담의 정체가 탄로 나고 가토 기요마사가 강경 정책을 주장하면서 다시 전쟁에 돌입했다. 철수했던 일부 명군 역시 다시 들어와 일본군과 싸우게 되었다.

전면전 재발

전쟁이 다시 벌어질 것이 확실하게 되자 그동안 협상을 주도한 책임을 묻게 되었다. 심유경은 황제를 기만한 죄로 체포되어 참수형에 처해졌다.

부산에 들어온 가토 기요마사는 협상을 요청했다. 협상 상대로는 다시 사명당이 나섰다. 하지만 회담은 전혀 진전 없이 결렬되었다. 가토는 선조의 장남인 임해군을 일본에 보내 사례하라고 요구했다. 조선은 이런 조건을 도저히 받아줄 수 없었다. 또한 원균이 기문포에서 벌인 일 등이 일본에 알려지자 도요토미는 다시 전쟁을 벌일 결심을 하고 말았다.

일본군은 5월 말부터 7월 초까지 속속 조선으로 건너왔다. 원균 휘하의 조선 수군은 아무런 대응도 하지 않았다.

도원수 권율은 수군이 움직이지 않는 것을 질책하여 원균을 불러다 곤장을 쳤다. 원균은 전 함대를 끌고 출동했다. 원균의 함대는

7월 16일, 거제도 옆의 칠천량에서 일본군 함대에 전멸당하고 말았다. 원균도 육지로 올라가 달아나다 전사했다. 그의 시체가 발견되지 않아 어딘가에 살아 있다는 소문도 돌았다. 이때 경상우수사 배설은 무모한 원균의 작전에 반발해 자기 함대를 끌고 후퇴했다.

일본 수군은 섬진강 하구에 자리를 잡았다. 이에 맞춰 일본 육군이 전라도로 진격하기 시작했다. 일본군은 8월 15일, 남원성을 점령하고 학살을 자행했다. 일본군은 남원에서 북상해서 전주를 점령한 뒤 공주, 부여, 함평 등으로 분산하여 침공을 계속했다.

북상하던 일본군은 9월 7일, 충청도 직산에서 명군과 충돌했다. 이 전투에서 일본군은 패배하고 더 이상 북상하지 못하게 됐다.

해전의 신, 이순신

그로부터 며칠 후인 9월 16일, 이순신 함대가 배설이 남긴 열두 척의 배(나중에 한 척이 보태져서 총 열세 척)를 가지고 명량해전을 기적적으로 승리로 이끌어 내면서 일본 수군의 서해 진출을 봉쇄했다.

일본군은 연해 지방으로 내려가 주둔했다. 일본군은 사방에서 몰리기 시작했다. 가토 기요마사는 2만의 병력을 가지고 울산성에 주둔 중이었다. 조명 연합군은 울산성 공략에 나섰다. 명군 4만 5천과 조선군 1만 2천여 명이 울산성 공격에 나섰다.

12월 23일 시작된 전투는 10여 일간 치열하게 전개되었으나 일본 쪽의 구원군이 도착하는 바람에 울산성 함락에는 실패하고 말았다.

다음 해 도요토미 히데요시가 사망하자, 신하들은 그의 죽음을

〈노량해전도〉

경상남도 통영시 한산도 제승당에 있는 기록화로, 가슴에 총탄을 맞고 쓰러진 이순신이 그려져 있다.

비밀로 부친 채 조선의 일본군에게 철수를 명령했다. 이 사실을 모르고 있던 조명 연합군은 남해안에 늘어선 왜성들을 공략하기 시작했다. 하지만 왜성을 공략하는 일은 쉽지 않았다. 명군은 많은 피해를 입고 작전을 중지했다.

일본군은 11월 15일 부산에 모여 귀국하기로 결정하고 성들을 버리고 부산에 집결했다. 명군을 지휘하고 있던 총병 유정劉綎 (1558~1619)은 일본군과 협상해서 그들을 안전히 돌려보내 주겠다고 했다. 명의 수군을 이끌고 있던 도독 진린陳璘(1543~1607)은 이순신의 편을 들어 해전을 펼치기로 했다. 일본 수군은 5백여 척의 대함대였고, 조명 연합군 역시 명군 3백여 척, 조선군 80여 척의 대함대였다.

11월 19일 새벽 2시 칠흑 같은 어둠 속에서 전투가 시작되었다. 조명 연합군이 이동 중에 일본 함대와 만난 것이었다. 조명 연합 함대는 일본군의 함선에 화공을 가했다. 바람이 도와주고 있었다.

이순신은 이 전투로 끝장을 보겠다는 의지로 전투를 굳건히 이끌었다. 혼전 속에 진린의 배가 포위당하기도 했다. 진린의 배로 일본군이 뛰어 들어오는 위기일발의 순간도 있었다. 진린의 아들 진구경이 몸을 날려 아버지를 구하고 대신 칼에 맞아 부상을 입었다. 이순신은 적의 대장선을 공격해 진린의 포위를 풀어 그를 구했다. 반대로 이순신이 위기에 처하자 진린의 배가 구원하러 오기도 했다.

이순신 함대에서 공을 세웠던 역전의 장수들이 이때 많이 전사했다. 명군의 피해도 만만치 않았다. 하지만 일본군의 피해는 상상 이상이었다. 노량에서 빠져나간 일본 배는 50여 척에 불과했다. 그러나 이 와중에 악운이 길었던 고니시 유키나가는 빠져나가는 데 성공했다.

반면 이순신은 북채를 들고 전투를 독려하던 중에 총탄에 맞아 유명을 달리했다. 이순신은 쓰러진 뒤에 "전투가 한창 급하니 나의 죽음을 알리지 말라"는 유언을 남겼다.

이순신이 갑옷을 벗고 싸웠으니 자살하려고 했던 것이라고 주장하거나, 후일 선조가 죽일 것으로 생각해서 죽은 척했다가 은신한 것이라는 주장을 하는 사람들이 있다. 이런 말은 전장에서 진심을 다해 싸웠던 이순신을 모욕하는 말이다. 이순신은 그런 계산을 해서 목숨을 이어나갈 마음을 가진 사람이 아니었다. 그랬다면 노량해전 자체가 없었을 것이다. 노량해전을 끝으로 길었던 7년 전쟁이 막을 내렸다.

전쟁이 끝난 뒤에 공신 책봉이 있었다. 선무공신宣武功臣과 호성공신扈聖功臣으로 나누어 무관과 문관에게 각각 공신 칭호를 내렸다. 선무공신 1등에는 이순신, 권율, 원균이 임명되었다. 총 18명이었다. 이에 비해 호성공신은 86명이나 되었다. 전쟁에서 피를 흘린 장군들보다 임금을 따라다닌 문관들에게 훨씬 후한 처사였다. 심지어 의병장들은 단한 명도 공신에 오르지 못했다. 원균은 원래 2등이었는데, 선조가 우겨서 1등으로 바뀌었다. 사관은 기가 막혔는지 이렇게 실록에 논평을 남겼다. "원균은 배들을 침몰시키고 군사를 잃어버린 죄가 심대하다."

기적과 같았던
명량해전

칠천량 전투에서의 패배로 적진으로 돌격해 들어가던 거북선 세 척이
모두 침몰하고 말았다. 영화나 드라마에서 거북선이 적선에게 돌진하여
파괴하는 장면이 나오곤 하는데, 있을 수 없는 일이다. 거북선의 용도는
적이 배 위로 뛰어들지 못하게 덮개를 덮고 지근거리에서 포 사격으로
적선을 박살 내는 것이었다.

전장을 고르는 이순신

1597년 7월 16일 칠천량에서 치명적인 패배를 당한 후 조선 조
정은 8월 3일 이순신을 다시 삼도수군통제사로 임명했다. 이순신은
급히 휘하 장병들을 소집했다.

조정은 일단 이순신을 삼도수군통제사로 임명했으나 수군은 가
망이 없다고 생각하여 수군을 해체하라는 조서를 보내는데, 이순신

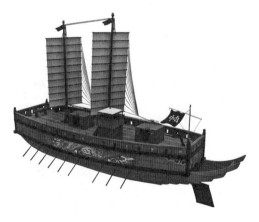

3D로 복원된 판옥선
임진왜란 하면 보통 거북선을 떠
올리지만, 임진왜란 당시 조선
수군의 주력 전선으로 활약한 것
은 판옥선이었다.

은 이에 대해 8월 15일 그 유명한 "신에게는 아직 열두 척의 배가 남아 있습니다"라는 장계를 올렸다.

8월 19일 배설로부터 전함 12척을 인수한 뒤, 이순신은 몸이 아파 자리에 누웠다. 고문 후유증이었을 것이다.

8월 24일 건강을 회복한 이순신은 어란포에 진영을 꾸렸다.

사실 이순신은 계속 서쪽으로 후퇴하고 있는 중이었다. 이전에도 강진 쪽에 자리를 잡고 있다가 두 번이나 서쪽으로 물러나 어란포에 들어온 것이다. 그만큼 일본 수군의 압박이 심해지고 있었다.

8월 26일에 앞서 포진했던 곳에 일본군이 도달했다는 첩보를 받았다. 그리고 28일, 8척의 일본 군선이 어란포에 등장했다.

이순신은 이들을 물리치고 함대를 8월 29일 다시 북쪽으로 이동시켰다. 명량 우측에 있는 작은 섬인 사슴섬 근처로 이동했다. 명량 앞쪽에 진을 친 것이다. 다음 날 그 아래쪽 벽파진으로 이동했다. 그리고 이날(30일) 배설은 아프다고 육지에 상륙했다. 배설은 9월 2일에 달아나 버렸다.

이순신이 이때까지 확보한 전선은 총 13척. 그리고 정탐용으로 쓰는 초탐선 32척이 전력의 전부였다.

9월 7일 오후 일본 군선 12척이 벽파진에 나타났다. 이순신은 이들을 몰아내고 그날 밤 야습이 있을 것을 예견하여 대비하였다가 무찔렀다.

9월 9일은 중양절이라 소 다섯 마리를 잡아서 장병들에게 먹였다.

어란포와 진도, 명량해협, 전라 우수영의 위치

지도의 가장 하단부에 타원으로 표시된 부분이 어란포이다. 왼쪽의 섬은 진도. 상단의 동그라미 부분이 명량
해협(울돌목), 그 위의 작은 네모 부분이 전라 우수영 자리이다

9월 14일 일본 함대 55척이 어란포에 도착했다.

9월 15일 이순신은 함대를 울돌목 너머 해남의 전라 우수영으로 이동시켰다. 이순신은 명량 앞쪽에서 싸우는 것은 승산이 없다고 보고 명량 뒤편으로 이동한 것이다.

이 시점의 육지 상황은 이러했다.

일본 육군은 8월 7일 전남 구례를 함락시키고 8월 12일에서 15일까지 총력전을 펼쳐 남원성을 함락시켰다. 이 전투에는 일본 수군들이 함께 참전하고 있었다. 일본 수군이 전라도 쪽 해안 공략에 나서지 않았던 것은 조선으로서는 천행이라 할 수 있었다. 이로써 그나마 남은 수군 전력을 보존할 수 있었다.

8월 19일 전주에 무혈입성한 뒤 일본군 6만여 명은 북진을 시작했다. 하지만 명군이 내려와 직산에서 양군이 충돌했다. 그것이 명량해전 직전인 9월 7일이었다.

명량해전은 명량에서 벌어지지 않았다?

의외의 이야기지만 명량해전이라 불리는 이 해전은 명량해협에서 벌어지지 않았다. 『난중일기亂中日記』의 해당 대목을 한번 보자. 해전의 지휘관이 당시 직접 남긴 기록이므로 1차 사료이다.

9월 16일. 맑음. 이른 아침에 별망군別望軍(적의 동정을 살피기 위하여 망을 보던 병사)이 와서 보고하기를, "적선들이 헤아릴 수 없을 정도로 많이 명량을 거쳐 곧장 진지로 향해 온다"고 했다.

적선은 명량을 통과했던 것이다!

이때 일본 전함의 수는 3백여 척이었으나 명량해협의 특성상 대형 군선인 아타케부네(안택선)는 통과하지 못하고 중소형 군선 세키부네 133척만이 해협을 통과해 우수영 앞바다로 쳐들어왔다.

명량해협은 오전 7시에 정조기(조류가 멈추는 때)를 맞이하므로 일본군은 이때 이곳을 통과했을 것이다.

이순신은 첩보를 받은 즉시 출동을 명했고 우수영 앞바다로 나갔다. 일본군은 조선 함대를 기다리고 있다가 이들을 즉각 둘러쌌다. 『난중일기』를 더 살펴보자.

> 곧바로 여러 배에 명령하여 닻을 올리고 바다로 나가니, 적선 백삼십여 척이 우리 배들을 에워쌌다. 여러 장수들은 스스로 적은 군사로 많은 적과 싸우는 형세임을 알고 회피할 꾀만 내고 있었다. 우수사 김억추가 탄 배는 이미 두 마장 밖에 있었다.

여기서 문제가 되는 부분은 역시 『난중일기』에 나오는 대목이다.

> 우수사 김억추가 탄 배는 이미 두 마장 밖에 있었다.

마장은 부정확한 거리 단위인데, 5리에서 10리 사이를 가리키는 것이니 두 마장이면 최소 4킬로미터 이상 떨어졌다는 이야기이다. 그런데 우수영에서부터 명량 입구까지가 1.7 킬로미터밖에 되지 않는다. 옆으로는 양도라는 섬이 있어서 바다가 보이지 않는다. 그러나 명량이 전장이 되면 거기서는 4킬로미터의 시야가 후방에 확보된다.

그럼 해전 위치는 어디였을까?

우수영 앞에서 부딪혔거나 명량 앞에서 부딪혔거나 후방으로 일본 함선이 있을 수는 없다. 여기서 '에워쌌다回擁'는 것은 전면부와 좌우가 막혔다는 이야기다. 명량해협이라면 어찌 되었건 에워쌌다고 이야기할 수는 없을 것이다. 마치 학익진 안에 들어간 것처럼 되었을 것이다. 그렇게 보면 명량해전이 벌어진 장소는 다음 페이지 지도의 ③번 위치였을 가능성이 높다고 하겠다. 이곳에서 적선이 이미 포위망을 구성하고 있는 상황이다. 등 뒤를 보이면 몰살당할 수밖에 없었을 것이다. 이순신은 여기서 기함을 몰아 전진한다. 『난중일기』를 또 보자.

> 내가 노를 급히 저어 앞으로 돌진하며 지자, 현자 등의 각종 총통을 마구 쏘아대니, 탄환이 나가는 것이 바람과 우레처럼 맹렬하였다. 군관들이 배 위에 빽빽이 들어서서 화살을 빗발치듯 어지러이 쏘아대니, 적의 무리가 저항하지 못하고 나왔다 물러갔다 했다.

이순신은 적들의 기선을 제압하는 데 성공했다. 하지만 133 대 1이라는 무시무시한 상황이었다. 모든 장병들이 겁에 질려있는 상황이었다. 이순신은 호통을 치는 대신 그들에게 부드럽게 말했다.

"적선이 비록 많다 해도 우리 배를 바로 침범하지 못할 것이니 조금도 마음 흔들리지 말고 더욱 심력을 다해서 적을 쏘아라."

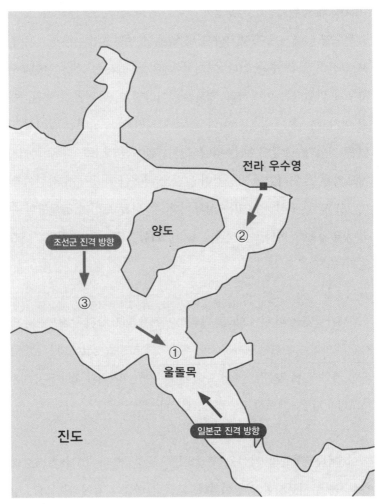

1번은 명량해전이 벌어졌다고 흔히 생각되는 울돌목(명량해협), 2번은 전라 우수영 앞바다에서 명량해전이 벌어졌다는 추정에 따른 위치, 3번은 명량해협을 지나서 양도와 진도 사이에서 명량해전이 벌어졌다는 추정에 따른 위치다. 위 지도는 정완희·민승식(2014)의 논문에 의거해서 작성되었다.

문제는 아군이 움직이지 않는다는 데 있었다. 아군의 함선들은 너무 멀리 떨어져 있어서 군령을 들을 수 없는 상황이었다. 군령이 들릴 곳까지 배를 움직였다가는 이순신이 후퇴하는 것으로 알고 적들이 기세를 올려 추격해 올 수 있었다. 이런 상황에서 적의 기세를 올려주었다가는 전멸할 수밖에 없었다.

이순신은 호각을 불게 하고 초요기招搖旗를 세우고 전진을 명하는 깃발을 올렸다. 초요기는 장수를 소집하는 깃발이다. 이에 중군장 김응함金應緘과 거제 현령 안위安衛(1563~?)가 배를 몰고 왔다. 이순신은 배 위에서 안위와 김응함을 직접 꾸짖고 독려했다.

안위와 김응함이 전진하자 일본 함선이 달려들었다. 한 함선과 싸우고 있던 안위의 배에 일본 함선 두 척이 붙더니 일본군들이 안위의 판옥선으로 기어 올라가기 시작했다. 이에 안위는 몽둥이, 창, 돌멩이들로 기어오르는 일본군을 공격했다.

안위와 병사들이 기진맥진해질 때까지 이 공방이 이어졌다. 이순신은 안위를 공격하는 세 척의 배를 공격하여 침몰시켰다. 이 무렵 다른 함선들도 이순신에게 합류하여 일본 함선들과 맞섰다.

이렇게 해서 일본 함석 31척이 격파되는 가운데 조선 측 문헌에 '마다시'라고 기록되어 있는 왜장 구루시마 미치후사来島通総(1561~1597)의 시체가 발견되고 이순신은 그를 효수하여 내걺으로써 일본군의 사기를 떨어뜨렸다.

일본군은 더 이상 버틸 수가 없어서 물러나고 마는데, 이때가 대략 오후 2시경으로 추정된다. 이렇게 명량해전이 막을 내렸다.

조선군의 함선은 정말 13척뿐이었나?

이 전투에는 이순신의 함선 13척(사실상 김억추는 참전하지 않았으니 실제로 싸운 함선은 12척이었을 것이다) 외에 민간 어선들도 참여했다. 그런데 이 전투에서 죽은 인물 중 마하수馬河秀(1538~1597)의 경우를 살펴볼 필요가 있다.

그는 본래 무관으로 이순신이 투옥된 뒤 물러났다가 이순신이 통제사로 복귀하자 달려온 사람이다. 관직은 없는 상태에서 향선鄕船(그 고장에서 사용하는 선박) 십여 척을 이끌고 명량해전에 참전했다. 기록으로 보면 그는 이순신이 위기에 처하자,

"사나이로 태어나서 이때가 죽을 때이다."

라고 외치며 일본 함선에 달려들어 총탄에 전사했다. 이 사건이 처음에 이순신이 단독으로 싸웠을 때 일어났는지, 격전 중에 일어났는지는 불분명하지만 단지 13척의 군선으로만 전투가 진행된 것은 아니라는 증거가 되겠다.

물론 마하수의 경우, 후대에 기록된 것이므로 나중에 명량해전에 가져다 붙인 것일 수도 있다. 하지만 이 기록은 『충무공전서忠武公全書』에 실린 것이므로 특별한 이유 없이 부정할 이유는 없을 것 같다.

전황이 매우 위태로웠던 것은 사실이다. 『난중일기』에는 이순신과 함께 있던 순천 감목관 김탁, 종 계생이 적탄에 맞아 숨졌다고 나오며 그 외에도 적탄에 부상한 사람들이 여럿 있었다.

명량해전, 그 후

명량해전 후 이순신은 계속 전선에서 후퇴했다.

일단 격전 후에 바로 당사도로 이동하는데, 전라 우수영의 위치에서 보면 상당히 멀다. 목포시보다도 위에 있다. 이날이 당일이니 9월 16일에 이동했다.

9월 17일에는 신안군의 어의도에 도착해서 하루를 정박했다.

9월 19일에는 법성포에 도착했다.

9월 20일에는 위도에 도착했다.

9월 21일에는 고군산도에 도착했다. 이곳에서 머물면서 장계를 올리고 공무를 처리했다.

10월 3일에는 남하를 하여 법성포에 도착했다.

10월 9일에 전라 우수영으로 귀환했다.

우수영은 황폐해진 상태였고 해남에는 일본군이 진을 치고 있었다. 하지만 일본군은 다음 날 이순신이 돌아왔다는 것을 알고 불을 지르고는 도망쳐 버렸다.

10월 29일 이순신은 목포 앞에 있는 고하도로 진영을 옮겼다. 이순신은 이곳에서 겨울을 지냈다.

이순신이 서해를 종단한 것은 몇 가지 이유가 있었을 것이다. 한 이유는 보급이고, 다른 이유는 일본군에 대한 무력시위였다는 것이 학계의 의견이다.

이를 뒷받침하는 것은 『난중일기』의 10월 7일 부분이다.

7일. 바람이 순하지 않고 비가 오다 개다 했다. 소문에 호남 안팎에 적의 자취가 완전히 없어졌다고 한다.

명량해전 이후 이순신의 이동 경로

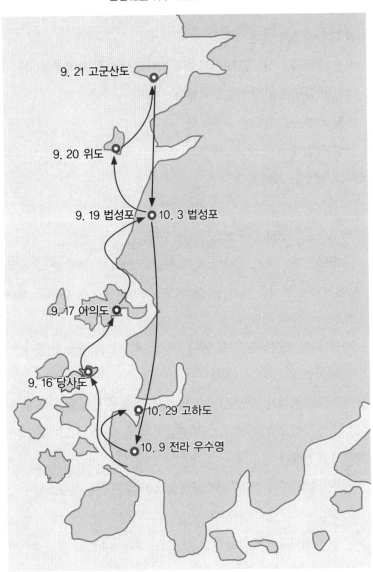

보급과 무력시위를 위해 서해를 종단하며 이동했다는 것이 학계의 의견이다.

일본군은 칠천량 해전으로 시작한 정유재란에서 두 달 만에 충청도까지 점령하며 다시 기세를 떨쳤다. 이때 조선 수군을 격멸하는 데 성공했다면 군량을 보급받아서(일본 수군은 상륙하면 육군 병력이 된다는 점도 생각해야 한다) 다시 한 번 북상했을 것이다. 하지만 명량에서 패배했을 뿐만 아니라 이순신이 북상하기 시작했다는 정보는 일본군에게 충분히 압박으로 작용했다. 일본군은 물러나기 시작했고 조명 연합군은 서서히 남진하면서 일본군을 압박하게 되었다. 명량해전이 없었다면 임진왜란은 더 오래 더 큰 피해를 주며 진행되었을 것이다.

> 명량해협에 철쇄를 설치해서 왜선을 쓰러뜨렸다는 전설과 인근 섬에서 왜선을 보고 강강술래를 추게 만들었다는 전설 두 가지는 모두 후대에 만들어진 것이며 사실이 아니다. 명량의 엄청난 조류를 철쇄로 막는다는 것은 불가능한 일이다. 당대 기록에도 철쇄에 관한 이야기는 전혀 나타나지 않는다. 자원 부족에 시달린 이순신이 이런 일을 할 이유도 없고, 부임으로부터 명량해전까지 이런 설치를 할 시간도 부족했다. 그럴 철이 있었으면 대포를 더 만들었을 것이다.

조선에 남은
외국인들

두사충杜師忠은 명나라 관리였으며 시성詩聖이라 불리는 두보의
21대 후손이었다.

그는 이여송의 참모인 수륙지획주사로 참전했다. 평양 전투에서 공
을 세웠지만 벽제관 전투의 패전 책임으로 처형당할 뻔했는데 정탁鄭
琢(1526~1605)의 상소로 간신히 처형을 면했다. 정탁은 나중에 이순신
장군의 목숨을 구하는 상소를 올린 바도 있는데 두사충과 이순신 사이
에도 교분이 있었다. 두사충의 매부가 수군 도독 진린이었기 때문이다.

임진왜란은 2차 진주성 전투를 끝으로 소강상태로 들어가는데, 두
사충도 이때 명나라로 돌아갔다가 정유재란이 벌어지자 이번에는 유
정 휘하 장수로 두 아들과 함께 조선으로 왔다. 매부인 수군 도독 진
린의 비장으로 활약했다. 이때 이순신 장군과도 교분을 가졌던 모양
이다.

이순신 장군이 두사충을 만나서 지어준 시가 있다. 〈봉정두복야奉呈
杜僕射(두 복야에게 드림)〉라는 제목인데, '복야'는 명나라 때는 존재하지
않던 벼슬이지만 높여 불러서 그런 호칭을 붙인 듯하다.

그는 임진왜란이 끝난 뒤 진린을 따라 돌아가다가 압록강에서 진
린과 헤어져 조선에 남았다. 명나라는 어지러워진 상태여서 돌아가는

것이 마땅치 않았을 수도 있겠다. 이 무렵에 명나라로 돌아가지 않고 조선에 남은 사람들이 적지 않았다. 품계가 3품 이상인 사람만 해도 80명이나 되었다.

두사충은 대구에 자리를 잡았는데, 풍수를 잘 보는 것으로도 유명해서 지금의 경상감영공원에 살았다. 이곳이 풍수에 좋은 자리였던 것인데, 너무 좋았던 모양으로 경상 감영이 들어서는 바람에 이사를 가야만 했다. 그는 이순신 장군 사후에 이순신 장군의 묘터도 잡아주었다. 풍수를 잘 본 명나라 관리로 시문용이라는 사람도 조선에 남았다. 그는 경상도 성주에 자리를 잡았는데, 광해군 때는 조정에 중용되어 궁궐, 왕릉 등 축조 사업에 참여하기도 했다. 그 때문에 인조반정 때 참수형에 처해지고 말았다.

당시 대구에는 또 다른 이방인이 있었다. 일본군에서 항복해 온 '항왜' 사야가沙也可도 대구에 자리를 잡았다. 그는 가토 기요마사의 부하였는데 예의의 나라 조선의 백성이 되고 싶다면서 투항했다. 한때는 칼을 들고 남의 나라에서 싸웠던 두사충과 사야가는 대구에서 교분을 쌓았다고 한다. 사야가는 조정에서 '김충선金忠善'이라는 이름을 하사받아서 우록 김씨의 시조가 되었다. 인조 때 일어난 이괄의 난에 출전하여 이괄의 부장을 죽이는 공을 세워 전답이 하사되었으나 사양하고 받지 않았다. 병자호란 때도 의병을 일으켜 청군과 싸워 공을 세웠다. 임진왜란, 이괄의 난, 병자호란에 다 공을 세워 '삼란공신'이라 불리기도 했다. 김충선이 남긴 글을 모은 『모하당문집』은 정조 대에 발간되었는데, 일본에서는 이런 일이 있을 리가 없다며 그의 존재를 부정하기도 했다.

광해군의
시대

광해군은 역사학계 논란의 중심에 있는 군주다. 그는 형제를 죽이고 적모嫡母를
유폐한 패륜 군주일까. 나라를 개혁하고 중립 외교로 나라를 지킨 현명한 군주일까?
광해군을 개혁 군주로 처음 본 사람이 식민지 시기 일본 학자였다는 점으로 인해
식민사관 논쟁까지 벌어지게 만든 군주가 광해군이다. 광해군의 치세를 읽고
독자 여러분들 나름의 판단을 내려봤으면 좋겠다.

세자 광해군

광해군은 공빈 김씨 소생이다. 위로 동복형 임해군이 있었
다. 임해군은 일찌감치 인성이 글러먹었다는 평가를 받으며 후계 대
열에서 탈락했다. 대신들의 마음은 광해군에게 있었다. 임진왜란이
벌어지자 광해군은 세자 책봉을 받았고 분조를 이끌고 전쟁을 지휘
해야 했다.

광해군은 함경도로 가게 되어 있었으나 가토 기요마사가 이미 함
경도를 휩쓸었다는 것을 알고 평안도와 황해도를 오가며 전쟁의 참
상을 직접 겪었다. 의주에 틀어박혀 백성들은 알 바 없었던 아버지
선조와는 완전히 다른 행보였다. 분조 때 광해군을 따라다닌 이들
은 이후에도 광해군의 핵심 인사가 되었는데, 처남인 유희분柳希奮
(1564~1623)을 필두로 혼맥 관계나 친구 관계로 얽혀 있었다.

전쟁이 끝난 뒤 선조는 왕비를 새로 맞아들였다. 51세의 임금
이 19세의 왕비를 맞이했다. 그때 광해군은 28세였다. 1602년(선조

35년)의 일이었다. 4년 후 계비 인목왕후仁穆王后는 아들을 낳았다. 정비 소생의 대군이 탄생한 것이다. 그가 영창대군이다.

이 무렵 문제를 더 복잡하게 만든 것은 명나라였다. 명나라는 광해군이 둘째 서자라는 이유로 세자 책봉을 해주지 않았다. 명나라에서 인정받지 못하는 세자라는 좋지 않은 모양새 때문에 광해군은 속앓이를 한참 할 수밖에 없었다. 결국 광해군은 즉위 후에야 왕으로 인정받았다. 세자로는 끝까지 인정받지 못했었다.

이 무렵 정권을 잡은 것은 북인이었다. 북인은 성품이 좋지 않았던 홍여순洪汝諄(1547~1609)이 대사헌에 임명되자 그를 반대하는 사람들과 지지하는 사람으로 갈라졌다. 반대파가 소북小北, 찬성파가 대북大北이었다. 소북은 영창대군을 지지했고 선조는 그런 소북을 마음껏 밀어주었다. 그런데 선조는 2년 후 쓰러졌다. 영창대군은 이제 세 살이었고 왕위를 이어받을 세자는 이미 결정되어 있었다. 그랬기 때문에 광해군이 왕위에 올랐다.

피바람이 불다

34세의 왕 광해군. 그는 산전수전 다 겪었고 어려서부터 총명하다는 말을 들었다. 사람들은 그가 전란 후의 어지러운 나라를 잘 이끌어주리라 믿었다. 그러나 즉위 초부터 피바람이 불었다. 소북의 영수로 영창대군을 밀었던 유영경柳永慶(1550~1608)은 사사되었고, 동복형 임해군도 역모라는 누명을 씌워 죽여버렸다.

광해군 때 정권을 잡은 쪽은 대북이었는데, 이 세력은 광해군의 척신(외척으로 신하가 된 것을 가리킴)이 이끌었다는 점도 주의해야 한다.

처남 유희분을 비롯해서 세자빈의 조부 박승종朴承宗(1562~1623), 외
조부 이이첨李爾瞻(1560~1623)이 대북을 주도했다. 이이첨은 대북의
영수인 정인홍의 제자였다. 대북의 또 다른 실세였던 임취정任就正
(1561~1628)은 광해군의 후궁 소용 임씨의 숙부였다.

대북은 정권을 유지하는 방법으로 옥사를 이용했다. 반대파를 축
출하는 데 역적이라는 타이틀만큼 좋은 것이 없었다.

이러던 중에 일어난 계축옥사癸丑獄事가 정국을 완전히 뒤흔들게
되었다. 1613년(광해군 5년)에 문경새재에서 강도 사건이 일어났다.
범인을 잡고 보니 명문가의 서자들이었다. 현실에 불만을 품은 이들
이 서로 모여 일탈 행위를 한 것이 분명했다. 그런데 이들에게 역모
혐의가 씌워졌다. 주도자는 서양갑徐羊甲(?~1613)으로 지목되었다.
서양갑은 역모 혐의를 계속 부인했는데, 어머니와 형까지 고문을 받
다 죽자 심경의 변화를 일으켜 부원군 김제남(소성대비(인목왕후)의 아
버지)이 주모자라고 고백했다. 사실일 가능성은 없는 이야기인데, 흔
히 이이첨이 사주한 것이라고 말한다. 김제남이 영창대군을 옹립하
고자 했으며, 선조가 죽을 때 영창대군을 부탁한 일곱 대신도 그 사
실을 알고 있다고 했다. 사소한 강도 사건이 역모 사건으로 번지고
이제 대군의 목숨도 걸리게 되었다.

이 옥사로 김제남은 사약을 받았고 영창대군은 강화도로 유배되
었다가 비참하게 죽임을 당했다.

왕실의 비정함은 특출난 군주가 아니면 막지 못하는 법이긴 했
다. 세종은 적장자인 형 양녕대군을 끝까지 지켜줬고, 성종도 형 월
산대군을 지켜주었다. 하지만 그런 경우보다 형제들을 죽인 경우가

훨씬 많았던 것이 사실이다. 그러나 어린 영창대군이 역모에 가담한 것도 아니었는데 정상적인 방법도 아닌 암살 형식으로 죽인 것은 광해군 스스로 정통성에 먹칠을 한 행위였다.

소성대비 폐모론

광해군은 여기서 한 걸음 더 나아가 소성대비를 정비의 자리에서 끌어내리고자 했다. 폐모론廢母論이 등장한 것이다.

폐모론은 원로대신들이 모두 반대를 표했고, 광해군은 그들을 모두 내쳤다. 임진왜란 때부터 명망을 얻어왔던 이원익李元翼 (1547~1634), 이덕형, 이항복李恒福(1556~1618) 등이 조정을 떠나거나 유배형을 받았다. 심지어 이이첨의 스승인 정인홍도 폐모는 안 된다며 반대를 표했다.

이때 북인이었던 기자헌奇自獻(1562~1624)도 폐모에 반대해 유배되었는데, 그 아들 기준격奇俊格(1594~1624)은 허균의 제자였다. 허균은 서양갑과 친하게 지냈는데, 이 때문에 의심을 받을까 두려워 이이첨의 심복이 되었다. 대북이 주도하여 폐모론을 내세웠고 이들에 의해 기자헌이 유배형을 받자 기준격은 허균에게 앙심을 품었다. 기준격은 허균이 역모를 꾀하고 있다고 비밀 상소를 올렸다. 허균도 기준격의 상소를 알고 변명하는 상소를 올렸다. 광해군은 이들의 상소문을 공개하지 않고 가지고 있다가 다음 해 4월에서야 꺼내놓았다.

1618년(광해군 10년) 1월에 소성대비는 서궁(지금의 덕수궁)에 유폐되었다. 대비 호칭은 박탈되었으나 폐모를 거론치는 말라는 어명도 따라 내렸다.

소성대비에 대한 처리를 놓고 이이첨과 허균의 뜻이 달랐다. 이이첨은 명나라에 이 사실을 통보하고 폐출해야 한다고 보았고, 허균은 즉시 폐서인하여 궁에서 내보내야 한다고 주장했다. 『조선왕조실록』에서는 허균의 방식이 광해군이 원한 것이라고 적혀있다. 궁에서 내보낸 뒤에 영창대군을 해치운 것처럼 죽이려 했다는 것이다. 궁에서는 소성대비를 지극정성으로 모시는 궁인들이 철저히 보호하여 죽일 수가 없었다는 것이다.

『조선왕조실록』을 따르면, 허균은 광해군의 묵인하에 서궁을 침입해 대비를 죽일 생각이었다. 하지만 허균이 그걸 핑계로 사실은 역모를 꾀하고 있다는 밀서가 올라오면서 기준격이 이미 올렸던 상소를 가지고 허균을 잡아넣었다는 이야기였다. 이때 허균은 폐모 문제로 이이첨과 척을 진 사이여서 이이첨의 도움도 받을 수 없었다.

허균은 8월 17일에 의금부에 잡혀 와 8월 24일에 거열형에 처해졌다. 죽을 때까지 허균은 자신의 죄를 인정하지 않으려 했다. 대형 사건임에도 배후를 낱낱이 파헤치려 하지 않고 일단 허균부터 죽이고 본 것은 대단히 석연치 않은 일이었다.

이이첨이 허균을 제거한 것이라는 시각도 있다. 허균은 이이첨의 심복으로 알려져 있기 때문에 허균을 오래 고문하면 저절로 이이첨과 연관된 일이라는 말이 나올 수도 있었을 것이다. 그 때문에 이이첨은 더 이상 허균이 입을 벌리지 못하게 만들어야 했을 것이다.

이제 진실이 어디 있는지 확실히 알 수는 없다. 하지만 허균이 제대로 된 조사도 없이 사지를 찢는 엄청난 형벌을 받았다는 점만은 확실하다. 조선은 법이 다스리는 나라였는데 이런 일이 아무렇지도 않게 자행될 만큼 기강이 무너졌던 것이다.

명나라의 파병 요청과 사르후 전투

이 해에 명나라 요동 경략 양호楊鎬(?~1629)로부터 파병 요청이 들어왔다. 양호는 임진왜란 때 참전하기도 한 장군이었다. 이 무렵 급성장한 누르하치(청 태조, 1559~1626) 때문이었다.

명나라 시절 여진은 세 갈래로 나뉘어 있었다. 건주여진(무순에서 압록강 일대), 해서여진(장춘, 길림 일대), 야인여진(흑룡강 일대)이 그것인데 건주여진에서 누르하치라는 영웅이 등장한다. 누르하치의 건주여진은 임진왜란 때 원군을 보내겠다는 제안도 했었다. 누르하치는 1616년(광해군 8년) 1월 58세의 나이로 후금後金을 건국하고 대칸의 지위에 올랐다.

누르하치가 요동 일대에서 농업을 시작하자 명나라가 그것을 금지하는 명을 내렸다. 누르하치는 1618년(광해군 10년) 「7대한서七大恨書」를 발표하고 명과의 전쟁을 선포한다. 「7대한서」는 여진족을 핍박하고 여진 사람을 죽인 것 등 명나라가 여진족에 저지른 죄 7가지를 명기한 것으로, 여진족에게 분노를 이끌어 내는 장치였다. 명은 요동 경략 양호를 통해 조선에게도 출병을 요구했다. 광해군은 성급한 파병론을 경계했다. 하지만 양호가 맹비난을 가하자 어쩔 수 없이 1만 3천 명의 병력을 편성했다. 조선군 총사령관인 도원수에는 형조참판 강홍립姜弘立(1560~1627)이 임명되었다. 강홍립은 무관 출신이 아니지만 함경도 병마절도사를 지내는 등 군사 부문에도 밝은 사람이었고 중국어에 능통했다. 이때 광해군이 강홍립을 불러 "형세를 살펴 일을 결정하라"는 밀지를 내린 이야기는 유명하다.

1619년 3월 조명 연합군 10만과 후금군 6만의 결전이 시작되었다. 조선군이 배속된 명군 동로군 사령관은 유정으로 역시 임진왜란 때 참전했던 장군이었다. 동서남북의 4로군이 진격하게 되었는데 서로군이 공을 탐내 무리하게 진격했다가 궤멸당하고 북로군도 기습을 받아 전멸했다. 동로군은 사르후에서 전투를 벌였는데 역시 대패했다. 유정은 화약 위에 앉아 화약을 폭발시켜 자살했다. 조선군은 김응하金應河(1580~1619)가 분전하다 전사하고 강홍립과 김경서는 항복했다. 강홍립은 광해군의 밀지에 따라 전세를 관망하다가 후금에 투항해 버렸다. 누르하치는 조선에 국서를 보내, 조선의 입장을 이해한다는 뜻을 전했다. 이 해 12월에 후금에 막대한 물자를 보내 호의도 표시했다. 후금도 이에 화답하여 강홍립을 제외한 조선 사람들을 모두 귀국시켜 주었다.

당연히 명은 조선의 태도가 석연찮다는 것을 알아차렸다. 그러나 광해군은 병조판서 이정귀를 명으로 보내 이번 사르후 전투에서의 패배로 조선은 더 이상 힘이 없다고 적극 변명하게 했다.

1621년(광해군 13년) 명의 장수 모문룡은 심양과 요양을 후금에 빼앗기고 조선의 의주로 도망쳐 왔다. 이로써 조선은 육로로는 명나라에 갈 수 없게 되었다. 후금은 모문룡을 의주에서 몰아내라고 조선을 압박했다. 광해군은 정충신을 누르하치에게 보내 조선의 입장이 불가피함을 설명하게 했다.

이이첨은 후금과의 전쟁도 불사하자는 강경론자였다. 이는 광해군의 뜻과 맞지 않았다. 광해군은 권력이 너무 커진 이이첨이 불편

했던 것 같다. 후일 반정이 일어나자 광해군은 거사 주역이 이이첨인 줄 알았을 정도였다.

광해군의 치적과 실정

광해군 때 경기도에서 대동법大同法을 시행하여 세제 개편의 길을 트는 등 개혁적인 면모도 있었다. 백성들이 나라에 바치는 세 중에는 지역의 특산물도 있었다. 이것을 공납貢納이라고 한다. 지역의 특산물이니까 그 지역에서 나는 물건이어야 하는데, 그렇지 않은 특산물이 많았다. 때문에 상인들이 그 물건을 구해서 대신 바치는 일을 했는데 이를 방납防納이라고 불렀다. 공납 물품은 다른 상인에게서는 구할 수가 없고 방납업자에게서만 구할 수가 있었기 때문에 부르는 것이 값이 되었다. 이런 폐단을 막기 위해 공납을 쌀로 내게 하자는 것이 대동법이다. 어의 허준許浚(1539~1615)의 『동의보감東醫寶鑑』이 완성된 것도 광해군 때였다.

광해군은 외교술의 대가이자 냉철하고 지성이 넘치는 사람처럼 보이지만, 실제로는 미신을 숭상하는 사람이었다. 그는 점쟁이와 풍수쟁이들의 말을 신봉하고 그에 맞춰 궁궐을 마구 지어 민생 경제를 어렵게 만들었다.

> 연산군에게 장녹수가 있었다면 광해군에게는 김개시가 있었다. '개시'란 개똥이라는 뜻이다. 김개시는 용모가 아름답지 않은데도 광해군의 총애를 받았다. 비방을 통해서 사랑을 얻었다고 하니, 아마도 점이나 주술 같은 것으로 광해군의 관심을 얻어낸 모양이다. 상궁이 되어 이이첨을 비롯한 권세가들과도 추잡한 관계를 가졌다는 말도 있다. 흉악하고 계교가 많아 여러 악행을 저질렀으며 인조반정이 일어나자 바로 죽임을 당한 인물이기도 하다.

인조반정과
이괄의 난

광해군은 과도한 옥사로 많은 적을 만들었고, 그에 비해 자신을 지지하는 세력을 키울 줄은 몰랐다. 그 결과 폐모라는 약점이 만들어지고 명나라에 대한 의리를 배반했다는 명분이 세워지자 권좌에서 손쉽게 쫓겨나고 말았다.

능양군, 반정을 결심하다

선조의 후궁 인빈 김씨 소생인 정원군에겐 세 명의 적자 능양군(인조), 능원군, 능창군이 있었다.

1615년(광해군 7년)에 사건 하나가 벌어졌다. 능창군의 친척(능창군의 양모 신씨의 사촌) 신경희申景禧는 같이 어울려 다니던 소명국蘇鳴國이 폐모론을 따르지 않자 원한을 가지게 되어 그의 음행을 고변하였다. 소명국은 옥에 갇히자 억울한 마음에 신경희가 역모를 꾀했다고 고발했다. 신경희는 이이첨의 심복이었기에 이이첨은 난감한 처지에 놓이게 되었다. 신경희는 이이첨을 역모에 엮지 않았고 그가 추대하려고 한 사람은 능창군이었다고 이야기했다.

능창군은 강화도 교동으로 유배되었다. 이곳은 영창대군이 죽었던 곳이다. 능창군은 여기서 혹독한 대접을 받았고 수모를 견디지 못하고 자살하고 말았다. 이때 열일곱 살이었다.

능창군의 죽음에 충격을 받은 아버지 정원군도 곧 세상을 떠나고 말았다. 능양군은 이때 반정을 결심했다.

광해군은 수많은 옥사를 통해서 적들을 많이 만들었다. 자신의 친위 세력인 대북이라 하더라도 신경희나 허균처럼 광해군의 눈 밖에 나면 죽게 되었으므로 대북의 지지도 강했다고 보기는 어렵다. 오히려 광해군 스스로 이이첨이 반란을 일으키지 않을까 생각할 정도였다.

능양군은 이이의 문인인 이귀, 김류를 포섭했다. 김류는 신경진을 끌어들였다. 김류는 김여물, 신경진은 신립의 아들이었는데, 김여물과 신립 모두 임진왜란 탄금대 전투에서 전사했다.

이귀는 평산 부사로 있으면서 호환을 대비하기 위해 착호갑사를 운용하게 해달라고 해서 허락을 받았다. 이귀의 아들 이시백은 최명길과 김자점을 포섭했다. 이귀의 준비를 눈치챈 자가 있었는데, 옥사가 너무 많았던지라 사건으로 만들지 않고 이귀를 파직하는 것으로 마무리했다.

이귀는 훈련대장 이흥립을 동참시켰고 거사일도 결정되었다.

왕이 된 능양군

반정 세력은 1623년(광해군 15년) 3월 13일 밤, 홍제원 장만의 집에 집결하기로 했다. 그런데 대장으로 추대된 김류가 나타나지 않았다. 고변자가 있었던 것이다. 김류는 반정이 탄로 난 것을 알고 집에서 잡으러 오기를 기다리고 있었다.

반정군은 이괄을 총대장으로 세우고 창의문(한양 도성의 북소문)으로 향했다. 그때서야 김류가 도착해 다시 대장 자리를 차지했다. 이들이 도착하자 창의문을 지키고 있던 이흥립이 문을 열어주었다. 광해군은 달아났다. 저항할 생각을 하지 못한 것이다.

반정군은 창덕궁을 불태웠다.

이귀는 서궁으로 가 소성대비를 모셔 오고자 했는데 소성대비는 정황을 파악하지 못해 움직이지 않았다. 능양군이 가서 인사를 올리자 그제서야 상황을 알았다. 소성대비는 왕을 폐하여 서인으로 만들고, 능양군에게 왕위를 잇게 하였다.

반정 세력은 광해군의 죄상으로 국모를 유폐하고 왕실의 가족들을 죽였으며 옥사를 여러 차례 벌여 수많은 인명을 해치고 토목 공사를 크게 벌여 백성을 괴롭혔고 관직을 팔았으며 심한 부역을 행했다는 점을 들었다. 특히 임진왜란 때 나라를 되찾게 한(재조지은再造之恩) 명나라를 배반하고 전선에 나간 장수에게 상황을 봐서 향배를 결정하라는 말을 했다는 점을 들어 은혜를 모르는 금수가 되었다고 통렬하게 비난했다.

대북에 대한 숙청 작업이 곧바로 시행되었다. 이이첨, 유희분은 잡혀 와 목이 잘렸고, 박승종은 달아났다가 음독자살했다. 대북의 정신적 지주였던 정인홍도 참수형을 당했다. 정변의 결과 350여 명이 죽거나 관직에서 쫓겨나는 철저한 보복을 당했다. 이렇게 해서 대북은 다시는 정계에 등장할 수 없게 되었다. 정권은 서인에게 넘어갔다.

이괄의 난

공신 책봉이 뒤를 이었다. 정사공신靖社功臣에는 53명이 책봉되었는데, 선정에 문제가 있었다. 임시 대장을 했던 이괄이 2등공신이 되었는데, 이괄은 자신이 무관이라 낮게 평가되었다고 불만을 품었다. 더구나 그는 평안도 방어를 맡게 되어 한양도 떠나야 했다.

그는 광해군 때 함경도 북병사에 임명되어 임지로 가야 했으나 떠나지 않고 있다가 반정에 참여했었다. 그에게는 부원수 겸 평안도 북병사의 자리가 주어져 다시 북방으로 떠나야 했다. 처음 그에게 제안이 왔던 자리는 병조판서였으니 이괄의 실망이 더욱 컸을 것이다.

이괄을 북방으로 보내고자 한 것은 후금의 동향이 심상치 않았기 때문이었다. 도원수 장만은 평양에, 부원수 이괄은 영변에 머물렀는데, 이때 이괄에게는 1만 2천의 병력과 항왜 130명이 있었다. 임진왜란 때 항복한 일본인으로 구성된 항왜는 나이가 들었어도 전투력이 대단했다.

그런데 이괄이 역모를 꾀한다는 고발이 들어왔다. 반정 초기에 역모 고발은 자주 일어났다. 정권이 불안정한 상태에서 평소 원한을 풀기 위해 역모로 모는 경우가 많았던 것이다. 이괄의 경우도 딱히 어떤 물증이 있는 건 아니었다.

북방의 병력 대부분을 손에 쥐고 있는 이괄을 잡아 온다는 건 쉬운 일이 아니었다. 인조는 그 아들을 인질로 잡고 있어야 한다는 속셈으로 이괄의 아들을 잡아 오라고 했는데, 오히려 이괄의 반란을 부추긴 꼴이 되었다.

"아들이 역적인데 아비가 무사할 수 있겠는가?"

이괄은 이렇게 말하고 금부도사의 목을 베어버렸다. 이제 이판사판이었다.

이괄은 1월 22일 거병하여 2월 11일 한양에 들어섰다. 조정에서는 이괄의 역모에 거론된 사람들을 모두 죽이고 병사들을 모아 대항해 보고자 했으나 사람들이 모이지 않았다. 인조는 도성을 버리고 달아났다.

도원수 장만은 병력이 적어 이괄을 막을 수 없었다. 장만은 이괄의 뒤를 쫓으며 역전의 기회를 노렸다. 장만은 안주 목사 정충신의 조언을 받아 안현(길마재)에 진을 치고 이괄과 결전을 벌였다. 치열한 전투 끝에 장만 군이 승리했다. 도망친 이괄은 부하들에 의해 목이 잘리고 말았다. 이때 이괄의 오른팔이었던 한명련도 죽었는데 한명련의 아들 한윤은 달아나 후금에 투항했다.

인조 정권은 지켜졌지만 그 피해는 막대했다. 북방의 정예군이 이번 싸움으로 무너졌다. 후금의 동향이 심상치 않은 때에 북방 방어에 빨간불이 켜진 것이다.

이괄을 물리치는 데 큰 공헌을 한 정충신의 내력은 다음과 같다. 권율이 이치 전투에서 이기고 승전보를 의주에 있는 임금에게 알려야 하는데, 그 험한 길을 갈 만한 용사가 없어서 고민을 했다. 이때 심부름꾼으로 있던 소년 정충신이 자기가 가겠노라고 나섰다. 정충신은 험난한 길을 뚫고 가 무사히 임금이 있는 행재소까지 도달했다. 그 재주를 높이 산 이항복이 정충신을 거둬들여 글을 가르쳤다. 이항복은 권율의 사위이기도 했다. 정충신은 이항복에 대한 의리를 끝까지 지켜 이항복이 광해군에 의해 유배되었을 때 같이 따라가기도 했다.

정묘호란과 병자호란

인조 즉위 후에 터진 전쟁 때문에 조선 조정이 후금을 배척하고 명나라에 사대하고자 했으므로 전쟁을 초래했다는 시각이 많다. 하지만 이것은 피해자에게서 원인을 찾는 전형적인 나쁜 해석이다. 조선이 전쟁 한 번 하지 않고 일본에 나라를 빼앗겼다고 욕하는 사람들을 생각해 보면 간이고 쓸개고 내주며 나라를 유지했을 때도 비난은 여전히 있을 것이다.

정묘호란

이괄의 잔당이 후금으로 들어가 조선의 정세를 알려주었고, 명과 결전을 앞둔 후금은 후방의 안전을 위해 조선을 정벌해야 한다고 생각하게 되었다.

1626년(인조 4년) 8월 누르하치가 죽고 누르하치의 8남 홍타이지(청 태종)가 즉위했다. 홍타이지는 조선 정벌을 단행했다. 1627년(인조 5년) 1월 3만의 병력이 의주, 안주를 침공했다. 도체찰사 장만이 방어에 나섰으나 후금군을 막을 수 없었다. 인조는 강화도로 도망치고, 소현세자는 전주로 내려가 분조를 이끌었다. 이 전쟁이 정묘호란丁卯胡亂이다.

후금군은 평산에서 진격을 멈추고 화의를 맺었다. 최명길이 적극 화의를 주장하여 화의가 성립되었다. 이 화의 조건은 나쁘지 않았다. 후금은 명과의 사대관계를 인정해 주었다. 그러나 후금은 과도한 공물을 요구하고 불평등 무역 관계를 주장하여 조선의 반감을

정묘호란과 병자호란 당시 청군의 진군 경로

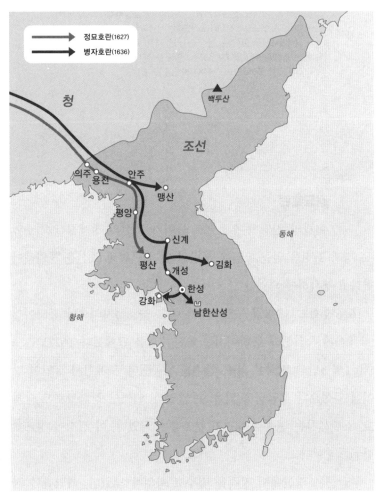

정묘호란과 병자호란 당시 청군은 무서운 속도로 진격해 왔고, 인조와 소현세자는 도성 밖으로 피난해야 했다.

끌어올리고 말았다.

1632년(인조 10년) 후금은 내몽골 정벌에 나섰다. 이때 조선에게 군신의 예를 갖추라는 요구를 했다. 조선은 당연히 거절했다. 조선 안에서는 전쟁하자는 여론이 들끓었다.

1635년(인조 13년) 후금은 원 제국의 전국옥새를 구했다. 전국옥새는 황제를 상징하는 물건이다. 이에 다시 조선에게 군신의 예를 갖추라는 요구를 했다. 조선은 거절했고, 후금의 사신들은 목숨에 위협을 느껴 후금으로 달아나야 했다.

1636년(인조 14년) 4월 홍타이지는 나라 이름을 청淸으로 바꾸었다. 이 해에 조선에게 최후통첩을 했다. 11월 25일이 최후통첩에서 알린 출병 시기였다.

조선은 군신 관계를 맺을 수 없다고 또 거부했다. 홍타이지는 12월 2일 조선 침공군을 출발시킨다. 이 병력이 얼마인지에 대해서는 논란이 있다. 일반적으로 알려지기는 13만 정도 되는데, 당시 청나라의 인구 사정으로 보면 불가능한 숫자라고 한다. 구범진 교수의 연구에 따르면 병자호란 때 청군의 규모는 병사 3만 4천여 명에 쿠툴러(노복) 1만 1천으로 총 4만 5천여 명이었다.

홍타이지

홍타이지는 보통 인물이 아니었다. 그가 '만주'를 선언한 이야기는 유명한데, 그동안 여진을 부르던 이름인 '주신'을 버리고 '만주'를 선언한 것은 그가 자신의 출신 부족에 얽매이지 않는 원대한 야망을 품은 사람이라는 것을 증명한다. 이미 이 무렵 청은 한족, 몽골족, 조선족에 기타 소수 종족들이 뒤섞인 다종족 국가였다. 여진족의 나라였던 금金으로는 이들을 모두 포용할 수 없었기에 새로운 이데올로기가 필요했다. 그것이 바로 '만주' 선언이며, 국호를 청淸이라 만든 이유였다. 새 국호를 만들어 여진족만의 국가가 아니라는 것을 보여준 것이다.

홍타이지의 즉위식에 참석한 조선 사신들은 배례하기를 거부했다. 조선은 형제의 나라여서 군신 관계의 배례를 올리지 않은 것이다. 청의 신하들은 오만한 조선 사신들을 처형해야 한다고 목소리를 높였다. 그러나 홍타이지는 이렇게 말했다.

"조선의 임금은 짐에게 원한을 가지고 있어 짐으로 하여금 사신을 죽이게 하여 구실을 만들고자 한다. 이들을 풀어주어라."

홍타이지는 자신만만하게 자신의 침공 경로를 조선 사신에게 알려주었다.

"조선에 산성이 많다지만 나는 큰길로 당당히 나아갈 것이다. 조선이 강화도를 믿는다지만 우리가 팔도를 유린하면 그 작은 섬에서 나라 노릇을 하겠는가? 귀국의 벼슬아치들이 붓으로 우리를 물리칠 수 있겠는가?"

조선에서도 인조가 평양성으로 가 당당하게 싸워야 한다는 의론이 있었으나, 인조가 선택할 리가 없는 전법이었다. 인조는 병력을 북방에 집중해야 한다는 상소마저 물리치고 남한산성에 병력을 남겨두었다.

병자호란의 발발

조선이 아무 준비도 하지 않고 전쟁만 주장한 것은 아니었다. 남한산성도 수리를 해놓고 침입로인 백마산성에 병력과 군수 물자를 보충하기도 했으며 곳곳에 산성도 쌓았다. 다만 이런 일을 하느라 백성들을 들볶으니, 최명길은 전란이 일어나면 백성들이 등을 돌릴까 우려하고 있었다.

당시 의주 부윤은 임경업이었다. 조선 정부는 당연히 의주에서 압록강 건너로 넘어오는 적을 방어하는 전략을 펴야 했으나 임경업에게 대로에서 떨어진 백마산성으로 가라고 명령을 내렸다. 도원수 김자점은 북방의 모든 병사들을 산성으로 집어넣었다.

1636년(인조 14년) 12월 2일 심양을 출발한 청군은 12월 6일 압록강에 나타났다. 조선 측 정찰병이 이것을 발견하고 봉화를 올렸다. 그러나 김자점은 청군의 진격이 이렇게 빠를 리 없다고 생각하여 경계를 내리지도 않았다. 군관을 의주로 보내 확인시키는 일을 하기는 했으나 군관이 돌아와 청군의 침공을 알리자, 거짓 정보를 망령되이 흘린다고 참수하려고 들기까지 했다.

12월 8일, 청군은 아무 저항도 받지 않고 압록강을 건넜다.

청군은 임경업이 있는 백마산성은 쳐다보지도 않았다. 도로를 막고 있는 것도 아닌데 군이 공격할 필요가 없었던 것이다. 청군은 그대로 안주, 평양을 거쳐 황주까지 내려왔다. 무인지경을 달린 것이다.

청군이 이렇게 무인지경을 달린 데는 이들이 약탈을 하지 않았다는 이유가 있다. 읍성을 약탈하였다면 자연히 소규모 전투라도 벌어졌을 것이다. 그러나 홍타이지는 속공으로 인조를 잡으려는 계획과 조선의 민심을 얻으려는 생각이 있었기에 약탈을 하지 않았다. 더구나 조선인 향도(길잡이)들이 많아 길을 찾아가는 데도 어려움이 없었다.

12월 13일, 청군은 황해도 황주까지 이르렀다. 김자점은 봉산에서 청군과 전투를 벌였으나 패배하고 말았다. 이때서야 조정에 청군의 침입이 알려졌다.

김자점은 정방산성으로 후퇴했다가 청군의 뒤를 쫓기 시작했다. 후방을 공격하겠다는 생각은 가상했지만, 정작 자신의 뒤는 살피지 않았다. 김자점 군의 뒤에는 홍타이지의 동생 도르곤이 이끄는 부대가 있었다. 도르곤은 야간 기습을 감행했고 김자점은 대패했다.

청군은 진군에 더욱 박차를 가했다. 12월 14일 청군이 개성을 지났다는 소식이 들어왔다. 인조는 종묘의 신주들을 강화도로 보내고 자신도 강화도로 가기 위해 준비했다. 저녁이 되어서야 출발할 수 있었는데, 이때는 이미 적군의 선봉이 한양에 나타났다.

인조는 최명길을 불러 적군과 회담을 하며 시간을 끌라고 하고 강화도로 떠났다. 이때는 혹한이라 길이 얼어붙어 말이 제대로 걸음을 옮길 수도 없었다. 인조는 걸어서 피난을 해야 했다. 그러나 행보가 너무 더디어 결국 강화도로 가지 못하고 되돌아왔다.

엎친 데 덮친 격으로 폭설까지 내렸다. 인조는 다시 강화도로 가기 위해 길을 나섰지만, 폭설 때문에 이번에도 강화도로 갈 수 없었다. 결국 인조는 남한산성으로 들어갔다. 사실은 이때 청군은 강화도로 가는 길목을 모두 차단했던 터라 인조가 강화도로 향했다면 사로잡히고 말았을 것이다.

인조는 가짜 왕족을 보내 시간을 끌게 했다. 이런 졸렬한 속임수는 금방 탄로 나 사절 박난영의 목숨만 잃게 했다. 청군은 세자가 오지 않는 한 강화 논의는 없다고 선언했다.

12월 15일, 한양이 함락되었다. 사실 함락이라는 말이 무색한 상황이었다. 청군은 봉산에서 김자점 군과 싸운 것 이외에는 싸움이라고는 전혀 하지 않았다. 압록강, 청천강, 대동강, 임진강과 자비령 등 요충지가 숱하게 있는 험난한 북방 길을 아무 전투도 없이 달려와 조선 국경을 넘은 지 일주일 만에 도성을 점령한 것이다. 임진왜란 때보다도 더 빨리 도성이 함락되었다.

이때부터 47일간의 농성이 시작되었다. 조선군이 이 시기에 손을 놓고 논 것은 아니다. 강원도 군사는 금단에서 청군과 대치했고, 충청도 군 8천여 명도 북상하여 12월 29일 청군과 결전을 벌였다. 10여 차례의 공방전이 펼쳐졌으나 결국 패배하고 말았다.

남한산성 농성전

12월 29일, 청 태종 홍타이지가 한양에 도착했다.

이듬해 1월 2일, 경상도 군사 8천여 명이 경기도 광주 쌍령에 도착하여 청군과 부딪쳤다. 사격하던 중에 탄약이 떨어져 탄약을 달라고 큰 소리로 외치는 것을 청군이 듣고는 탄약이 부족한 것을 알고 그대로 밀어붙여 조선군은 대패하고 말았다. 청군에는 조선말을 알아듣는 사람들이 많이 있었던 것이다. 흔히 쌍령 전투는 4만의 군대가 청군 3백 기에 무너졌다는 식으로 이해하는 경우가 많은데 이는

남한산성 동문과 성벽
인조와 조선 조정은 남한산성에서 47일 동안 농성전을 벌였다.

사실이 아니다. 야사에 전해져 오는 이야기일 뿐이다. 청군의 병력
도 조선군과 엇비슷했을 가능성이 높다.

1월 5일, 전라 병사 김준룡은 용인 광교산에 2천 군사를 거느리고
도착했다. 김준룡은 청군의 접근을 사전에 파악하고 매복한 뒤 기습
하여 대승을 거두었다. 특히 이 전투에서 홍타이지의 매부 양고리陽
古利를 쓰러뜨리는 큰 성과를 거뒀다. 그러나 수적 열세였던 전라도
군은 탄약마저 떨어져 수원으로 후퇴할 수밖에 없었다.

도원수 김자점은 양평에 있었다. 그는 강원도, 함경도의 군사 1만
7천여 명을 거느린 상태에서 움직이지 않았다. 전쟁 후 김자점을 죽
이라는 주장들이 나왔지만 인조는 모른 척하다가 유배형에 처하는
정도로 끝냈다. 반정공신인 김자점을 처형할 용기가 없었던 것이다.

청군은 예상외로 전쟁을 오래 끌게 되자 초반의 엄정했던 군율이 풀어지면서 민간에 대한 약탈을 저지르기 시작했다. 수많은 백성들이 어육이 되고 말았다.

1월 16일, 청군에 속한 중국 한족 부대가 화포를 이끌고 도착했다. 남한산성 안으로 포격이 시작되었다.

1월 22일, 강화도가 함락되었다. 청군은 몽골군과는 달랐다. 이들 중에는 해전에 능한 한족들도 다수 있었던 것이다. 조선군은 봉림대군의 지휘 아래 항전했으나 청군을 당할 수 없었다. 척화파 김상헌의 형 김상용은 사세가 불리해지자 손자와 함께 화약 더미에 불을 당겨 자결했다. 강화도를 함락시킨 이는 도르곤이다. 도르곤은 휘하의 몽골군을 강화에 진주시켰다. 몽골군은 강화도를 아주 쑥대밭으로 만들었다. 약탈, 방화, 강간, 살인이 끊이지 않았다. 조선왕조의 신주도 칼질을 당했다. 인종 비 인순왕후의 신주는 아예 없어지고 말았다. 이 당시 정절을 지키기 위해 많은 부녀자들이 스스로 목숨을 끊었다.

1월 26일, 강화도 함락 소식이 남한산성에 전해졌다. 이미 양식도 떨어진 터라 민심이 흉흉해져 있었다. 군사들이 척화파 대신을 적진으로 보내라고 시위를 할 정도였다. 모반이 일어나도 이상하지 않을 상태였다. 인조는 항복을 결심했다.

인조는 홍타이지가 자기를 속여 끌어내 죽이려는 것이 아닐까 걱정하고 있었다. 이에 대해 홍타이지는 이미 20일에 이렇게 말한 바 있었다.

"만약 간사하게 속이는 계책으로 그대를 취한다면 천하가 크기도

한데 모두 간사하게 속여서 취할 수 있겠는가. 이는 와서 귀순하려는 길을 스스로 끊는 것이다."

천하를 상대한 내가 조선 국왕을 속임수로 대해서야 어찌 천하 사람들의 신뢰를 얻겠냐는 이야기다.

그러나 인조는 이 말이 진짜인지 다시 한 번 물었다. 홍타이지는 가소로운 듯이 답변을 보냈다.

"짐이 약속을 지키지 않을까 의심하는 것인가. 그러나 짐은 본래 나의 정성을 남에게까지 적용하니, 지난번의 말을 틀림없이 실천할 뿐만 아니라 후일 제도를 새롭게 고치는 데에도 함께 참여할 것이다."

더불어 청의 요구 조건이 왔다. 그중 요점만 정리해 본다.

1. 세자와 왕자 하나, 대신들의 아들을 인질로 바친다. 아들이 없으면 동생을 인질로 보낸다.
2. 명 정벌군을 소집하면 조선군도 수만 명을 보내도록 한다.
3. 돌아가는 길에 가도를 공격할 것이니 배 50척과 수군을 지원하라.
4. 성절聖節(황제의 생일)·정조正朝(설날)·동지冬至·중궁 천추中宮千秋(황후의 생일)·태자 천추太子千秋(태자의 생일) 및 경조慶弔에 사신을 보내되 명나라에게 했던 대로 예를 올린다.
5. 포로(조선에서 붙잡힌 사람을 가리킨다)가 도망치면 주인에게 돌려보내라. 속전을 바치고 풀려나겠다면 그것은 허용한다.
6. 청군으로 붙잡힌 병사들은 모두 돌려보내라.
7. 대신들은 우리와 통혼하여 화친을 돈독히 한다.

8. 성벽의 수리 및 성의 신축을 일체 금한다.

9. 조선에 있는 우량카이 사람들은 모두 돌려보낸다.

10. 일본과의 교역은 허락하나 일본의 사신을 조회케 하라.

그리고 세폐歲幣(중국에 보내는 공물)의 양을 지정했다. 명에 바치던 세폐의 몇 배나 되는 양이었다. 더구나 명은 하사품이나 있었지만 청은 그런 것도 없었다.

청은 인조의 용포 착용을 금지하고 남문으로 나오는 것도 금지했다. 김상헌과 정온은 치욕을 견디지 못하고 자결을 시도했으나 둘 다 가족에게 발견되어 실패했다.

항복하는 인조

인조가 항복했다는 사실을 아직 몰랐던 외부의 조선군들은 여전히 청군과 싸우고 있었다.

평안 감사 홍명구와 평안 병사 유림도 남하했다. 두 사람은 전투에 임하는 의견이 달랐다. 유림은 조정의 명이 없다 하여 더 이상 진격하려 하지 않았다. 홍명구는 노해서 말했다.

"주상께서 위기에 처했으니 목숨을 바쳐야 마땅하다! 우리가 싸우면 적은 남한산성에 집중할 수 없으니 이것도 하나의 계책이니라!"

1월 28일, 청군과 싸우게 되었을 때 홍명구는 평지에, 유림은 숲속 고지에 자리를 잡았다. 홍명구가 적장 2명을 베는 전과를 올렸다. 그러나 청군은 군사 한 무리를 배후로 돌려 홍명구 군을 기습했다. 청군이 홍명구 군에게 돌진하자 홍명구가 유림에게 도움을 요청했지만 유림은 움직이지 않았다. 이미 때가 늦었던 것이다. 홍명구는

"이곳이 내가 죽을 자리다!"

라고 외치고 격전을 거듭했다. 화살을 3대나 맞았으나 모두 뽑아버리고 싸우다가 결국 힘이 다해 전사하고 말았다. 적군은 이제 유림의 군사 쪽으로 몰려들었다. 유림은 홍명구가 분투하는 동안 1선에 창검병, 2선에 궁병, 3선에 총병을 구축하고 침착하게 청군을 기다리고 있었다. 창검병이 돌격하여 청군과 싸운 뒤 물러나자 총병이 일제 사격을 가해 청군을 쓰러뜨렸다. 유림은 산 중턱에 복병도 놓아두어 청군을 공격하게 했다. 청군은 큰 손실을 입고 퇴각했다.

유림은 군사를 재정비하여 가평으로 이동했다. 그러나 이때 인조가 항복한 사실을 알게 되었다. 모든 것이 헛수고였던 셈이었다. 뒷날 유림은 홍명구를 구원하지 않았다는 이유로 여러 차례 탄핵을 받는다.

1월 29일, 주전파 대신 윤집과 오달제를 결박하여 청 군중으로 보냈다. 이들은 홍익한과 함께 심양으로 끌려가 모진 고문 끝에 죽고 만다. 이들을 '삼학사三學士'라고 부른다.

1월 30일, 인조가 삼전도에 나가서 항복했다. 인조는 홍타이지에게 세 번 절하고 아홉 번 머리를 조아리는 삼배구고두三拜九叩頭를 행했다. 삼배구고두는 황제에게 최대의 경의를 표시하는 인사법이다. 홍타이지가 소리가 작다고 다시 절할 것을 명하니 얼어붙은 땅바닥에 머리를 부딪쳐야 했다. 청군은 희희낙락하며 활쏘기를 하는 등

놀이를 즐겼다. 빈궁과 대군의 부인들도 홍타이지에게 절을 올려야 했다. 인조는 옥새를 바쳤다. 의식이 끝난 후 인조는 밭 한가운데 꿇어앉아 홍타이지의 처분을 기다려야 했다. 저녁이 되어서야 도성으로 돌아가도 좋다는 허락이 떨어졌다.

인조가 돌아가는 길에는 포로로 잡힌 조선인들이 수만 명이나 늘어서 있었다. 이들은 재물을 바치고 풀려나지 못하면 심양에 가서 노예가 될 운명이었다. 백성들은 인조에게 손가락질을 하며 원망을 퍼부었다. 도대체 얼마나 많은 사람들이 붙들려 갔는지 알 수가 없다.

포로 중에는 기술자들도 상당수 포함되어 있었다. 여자들이 부지기수로 잡혀간 것은 말할 나위도 없다. 재상 김류의 서녀도 붙잡혀 갔는데, 속전을 바친다 해도 되찾을 수 없었다. 무엇 때문에 그랬는지 능히 짐작할 수 있을 것이다.

전란의 뒤처리는 더 큰 일이었다. 남도에서 끊임없이 식량을 바쳐 올렸으나 굶어 죽는 이들이 속출했다. 남도도 지나친 공출로 아사자가 나올 판이었다. 조선의 부는 포로의 속전과 과도한 세폐로 인해 블랙홀에 빨려들듯이 청으로 들어가 버렸다. 임진왜란 이후 간신히 회복한 힘이 이때 다시 소진되고 말았다.

전쟁 이후

❖ 삼전도비

1637년(인조 15년) 3월, 청은 인조가 항복한 장소에 대청 황제 공덕비를 세우라는 명을 내렸다. 이것이 이른바 삼전도비다.

그해 11월 3일, 비석을 세울 단을 준공했고, 11월 25일, 청 사신 마푸타(마부대라고도 쓴다)가 검수하여 합격 판정을 내렸다.

문제는 이 다음부터였다. 청은 본래 비문을 보내주겠다고 했었는데, 일이 번거롭다고 하여 조선보고 글을 지으라고 했다. 본래 이런 글은 예문관 대제학이 짓는다. 그러나 하필 이 자리가 공석이었다.

인조는 이경석, 장유, 이경전, 조희일에게 비문을 지으라고 명했다. 모두 이런 비문을 지을 수 없다는 심정으로 사퇴를 청했으나 인조는 받아들이지 않았다. 오히려 콩 볶듯이 볶은 결과 이경석은 이틀 만에, 장유는 사흘, 조희일은 나흘 만에 비문을 지어 바쳤다. 이 당시 이경석은 예문관 제학의 벼슬에 있었다.

인조는 이 중 이경석과 장유의 글을 택해 심양으로 보냈다. 조희일은 자신의 글이 채택되지 않도록 일부러 졸렬하게 글을 썼고, 이경전은 고심하다가 병석에 드러누워 숨을 거두고 말았다.

심양에서는 명나라 학사 출신인 범문정이 심사를 하여

삼전도비

청의 명령으로 인조가 항복한 장소에 세워진 공덕비. 한문, 만주어, 몽골어의 세 개 언어로 청 태종의 승전을 칭송하는 글이 새겨져 있다.

이경석의 글을 선택했다. 쓸 만하지만 내용이 소략하니 적어준 내용을 추가하라는 조건으로.

인조는 이경석을 불러 사정했다. 저들의 비위를 맞춰주지 못한다면 무슨 일이 생길지 모른다며 월왕 구천의 고사까지 들먹이는 인조의 말에 이경석은 비문을 고쳐 쓸 수밖에 없었다.

이경석은 상당히 합리적인 인물이었다. 애초에 청이 군신 관계를 요청했을 때, 조선 조정은 청과의 관계를 끊어야 한다는 여론으로 들끓었으나 이경석은 신중론을 펼쳤다. 청에 보내는 국서에 '금'이라 쓸 것인가, '청'이라 쓸 것인가 논쟁이 붙었을 때는, 황제를 칭하는 국호 청을 사용해서는 아니 되나, 청을 명분을 가지고 잘 설득하여야 한다는 입장을 보여 막무가내 강경론자와는 다른 자세를 보여준 바 있었다.

항복이 결정되었을 때, 겁에 질린 조정이 11명의 대신을 청군에 압송하려 하자 이경석은 분연히 반대 의견을 개진하였다. 그의 논지는 대략 이러했다.

"이 일로 국난을 면할 수 있다면야 충성스럽고 의기로운 선비가 스스로 나설 것이지만, 어찌 조정이 이들을 먼저 결박하여 적군에게 보낼 수 있겠습니까? 오랑캐가 요구하는 것은 주모자이니 그들만 보내야지 많은 사람을 보내서는 아니 됩니다."

이경석의 이러한 주장으로 결국 윤집과 오달제만 청군에 보내게 되었다. 그나마 피해를 최소한으로 줄인 것이다.

이경석이 고쳐 쓴 비문은 다음 해 2월 심양으로 보내졌다. 낙점을 받은 글로 작업이 시작되었다. 비에는 한문, 만주어, 몽골어의 세 가지 언어로 글이 새겨졌다. 1639년(인조 17년) 12월에서야 비가 완성되었다.

❖ 공물

청에 최초로 바쳐야 했던 세폐(공물)는 대체 어느 정도의 가치가 있었던 것일까?

이것은 적게 보아도 30만 냥이 넘는 금액이었다. 이 금액은 영·정조 시대의 중앙과 지방 관서의 총 경상 비용의 4분의 1에 해당한다. 조선의 부담은 이뿐만이 아니었다.

청에 매년 8차례의 사신이 가야 했는데, 사신이 한 번 움직이면 당연히 바쳐야 할 물건이 필요했고, 경비가 들어가야 했다. 이것을 '방물方物'이라 부른다. 이 비용이 평균 6만 7천 냥쯤 되었다. 이보다 더 큰 일은 청에서 오는 사신을 대접하는 일이었다. 이것을 '지칙효勅'이라 부른다. 지칙에도 30만 냥 이상의 돈이 들어갔다. 이 사신들이 연간 2차례 조선을 방문했다. 조선은 백만 냥에 가까운 돈을 허공에 뿌려야 했던 것이다.

이런 무리한 요구는 청이 1644년(인조 22년, 명나라 숭정제 17년) 입관入關, 즉 산해관山海關을 넘어 중원을 차지할 때까지 지속되었다. 산해관은 중국과 변방의 경계에 있는, 중원으로 들어서는 관문이었다. 조선의 돈으로 청은 전쟁을 치렀던 것이다.

청이 이렇게 무리한 요구를 한 것에는 조선을 완전히 쥐어짜 딴 생각을 못 하게 만들어야 한다는 의도가 숨어 있었다. 따라서 입관 후에는 그렇게 무리하게 조선을 쥐어짤 필요가 없었다. 그래서 점차 공물을 줄여주었다.

1728년(영조 4년)이 되면 공물의 액수는 절반으로 줄어든다. 그리고 1894년(고종 31년)까지 이런 액수가 유지되었다.

1736년(영조 12년) 이후 조선이 보낸 공물을 계산해 보면 세폐가 8만 냥, 방물이 5만 1천 냥, 지칙이 6만 9천 냥이었다. 입관 전 액수의 4분의 1 이하로 떨어진 것이다. 청은 종종 공물을 돌려주기도 했다. 조선은 청과의 교역으로 부족한 물자들을 많이 수입했기 때문에 여러 가지 방법으로 무역을 하고자 했다. 이 때문에 청에서 "조선이 겉으로는 예의를 앞세우나 뒤로는 이득을 탐하고 있으니 관계를 끊어야 한다"는 비난이 나오기도 했다. 역시 돈 앞에는 장사가 없는 법이다.

❖ 포로

청이 병자호란을 일으켜서 후방의 걱정을 끊었다고 이해하는 경우가 많은데, 이런 식으로 큰 그림에서 간략한 정보만 가지고 말하면 잘못된 판단을 내리기 쉽다. 다들 알다시피 조선은 청을 선제타격할 군사력이 없었다. 흔히 병자호란을 명나라를 공격하기 위해 배후의 위협을 없애고자 한 것이라고 말하지만 조선은 배후의 위협이 되지 않는 나라였다. 오히려 조선은 별문제 없이 만만하게 쳐서 항복을 받을 수 있는 나라로 보였다고 해야겠다. 조선을 '빵셔틀'로 만드는 것이 홍타이지의 목적이었다. 조선 정벌은 홍타이지의 친정親征이었지만 그는 조선에 오래 머물지 않았다. 당시 천연두(마마)라는 무서운 전염병을 신경 썼기 때문이라고 한다. 영화 〈우주전쟁〉에서 외계인을 무찌른 박테리아처럼 천연두는 이국의 정복자를 빨리 내쫓아 주었다.

청이 병자호란을 통해 얻은 이익은 굉장히 많은데 그중 하나가 포로다. 당대의 증언을 보면 다음과 같다.

50여만 명이 포로가 되었다.

-최명길, 『지천집遲川集』

심양에서 속환한 사람이 60만이다. 몽골 군대에 포로가 된 자는 포함하지 않았다.

-나만갑, 『병자록』

심양 시장에서 팔린 사람이 66만이다. 몽골에 남아 있는 자는 셈하지 않았다.

-무명씨, 『산성일기山城日記』

심양으로 간 포로가 60만 명인데 몽골군에게 붙잡힌 자는 셈하지 않았다 한다.

-정약용, 『비어고備禦考』

얼마만큼의 사람들이 잡혀가 노예가 되었는지 정확히 알 수는 없다. 하지만 위의 숫자는 너무나 많다. 청의 인구가 백만에서 2백만 사이였다고 보는데 여기에 50만을 잡아갔다고 하면 당장 이들을 먹이고 재울 수 없었을 것이다. 병자호란의 비극성을 높이기 위해 포로의 수를 늘리는 것은 매우 쉬운 방법일 것이다. 그렇게 해서 숫자는 부풀려진다.

청은 이들을 노동력과 재력(속환비는 천정부지였다. 과거 일이긴 하지만 중국인은 10냥에 속환되었는데, 조선인은 3백 냥이 기본이었다)으로 활용하며 중원을 정벌했다.

조선의 패배는 뼈아픈 일이긴 하지만 명은 아예 정복당해 청의 통치를 받게 되었고 조선은 자치를 인정받았다. 왜 그랬는지 생각해 보는 것도 흥미로운 일일 것이다.

천연두는 바이러스로 전파되는 전염병이다. 1796년 영국의 의사 에드워드 제너가 종두법을 개발할 때까지 무수히 많은 사람들을 죽인 질병이기도 하다. 1980년 5월에 세계보건기구는 천연두가 절멸했음을 선언하여 인류가 최초로 완벽하게 극복한 질병이 되기도 했다. 만주인들은 천연두를 '마마'라 부르며 두려워했다. 마마라는 말은 우리말에도 남아있다. 홍타이지의 가족들 중에도 천연두로 사망한 경우가 여럿 있었기 때문에 홍타이지는 천연두를 극히 두려워했다.

홍도야 울지 마라

유명한 가요 〈홍도야 울지 마라〉와 관련된 사연은 아닌데, 그보다 더 애절한 사연을 지닌 홍도가 조선에 살았었다.

조선 선조 때 남원에 홍도라는 처녀가 살았다. 혼기가 되어 신랑을 구하는데 퉁소 잘 불고 노래 잘 부르는 정생이 사위 후보에 올랐다. 서로 혼약을 맺기로 하였는데 정생이 무식한 것이 마음에 들지 않았다. 홍도의 아버지가 혼담을 깨려고 하자 홍도가 말했다. "혼인은 하늘이 정해주는 것입니다. 이미 결정된 혼담을 사람이 중간에 그만두어서는 안 됩니다."

이렇게 해서 홍도는 정생과 결혼했다. 2년 뒤에는 아들을 낳아서 몽석이라고 이름을 지었다.

임진왜란이 터지자 정생은 궁수로 참전했다. 정유재란 때 남원성 전투에 홍도는 남장을 하고 남편과 같이 있었다. 군에서는 홍도가 여자인 줄 전혀 몰랐다.

이때 남원성을 지키던 이는 명나라 부총병 양원의 군사 3천과 전라병사 이복남 등이 거느린 1천 명뿐이었는데, 일본군은 우키타 히데이에, 고니시 유키나가 등 5만 6천의 대병력이었다. 이복남이 지키던 남문이 함락되면서 장수들은 모두 전사하고 양원만 간신히 탈출했다.

홍도는 일본군에게 붙잡혀 남편과 헤어지게 되었다. 홍도가 남장을 하고 있어서 일본군도 홍도가 여자인 줄 몰랐다. 홍도는 여기저기 팔려 다니다가 상선에서 노 젓는 일을 하게 되었다. 그녀는 남만(중국 남쪽의 이민족들을 통칭하는 말)의 상선에 타서 중국 절강성까지 오게 되었다. 절강성으로 오는 배에 탄 것은 조선으로 돌아갈 기회를 엿보고자 했기 때문이었다.

그런데 어느 날 밤 퉁소 소리가 들려오는데 잘 아는 곡조였다. 늘 남편이 부르던 그 노래였다.

"이 노래는 옛날 조선에서 듣던 곡조 같구나."

그러자 노래가 바뀌었다. 남편과 둘이서 부르던 노래로 바뀐 것이다. 홍도는 눈물을 왈칵 쏟아내며 손뼉을 치며 외쳤다.

"내 남편이 맞구나!"

다음 날 남편이 중국 관원과 함께 배로 홍도를 찾아왔다. 알고 보니 남편은 홍도도 양원을 따라 달아난 줄 알고 아내를 찾아 명나라 군과 함께 다니다가 절강성까지 오게 되었던 것이다.

극적으로 다시 만난 부부를 절강성 사람들도 축복해 주었다. 사람들이 성금을 모아주어 두 사람은 절강성에서 새 출발을 할 수 있었다.

두 사람은 둘째 아들 몽진을 낳았는데 몽진은 명나라 여인과 혼인했다. 이 명나라 여인은 아버지가 임진왜란에 참전했다가 돌아오지 않았다.

"이 사람과 혼인하면 언젠가 조선에 가서 아버지를 찾을 수 있을지도 모른다고 생각해요. 그렇지 못해도 조선에서 제사를 지내고 싶습니다."

1618년(광해군 10년)에 명나라는 후금을 공격하였는데 정생은 이때 명나라 제독 유정의 군대에 편입해서 만주로 출정했다. 1619년(광해군 11년) 조선에서는 강홍립이 이끄는 부대가 합류하여 대전투(사르후 전투)가 벌어졌는데, 명군은 이때 대패했다. 정생이 죽었는지 살았는지 아무 소식이 전해오지 않았다.

홍도는 1년 동안 남편을 기다리다 조선으로 돌아가기로 마음 먹었다. 가산을 처분하고 작은 배를 장만해서 바다를 건넜다. 죽을 고생을 다 하고 간신히 제주도 해역에 도착해서 조선 수군을 만날 수 있었다.

그 전에 차라리 자살할까도 생각했지만 며느리가 애써 말려서 다행히 살아서 고국 땅에 도착할 수 있었다. 조선 수군은 이들의 작은 배를 매달고 순천에 내려주었고, 홍도와 가족들은 그곳에서 도움을 받아 남원에 도착할 수 있었다.

고향 옛집을 찾아가니 뜻밖의 사람이 있었다. 남편이었다!

남편은 명군이 패했을 때 조선 사람이라고 외쳐서 살아남을 수 있었다. 정생은 잡혀갔다가 탈출해서 조선으로 돌아왔다. 고향을 향해 달아나다가 다리를 다쳐 충청도에서 의원을 찾았는데, 그 의원은 원래 명나라 군인이었다. 이야기를 주고받다 보니 이 사람은 바로 며느리의 아버지였다. 두 사람은 서로 기구한 운명에 놀라 통곡을 하고 함께 남원으로 내려왔다. 남원에서는 고향 집에서 큰아들이 살림을 하고 있었다. 정생은 아내와 헤어진 것을 슬퍼하고 있었는데 아내가 둘째 아들 내외와 함께 찾아온 것이다.

두 차례의 전란을 거쳐 네 나라를 떠돌았던 가족들은 드디어 다시 만나 행복한 생활을 맞이할 수 있었다.

가도의 역사

모문룡은 젊어서 군대에 들어갔는데 조선으로 넘어오기 전까지는
특별히 알려진 사항이 없는 그저 그런 사람이었다.
그는 압록강 하구 아래쪽 가도를 점거하고 그곳의 영주처럼 굴었다.
명과 조선을 연결한답시고 호가호위하며 호의호식했다.

명나라 장군 모문룡, 가도에 들어가다

한반도를 토끼 모양으로 보면, 평안도 압록강 아래쪽에 토
끼 앞니처럼 톡 튀어나온 부분이 있는데, 여기가 철산군이다. 그 아
래 섬이 하나 있다. 이름은 가도.

광해군 14년(1622년)에 이곳을 차지한 명나라 장군이 있었다. 이
름은 모문룡毛文龍(1576~1629). 그는 후금이 요동 지방을 공략하던 광
해군 13년(1621년)에 압록강을 넘어 도망쳐 들어온 사람이었다. 권
세가 떠르르해서 '해외천자'라 불릴 정도였다.

그는 220여 명의 병력으로 진강(지금의 단둥)을 공격하여 탈취하는
등 조선을 안전판으로 삼고 게릴라전을 펼쳤다. 그러니 후금에서도
가만있을 리가 없었다. 모문룡을 잡기 위해 압록강을 넘어 남침을
감행했다. 이런 일을 가만히 두고 볼 수 없었던 조선 조정은 모문룡
에게 가도로 들어가 은신하라는 충고를 했다.

광해군은 모문룡을 가도에 유폐하고 신경을 꺼버렸다. 다음 해인

1623년(광해군 15년, 인조 즉위년)에 인조반정이 일어났다. 임금을 몰아내고 새로 정권을 차지한 인조 입장에서는 명나라의 승인이 절실한 상태였고, 모문룡은 반정의 명분 중 하나인 친명반금親明反金(명과 화친하고 후금에 대항함)의 상징이자 명나라와 연결되는 소중한 끈이었다. 때문에 인조는 모문룡에게 적극적인 지원을 약속했다. 이제 가도는 은신처가 아니라 모문룡의 영지가 되어버렸다.

아직도 임진왜란의 피해를 복구하지 못해 조선 국고는 적자 상태였는데, 이런 마당에 모문룡에게 엄청난 군비를 제공해야만 했다. 그리고 이괄의 난이 일어났다.

이괄은 평안도의 정예병들을 동원해서 반란을 일으켰고, 그 때문에 난이 진압된 후 평안도의 군사력은 바닥으로 떨어지고 말았다. 이렇게 되자 모문룡은 자기 휘하의 병력과 전쟁통에 피난 온 중국인('요민'이라고 부른다)을 기반으로 오만 약탈을 자행한다. 모문룡이 거느린 병력은 2만 8천 정도. 거기에 요민 10여 만 명이 그의 세력이었으니 조선 조정의 입장에서는 결코 무시할 수 없는 세력이었다. 문제는 이들의 주둔 비용을 모두 조선이 부담해야 했다는 것.

모문룡은 당시 명의 실세였던 환관 위충현에게 뇌물을 바쳐 자신의 지위를 공고히 해놓았다. 거기에 들어가는 비용도 조선의 몫이었다.

이래서 후금의 침략에 모문룡이 뭔가 하나라도 도움이 되었다면 그나마 조선 조정의 혜안이라고 할 것인데, 그런 일이 없었다.

모문룡, 제거되다

정묘호란이 일어났을 때, 후금의 목표 중 하나는 모문룡 제거였다. 그런데 전쟁이 터졌을 때 참전해 줘야 할 모문룡과 그의 군대는 대체 어디 있었는가?

그는 잽싸게 도망쳤고 전쟁 기간 내내 후금군을 피해 숨어 있었다. 이쯤 되면 아무리 호구인 조선 조정이라 해도 화가 좀 날 만하지 않았을까? 그래서 전쟁이 끝난 후 모문룡에게 "안 도와줘서 섭섭하다"라고 말해버렸다.

모문룡은 반성했을까? 오히려 조선이 후금과 짜고 자기를 제거하려고 후금군을 불러들인 거라고 화를 냈다. 명나라에 전쟁 결과를 보고하는 장계도 고치게 했다. 후금의 공격에서 조선을 구원한 영웅이 자기라고 쓰라고 한 것이다.

그래서 어떻게 했을까? 그렇게 해주었다. 덕분에 모문룡은 명 조정으로부터도 큰 상을 받았다.

그런데 위충현의 뒷배였던 명 황제 천계제天啓帝(재위 1620~1627)가 그해 가을에 죽었다. 권력을 잃은 위충현도 그해 겨울 자살했다. 환관들에게 밀려나 있던 명나라 동림당(개혁적인 성격의 사대부들의 붕당)에게는 반격의 시간이었을 것이다.

1629년(인조 7년) 여름, 새 요동 경략 원숭환은 모문룡을 불러들여 그를 현장에서 처단해 버렸다. 이렇게 환관들 세력 중 하나를 꺾은 셈이기도 했는데, 결국 후일 환관 세력의 반격으로 명장 원숭환도 처형된다.

가도는 이제 원숭환의 손에 들어갔고, 원숭환은 모문룡의 양자

부총병 모승록, 부총병 진계성, 중군 서보주, 유격 유흥조 넷을 가도의 지휘관으로 임명했다. 이중 진계성이 감독관으로 최종 책임자였다. 진계성은 딸을 모문룡의 첩으로 보낸 사람이었다. 얼마 후 원숭환은 진계성과 유흥조 두 사람을 지휘관으로 삼았다. 유흥조는 그해 1월 3일 후금과 싸우다가 전사했다. 그 뒤를 유흥조의 동생 유흥치가 물려받았다.

유흥조, 유흥치 형제는 1605년(선조 38년)에 후금에 투항했다가 모문룡과 내통하고 1628년(인조 6년) 9월 명에 투항한 인물들이었다.

원숭환은 진심으로 후금을 공격하고자 했고, 이건 이것대로 조선 조정의 두통거리였다. 조선은 후금과 전면전을 펼칠 능력이 없었던 것이다. 군사도 없고 군량도 없었다.

그런데 그 원숭환이 그해 12월 체포되었다. 그는 모반을 일으키려 했다는 모함을 받아 이듬해 9월 능치처참을 당했다.

가도를 차지한 유흥치

가도에도 일대 혼란이 벌어졌다. 1630년 4월, 유흥치가 진계성을 살해하고 가도의 권좌에 올랐다. 유흥조가 전사하면서 유씨 일가가 다시 후금으로 넘어가게 되었고, 후금에서 이들을 인질로 유흥치에게 선무공작을 했기 때문이기도 했다.

명은 유흥치가 진계성을 살해한 것에 놀라 진압군을 파견했다. 그러자 유흥치는 반역의 뜻은 없다고 말하고 충성을 맹세했다. 그러는 한편으로는 후금에도 충성을 맹세하는 등 이중 행각을 이어갔다.

가도의 정변은 명백한 반역 행위였으므로 조선에서는 이때다 싶어 가도 정벌을 꾀했다. 그런데 정벌군이 조직되었을 때 유흥치가 가도를 떠나버렸다. 이때 유흥치는 명 조정에 해명하기 위해 등주登州(지금의 산둥 반도에 있던 지명)로 갔다. 조선은 가도에 유흥치가 없으니 가봐야 소용이 없다고 갑론을박하다가 결국 군대를 철수시켰다. 그 후 유흥치가 돌아왔는데 명 조정이 그를 처벌하지 않았으니 조선 조정도 그를 응징할 수가 없었다.

유흥치의 가도에서의 전횡도 여전히 계속되었다. 유흥치는 계속 명과 후금 사이에서 위험한 줄타기를 하고 있었고, 이제 명이나 조선의 지원도 예전 같지 않아서 가도의 생활이 피폐해지기 시작했다.

이런 와중에 1631년 3월 유흥치가 피살되었는데, 그 과정이 자못 미스터리하다. 『승정원일기』를 따르면 유흥치를 죽인 것은 유흥치가 거느리고 있던 투항 여진인들이었다. 이들은 유흥치를 데리고 후금으로 가려고 했는데 유흥치가 이를 따르지 않고 오히려 여진인들을 죽이려 해서 선수를 쳐서 죽인 것으로 말하고 있다.

한편 『조선왕조실록』에는 유흥치가 후금에 투항하려 하여 그 부하 장도와 심세괴가 그를 죽였다고 나온다. 아무튼 유흥치는 이중 행적을 일삼다가 살해되고 말았고 가도의 권좌는 심세괴에게 넘어가게 되었다. 장도는 유흥치가 피살되고 얼마 후에 수군 1,300명을 거느리고 가도에서 철수했다.

세 번째 지배자, 심세괴

심세괴는 본래 요동 상인 출신으로 추남이었다고 한다. 그런데 딸은 절세 미녀여서 모문룡에게 첩으로 바쳐 신임을 얻었다. 그도 모문룡과 마찬가지로 환관들에게 줄을 대고 있었다. 또한 모문룡과 마찬가지로 후금과는 적당한 거리를 유지하고 싶어 하는 인물이었다.

가도가 이렇게 엉망진창으로 흘러가자 모승록, 공유덕 등은 후금으로 도망쳤다. 모승록은 공유덕과 함께 등주를 공격했다가 패배했다. 그러자 공유덕을 죽이고 명에 귀순하려다가 오히려 공유덕에게 살해되었다. 당시 중국은 명의 멸망이 다가오면서 혼란에 빠졌다.

그리고 1636년, 드디어 병자호란이 발발했다. 청군은 가도를 어떻게 여기고 있었을까? 다들 알다시피 (결과적으로 멍청한) 조선의 방어책은 대로를 텅 비워놓는 것이어서 청군은 쾌속 진격을 했다.

이때 가도의 명군이 나와서 청군의 후미를 공격했다면 이 전쟁의 양상은 달라졌을까? 하지만 가도의 심세괴는 움직이지 않았다.

청군은 가도의 배후지인 철산을 공격하게 부대 하나를 보냈다. 하지만 철산에는 아무것도 없었다. 다들 피난 가버렸던 것이다.

남한산성에 포위된 인조를 구하기 위해 원군이 시급했고, 당연히 가도에도 원군 요청이 갔었다. 이 때문에 강화도의 수비 병력조차 빼냈지만 가도의 심세괴 세력은 움직이지 않았다.

가도를 정벌한 조청 연합군

인조의 항복을 받은 청은 조선 조정에 가도 공격을 명했다. 가도에서 도망쳐 청에 투항한 공유덕 등이 인솔하는 청군과 평안 병사 유림, 의주 부윤 임경업 등이 이끄는 조선군의 합동 공격이었다.

군민 5만이 밀집해 있던 가도. 하지만 원래 용맹이라고는 없던 동네었다. 조청 연합군 앞에서 버틸 재간이 없었다. 그나마 심세괴는 대장답게 비굴하지 않은 모습으로 죽었다.

그는 마푸타가 무릎을 꿇으라고 한 명에도 따르지 않았고, 옷을 벗고 칼을 받으라고 하자 "죽은 자에게서 옷을 벗겨가는 것은 너희들 특기 아니냐. 내 피 묻은 옷은 네가 가지고 가라"라고 뻣뻣하게 대답했다. 격노한 마푸타가 한칼에 그를 죽였다. 그나마 이 때문에 심세괴가 중국에서는 높이 평가받는다. 하지만 그는 일군의 장수로서는 낙제점일 수밖에 없다.

가도는 이렇게 멸망했다. 가도의 세력과 조선은 서로에게 책임을 미루고 서로에게 앞장서기를 바랐다. 힘은 기울이지 않고 공은 세우고 싶었던 것이다.

조선은 가도에게 단호히 아니라고 말할 수 있었어야 했고, 가도는 본토와 협력하여 요동으로 진격했어야 했다. 하지만 앞장서는 이가 없는데 어찌 가능했겠는가.

모문룡을 처단한 원숭환은 본래 문관이었다. 그는 불패의 명장이었던 누르하치를 영원성 전투에서 막아냈고 홍타이지의 공격도 격퇴했다. 누르하치가 죽자 원숭환은 조문을 갔는데, 적국의 수장에게 허락도 없이 조문을 간 것에 트집이 잡혔다. 원숭환의 명성이 올라갈수록 그를 위험하게 보는 사람들도 늘어났고, 그것이 결국 모문룡 제거를 빌미로 원숭환을 없애게 된 원인이 되었다. 나라가 멸망할 때는 그만큼 질서가 무너졌을 때라는 것을 원숭환의 처형에서 알 수 있다.

효종과
흑룡강 원정

해외 문물에 호의적이었던 소현세자가 안타깝게 병사한 후 청에 대한
적개심이 컸던 봉림대군이 왕위에 올랐다. 효종은 국력을 키워 북벌을
하고자 하는 꿈을 품고 있었다. 북벌은 시대적 요청으로 보였지만,
이룰 수 있는 꿈이었는지에 대해선 의문이 있다.

소현세자는 정말 독살되었을까?

병자호란의 결과 조선의 소현세자와 왕자 봉림대군이 인
질로 청나라의 심양으로 끌려갔다. 소현세자는 이곳에서 명나라의
멸망도 눈으로 볼 수 있었다. 서양의 선교사들도 청에 들어와 있어
서 그들을 통해 서양의 신문물에도 눈을 떴다. 청나라에서도 소현세
자의 인간 됨을 좋아했다.

1645년(인조 23년) 소현세자가 귀국했다. 소현세자는 귀국하고 두
달 후 병사했다. 귀국 후 갑작스런 죽음이라 뒷말들이 무성했다. 이
때 원손은 열 살이었다. 인조가 조금 더 살면 왕위를 물려받기에 어
려운 나이는 아니었다. 실제로 인조는 4년 후 죽었으므로 원손이 열
네 살로 왕위를 물려받을 수 있었다. 하지만 인조는 봉림대군을 세
자로 세웠다. 반대가 많았지만 왕의 뜻은 확고했다. 그 뒤 강빈의 옥
사가 만들어지고 세 아들은 제주도에 유배되었다. 그중 둘이 비명횡
사했다.

인조의 이와 같은 후계 구상은 숱한 의문을 낳았다. 소현세자가 인조에 의해 독살되었다는 이야기도 이런 정황에 근거한 것이다. 흔히 소현세자가 청나라에 기운 모습을 보고 인조가 분노했다는 말을 많이 하지만 조정의 분위기는 반청이 아니었다. 인조도 척화파, 즉 반청파가 패전의 원인이라고 보고 그들을 배척했다. 그리고 청의 요구에는 공손할 정도로 과하게 응했다.

인조반정 후 서인은 공서功西와 청서淸西로 나뉘어졌다. 공서는 이귀, 김류, 최명길, 김자점 등 반정공신들이었다. 공신이 아니었던 서인들은 청서가 되었는데 김상헌이 대표적인 인물이었다. 공서 중에는 청과의 화해를 주장한 사람들이 많았고 청서 중에는 명나라에 대한 의리를 지켜야 한다는 쪽이 많았다. 하지만 이들의 정책적 차이는 크지 않고 전반적으로 서인이라는 틀 안에 있었다.

군주의 항복이라는 전대미문의 굴욕을 겪었는데도 정권을 담당한 측에는 변화가 없었다. 이것은 인조반정 후 철저하게 대북을 궤멸시킨 결과이기도 했다. 대북 역시 그 전에 각종 옥사로 선비들의 싹을 잘라놓은 상태이기도 했다. 그렇기에 새로운 세력이 성장할 여지가 없었던 것이다. 인조는 새로운 세력을 키우기 위해 산림山林의 인사들을 불렀는데 이들은 인조의 부름에 잘 움직이지 않았다. 인조를 움직이기 쉽지 않을 것이라 본 것이다. 인조의 친청 행동 역시 산림에게는 움직이지 않아야 할 이유가 되었다.

공신은 공을 세워서 맺은 관계, 즉 임금과의 관계가 중요했다. 인조 대 공신들은 인조에게 빚을 지웠다. 하지만 효종은 그들에게 가진 빚이 없었다. 빚이 없을 뿐만 아니라 사실상 나라를 말아먹은 장본인들인 그들이 좋게 보일 리도 없었을 것이다.

효종과 산림, 그리고 북벌

효종은 즉위하자마자 산림의 인사들을 뽑아 올렸다. 조선 전기에는 사림士林이 있었는데 이제는 산림이 등장했다. 무슨 차이일까? 사림은 출사를 꺼리지 않았다. 그러나 산림은 출사하지 않는 것을 미덕으로 삼았다. 재야에 있으면서 조정의 일에 훈수를 두는 걸 좋아했다. 산림을 대표하는 선두 주자는 송준길宋浚吉(1606~1672)과 송시열宋時烈(1607~1689)이었다. 둘 다 김장생의 제자였고, 김장생은 율곡 이이의 제자였다. 그러니 이들은 모두 집권 세력이었던 서인의 갈래였다. 송시열은 대군 시절 효종의 스승이기도 했다.

이 두 사람은 인조가 여러 차례 관직을 내리고 조정에 불렀으나 응하지 않거나 응해도 금방 다시 낙향했었는데, 효종의 부름에는 응했다.

송준길은 조정에 출사하자마자 바로 김자점을 탄핵했다. 김자점은 인조 후궁 귀인 조씨의 인척으로, 말하자면 척신이었다. 그를 몰아내려는 움직임은 인조 때도 있었지만 왕의 신임이 요지부동이었다. 그런 그가 바로 물러나게 되었다.

김자점은 점차 내몰리자 역모를 꾀했다가 1651년(효종 2년)에 사형에 처해졌다. 이로써 친청파를 조정에서 모두 몰아낸 효종은 북벌을 추진하기 시작했다.

효종은 군사력 강화에 큰 힘을 기울였다. 하지만 그가 정말 북벌을 원했을까? 효종은 청나라에 볼모로 있으면서 청나라의 강대함을 눈으로 봤던 사람이다. 그 청나라가 이제는 중국 전체를 장악하고 있었다. 그런데도 정말 북벌이 가능하다고 믿었을까?

또한 산림의 지도자였던 송시열도 북벌을 원했다고 한다. 그런데 송시열은 제갈량이 아니었다. 제갈량 같은 말을 한 적도 없다. 송시열은 덕을 쌓아야 한다는 그야말로 원론적인 말밖에 한 적이 없다.

흑룡강 원정

효종이 기른 군사력을 시험할 기회가 있었다. 1654년(효종 5년)에 청나라에서 원군을 요청해 왔다. 청의 영역을 침범한 나선羅禪을 공격하기 위함이었다. '나선'은 러시아의 중국 번역어다. 러시아는 1581년부터 동쪽을 탐험하기 시작했다. 시베리아로 들어선 것이다. 1638년에는 흑룡강(헤이룽강)에 러시아의 포야르코프 원정대가 도착했다. 1647년 드디어 바다에 도착하여 '오호츠크해'라는 이름을 붙였다. 이렇게 해서 만주 북방에서 중국과 러시아 양국은 충돌하게 됐다.

이때 함경도 병마우후 변급邊岌(?~?)이 군사 150여 명을 거느리고 원정을 떠났다. 이 중 조총수가 백 명이었다. 변급의 부대는 맡은 바 임무를 훌륭히 마치고 귀국했다.

4년 후 다시 원군 요청이 있었다. 이때는 혜산진 첨사 신류申瀏를 대장으로 삼아서 조총군 2백 명과 기타 병력 60여 명을 보냈다. 조청 연합군은 흑룡강에서 코사크족의 오노프리오 스테파노프 원정대와 만나 전투를 치렀다. 이때 러시아 지휘관이었던 스테파노프가 전사하는 등 러시아 측의 피해가 막심했다.

조선군은 적선을 발견하고 갈고리로 끌어와 불을 질렀다. 그런데 청나라 장수가 전리품 욕심에 불을 지르지 말라고 하여 어쩔 수 없이 배에서 내려 후퇴해야 했는데, 러시아 병사들이 이때를 놓치지 않고 사격을 가해 조선군에서 8명이 전사하고, 십여 명이 부상을 당했다. 청군은 조선군이 노획한 전리품 총도 모두 압수해 갔다.

조선군의 두 차례에 걸친 흑룡강 원정은 모두 성공적이었다. 효종의 군사력 증강 정책이 성공했다는 뜻이기도 했다. 하지만 소규모 부대의 출정이라는 점에서 확대 해석 할 여지는 별로 없다. 한국사에서는 오랫동안 이 원정을 '나선정벌'이라 불렀는데 과도한 명칭이라 할 수 있다.

현종을 알현하는 하멜 일행이 그려진 『하멜 표류기』 속 삽화
1668년 네덜란드에서 발행된 초판에 실려 있던 목판화 삽화이다. 현종의 옷차림도 어전의 모습도 서양식인 것이 독특하다.

청과 러시아는 국경 분쟁을 여러 차례 겪은 끝에 1689년(숙종 15년) 네르친스크 조약을 맺어서 국경을 확정한다.

1653년(효종 4년)에 네덜란드의 무역선 스페르베르Sperwer호가 제주도에 난파했다. 이 배의 선원이었던 헨드릭 하멜Hendrik Hamel(1630~1692)과 동료들은 13년간 조선에 억류당했다. 조선에는 그 전에 들어와 있던 네덜란드인이 있었다. 1627년(인조 5년)에 제주도에 표류했던 얀 얀스 벨테브레Jan Janse Weltevree로 조선 이름은 박연朴淵이었다. 그가 하멜 일행의 통역을 맡았다. 하멜은 고된 노역을 하다가 동료들과 탈출하여 일본 나가사키로 갔다. 그는 자신의 경험담을 쓴 책을 썼는데, 오늘날에는 『하멜 표류기』라고 알려져 있다. 『하멜 표류기』는 유럽 사회에 조선을 처음 알린 책이다.

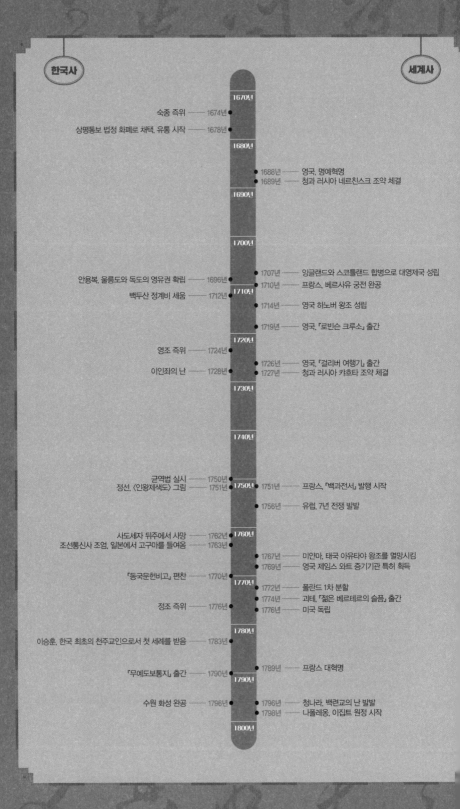

한국사

세계사

1670년

숙종 즉위 ── 1674년

상평통보 법정 화폐로 채택, 유통 시작 ── 1678년

1680년

1688년 ── 영국, 명예혁명
1689년 ── 청과 러시아 네르친스크 조약 체결

1690년

1700년

안용복, 울릉도와 독도의 영유권 확립 ── 1696년

1707년 ── 잉글랜드와 스코틀랜드 합병으로 대영제국 성립
1710년 ── 프랑스, 베르사유 궁전 완공

백두산 정계비 세움 ── 1712년

1714년 ── 영국 하노버 왕조 성립

1719년 ── 영국, 『로빈슨 크루소』 출간

1720년

영조 즉위 ── 1724년

1726년 ── 영국, 『걸리버 여행기』 출간

이인좌의 난 ── 1728년

1727년 ── 청과 러시아 캬흐타 조약 체결

1730년

1740년

균역법 실시 ── 1750년

1750년

정선, 〈인왕제색도〉 그림 ── 1751년

1751년 ── 프랑스, 『백과전서』 발행 시작

1756년 ── 유럽, 7년 전쟁 발발

사도세자 뒤주에서 사망 ── 1762년

1760년

조선통신사 조엄, 일본에서 고구마를 들여옴 ── 1763년

1767년 ── 미얀마, 태국 아유타야 왕조를 멸망시킴
1769년 ── 영국 제임스 와트 증기기관 특허 획득

『동국문헌비고』 편찬 ── 1770년

1770년

1772년 ── 폴란드 1차 분할
1774년 ── 괴테, 『젊은 베르테르의 슬픔』 출간

정조 즉위 ── 1776년

1776년 ── 미국 독립

1780년

이승훈, 한국 최초의 천주교인으로서 첫 세례를 받음 ── 1783년

『무예도보통지』 출간 ── 1790년

1790년

1789년 ── 프랑스 대혁명

수원 화성 완공 ── 1796년

1796년 ── 청나라, 백련교의 난 발발
1798년 ── 나폴레옹, 이집트 원정 시작

1800년

제 **4** 장

성리학의 나라

북벌을 논하던 효종이 세상을 떠난 후 북벌 이야기는 사라졌다. 북벌 자체가 현실적으로 불가능한 목표였다. 안정기에 들어간 청나라 역시 조선에 무리한 요구는 하지 않게 되었다. 일본도 도쿠가와 막부 수립 이후 조선과 평화로운 관계를 유지했다. 조선은 청과 일본 사이에서 평화를 만끽하게 되었다.

두 차례 전란으로 황폐해진 국가를 재건하기 위해 조선의 지도층은 예법을 강화하는 방법을 선택했다. 그로 인해 성리학에 기반한 질서가 더욱 강력하게 조선 전역에 뿌리내렸다. 뜻밖의 부작용으로 예송 논쟁이 벌어졌다. 예법상 국왕의 정통성 문제까지 건드리게 되자 조정은 대혼란에 빠져들고 말았다. 이 논쟁은 결과적으로 더 강력한 왕권의 확립으로 이어졌다. 예송 논쟁을 끝낸 숙종은 강력한 왕권을 바탕으로 정국을 주도했다.

숙종은 정국을 담당하는 당파를 수시로 바꿔가면서 어느 당파도 강한 힘을 얻지 못하게 조종했다. 하지만 이렇게 권력이 왔다 갔다 하면서 당쟁은 더욱 격화되었다. 영조는 이런 상황을 끝내고 싶어서 당파를 골고루 기용하는 탕평 정치를 시행했다. 영조는 광증을 가진 세자를 스스로 처단하는 비극을 거치고도 세손을 왕좌에 올리는 데 성공했다. 정조는 우려를 딛고 왕위에 올라 놀라운 능력으로 정치를 이끌었다. 정조는 정국을 안정시키기 위해 비밀리에 편지를 보내 정가를 조정하는 어찰 정치를 실시했다.

정조는 규장각을 설치하여 뛰어난 능력의 관리들을 키워내고자 했으며 장용영을 만들어 왕권을 보호할 무력도 키우고자 했다. 법전『대전통편大典通編』을 펴내고, 신해통공으로 상업을 장려했으며, 문체반정으로 풍속을 교화하고자 했다. 화성을 건설하여 천도도 고려했던 것 같다. 정조는 군신 간의 의리를 중시하는 탕평책을 펼쳐 왕권을 중심으로 하는 이상적인 정치 형태를 만들고자 했다. 이런 형태는 국왕이 확실히 중심을 잡을 때는 안정적일 수 있었지만 국왕의 역량이 모자라면 파국을 가져올 수 있었다.

예송 논쟁

현종은 예송 논쟁으로 기억되는 왕이다. 그는 서른넷의 젊은 나이에
세상을 떠났지만 왕위에는 아버지 효종보다 오랜 기간인 15년을 있었다.
1670년(현종 11년)과 1671년에는 극심한 기근이 들어서 나라 전체가
휘청할 판이었다. 이것을 경신 대기근이라 부른다. 사람들이 임진왜란 때가
더 나았다는 말을 할 정도였다. 이 기근은 전 지구적인 현상으로,
소빙하기로 인해 지구의 평균 기온이 낮아지면서 일어난 것이었다.

제1차 예송 논쟁

효종은 재위 10년 만에 승하했고, 현종은 19세에 왕위에
올랐다. 효종이 죽은 뒤에 인조의 계비였던 자의대비(장렬왕후)가 상
복으로 무엇을 입어야 하는가, 라는 문제에 부딪쳤다. 상복은 몇 년
을 입는가에 따라 모양이 다른데, 1년이나 2년을 애도하는 것이면
기년복朞年服을 입었다. 3년이라면 참최복斬衰服을 입었다. 밑단을 꿰
매는 것이 기년복이고, 꿰매지 않는 것이 참최복이다.

상복의 종류나 상복을 입는 햇수가 왜 중요한가 하면, 이것이 왕
실의 정통성과 관련이 있기 때문이다. 예송 논쟁 이전에는 이런 문
제가 크게 중요하지 않았다. 하지만 성리학에 대한 이해가 깊어지면
서 예학은 아주 중요하게 여겨졌다. 실질보다 형식이 더 중요해졌던
것이다.

원래 부모는 자식의 상에 1년짜리 상복, 즉 기년복을 입었다. 이
번에도 그렇게 하면 될 것인데, 예학에 밝은 윤휴尹鑴(1617~1680)가

삼년복을 주장했다. 원래 장자가 죽은 경우 부모는 삼년복을 입었다. 문제는 효종이 장자가 아니라는 데 있었다. 효종은 둘째 아들이었다. 그러나 왕통을 이었으므로 둘째지만 첫째가 된 경우에 속했다. 이런 경우에는 몇 년짜리 상복을 입어야 하는지 잘 알 수가 없었다.

영의정 정태화는 예학의 대가인 송시열에게 자문을 구했다. 송시열은 둘째가 대를 이으면 장자라 하고 죽으면 삼년복을 입는다는 『의례儀禮』의 구절을 말했다. 『의례』는 관혼상제 등과 관련된 예법을 정리한 유교 경전이다. 송시열은 여기에는 '사종설四種說'이라는 예외가 있다는 말을 덧붙였다. 그것은 (1) 적장자의 아들이 가문을 이은 경우, (2) 적장자가 아닌 아들이 가문을 이은 경우, (3) 적장자지만 후손이 없는 경우 (4) 적장자도 아니고 아들도 아닌 경우의 네 가지 경우에는 기년복을 입는다는 것이었다. 그러면서 효종은 두 번째 경우('체이부정體而不正'이라고 부른다)에 해당한다고 한 것이다.

정태화는 소현세자를 두고 효종이 왕위를 이었다는 것을 굳이 지적하는 것은 곤란하다고 생각해서 송시열의 말이 아니라 대대로 기년복을 입었다는 점을 근거로 들어 기년복으로 결정했다.

그런데 다음 해에 사헌부 장령 허목許穆(1595~1682)이 이의를 제기했다. 효종은 가통家統을 이은 것이니 적자의 예로 3년짜리 상복을 입어야 했는데 체이부정으로 기년복을 입었으니 이는 큰일이라는 것이었다.

송준길과 송시열이 다시 반박했다. 주된 논지는 소현세자가 적장자로 죽었으니 그때 이미 삼년복을 입었으면 이제 또 삼년복을 입을 수는 없다는 것이었다. 이에 대해서 윤선도尹善道(1587~1671)가 다시 반론을 내놨다. 소현세자 때 삼년복을 입었다 해도 역시 삼년복을 입어야 한다는 주장이었다. 이때 윤선도가 격렬한 어투로 송시열을 비난했기 때문에 문제가 되었다. 윤선도를 유배 보내고 현종은 이 문제를 다시 논의에 부쳤다. 당시 소현세자의 3남 이석견이 살아 있어, 기년복을 입자는 주장이 진짜 적통인 소현세자의 아들에게 왕위가 돌아가야 한다는 것으로 오해받을 수도 있었다.

대신들은 나라의 제도인 국제國制(『경국대전』이나 『국조오례의』에 의해 정한다는 것)를 따른 것이라 주장했고, 윤휴도 더는 자기 주장을 늘어놓지 않았다. 결국 예송 논쟁은 장렬왕후가 기년복을 입는 것으로 정리되었다. 이것을 제1차 예송 논쟁, 또는 기해예송己亥禮訟이라고 부른다.

제2차 예송 논쟁

1674년(현종 15년)에 현종의 어머니 효숙대비(인선왕후)가 별세했다. 이때 자의대비가 어떤 상복을 입어야 하는지 문제가 되었다. 이것을 제2차 예송 논쟁, 또는 갑인예송甲寅禮訟이라고 한다.

예조에서는 왕후의 문제로 보고 기년복이라고 이야기를 했는데, 송시열이 대공복大功服(9개월 입는 상복)이 맞다고 이야기를 했다. 예조는 부랴부랴 다시 결재를 올렸다.

현종은 왜 말이 바뀌는지에 대해서 따져 물었다.

"『경국대전』에 맏며느리는 기년복, 다른 며느리는 대공복을 입게 규정되어 있습니다."

현종은 이 답변에 분개했다.

"전일에는 기년복을 입으라 했는데, 왜 지금 와서는 말이 바뀌었느냐?"

"말이 바뀌지 않았습니다. 지난번에도 국제를 따른 것이고, 지금도 국제를 따른 것입니다."

이렇게 해서 대공복으로 결정이 되었다. 그런데 몇 달 뒤 경상도 유생 도신징의 항의 상소가 올라왔다. 긴 상소였지만 핵심은 한 가지였다.

"인선왕후를 맏며느리로 보지 않는다면, 금상도 적장손이 아닌 것입니다. 대통을 이어 종사의 주인이 되었는데 적장자가 아니라는 것이 대체 말이 됩니까?"

이로써 다시 한번 예송 논쟁이 시작되었다. 이때 송시열을 따르는 사람들('산당山黨'이라고 부른다)이 끝까지 『경국대전』을 따랐다고 하면 문제가 되지 않았을 것이다. 하지만 이들은 『경국대전』과 고례古禮를 따랐다고 말했다. 고례를 따랐다는 것은 송시열이 말한 사종설을 따랐다는 뜻이었다. 그것은 효종이 적장자가 아니라는 말이었으므로 현종에게는 이만저만 불쾌한 것이 아니었다.

현종은 둘째가 가통을 이으면 적장자가 된다는 말을 받아내고 싶었으나 그렇게 되지는 않았다. 현종은 직권으로 기년복을 입는 것으로 결정을 내렸다. 이에 반발했던 관리들은 파직하거나 유배를 보내기도 했다.

왕이 직접 송시열 일파에게 경고를 내린 셈이었다. 대체로 이렇게 왕의 총애가 거두어지면 신하는 권력을 잃게 마련인데, 현종에게는 그럴 수 있을 만큼의 시간이 남질 않았다. 몇 달 후 서른넷의 젊은 왕은 세상을 떠났다.

현종 때 대동법이 완성되었다. 대동법은 공납(지방의 특산물로 세금을 바치는 제도)을 쌀로 바치는 것으로 온갖 잡다한 공물을 바치기 위해 백성들이 고생하는 것을 해결하기 위한 개혁안이었다. 이이가 처음 제안해서 선조 때 잠깐 시행되었으나 방납업자들의 방해로 폐지되었다. 광해군 때 이원익 등의 건의로 경기도에서 대동법이 시행되었다. 인조가 즉위한 후에 충청 감사 김육金堉(1580~1658)은 대동법 시행을 강력하게 주장했다. 그는 마지막으로 호남에 대동법을 실시하고자 노력하다가 유명을 달리했다. 그의 마지막 제안은 현종 때에 와서야 이루어졌다. 대동법을 시행함으로써 국가 경제가 좋아지고 농민의 부담은 줄어들었다. 김육은 상평통보 주조, 시헌력 사용 등 여러 제도 개선에 앞장선 개혁가였다.

숙종과 환국 정치

조선의 왕이 얼마나 강력한 힘을 가졌는지 보여준 왕이 숙종이라 할 수 있다. 숙종은 자기 마음대로 당파를 바꿔가며 선택했는데, 이를 환국換局이라고 한다. 숙종은 총명하고 자신감이 넘치는 왕이었다. 숙종 4년(1678년)에 조선의 가장 대표적인 화폐인 상평통보常平通寶가 만들어지고 사용되기 시작했다. 숙종 대는 시장이 활성화되고 경제가 발전한 시기이기도 했다.

갑인환국

숙종은 열네 살에 왕위에 올랐다. 수렴청정을 하는 것이 정상일 것 같은데, 숙종은 바로 친정을 시작했다. 모후(명성왕후)와 증조모(장렬왕후)가 살아 있는데도 수렴청정이 없었다는 것은 숙종이 국정을 담당할 만큼 총명했다는 의미이기도 하고, 정통성에 문제가 없었다는 의미이기도 하다. 숙종은 일곱 살에 세자가 되어 왕이 될 공부를 받았기 때문에 수렴청정 없이 바로 정사를 담당해도 괜찮았다.

숙종은 즉위하자마자 송시열을 겨냥했다. 예송 논쟁을 두고 송시열을 비난하는 경상도 진주 유생 곽세건의 상소가 올라오면서 송시열에 대한 공격이 시작되었다. 숙

상평통보
조선의 대표적인 화폐로 조선 후기에 상업이 발전하면서 활발하게 유통되었다.

종은 송시열을 잘못된 예를 주장했다는 이유로 파직했다. 서인은 숙종에 의해 빠르게 제거되었고 그 자리는 남인이 차지했다. 남인은 윤휴, 허목, 허적 같은 사람들이 포진해 있었고 이들이 정계의 실세가 되었다. 인조반정 후 처음으로 서인이 정권에서 물러났다. 이것을 갑인환국甲寅換局이라고 부른다.

경신환국

이때 남인 이외에 권력을 행사한 이가 있었는데 왕의 외척(어머니 명성왕후의 사촌오빠)인 김석주金錫胄(1634~1684)였다. 김석주는 대동법에 매진했던 개혁가 김육의 손자이기도 했다. 김석주는 허적과 손을 잡았다. 이들 세력을 남인 중에 '탁남濁南'이라고 한다. 윤휴와 허목을 따르는 사람들은 '청남清南'이라고 일컬었다.

1680년(숙종 6년) 3월, 숙종은 허적을 내쳤다. 갑작스런 이 행보를 야사에서는 '유악 남용 사건' 때문이라고 부른다. 허적이 임금의 허락 없이 기름 바른 천막(유악)을 가져가서 숙종이 대로했다는 것이다.

허적을 내친 뒤 얼마 안 가 허적의 아들 허견의 역모 고변이 들어왔다. 인조의 셋째 인평대군의 세 아들인 복창군, 복선군, 복평군과 역모를 꾀했다는 것이다. 허견은 복선군을 왕으로 추대하고자 했다. 이 역모 사건으로 남인은 초토화되었다. 허적, 허견, 윤휴, 복선군과 그의 형제들 모두 죽임을 당했다. 김석주는 1등공신이 되었다. 하급 관직인 별군직에 있던 사람도 공신에 책봉되었는데, 이들은 김석주가 부린 밀정들이었다. 허견의 역모 건은 김석주가 풀어놓았던 밀정들에 의해서 파악되었던 것이다.

남인의 대몰락으로 서인들이 다시 돌아왔다. 이것을 경신환국庚申換局이라고 부른다.

회니시비

서인은 정권을 잡았지만 병권은 김석주가 차지했다.

김석주는 남인을 완전히 끝장내야 한다고 생각했고 김익훈金益勳 (1619~1689, 김장생의 아들)에게 공작을 시켰다. 김익훈은 역모를 만들어내서 남인을 일망타진하려고 했는데, 계획이 어설퍼서 들통이 나고 말았다.

그야말로 치졸한 행위여서 맹비난을 받아 마땅했는데 송시열이 김익훈을 비호했다. 서인의 젊은 선비들은 송시열의 행동에 경악하고 그를 비루하게 보게 되었다. 박세채朴世采(1631~1695), 윤증, 남구만 등이 김익훈을 비난하고 나서자 이들을 따르는 선비들이 생겼다. 송시열을 따르는 세력은 노론老論, 박세채를 따르는 세력은 소론少論이라 불렸다. 그동안 서인은 여러 번 의견 차이로 공서, 청서니 산당, 한당이니 불렸지만 그들 각각이 다른 당파로 여겨진 적은 없었다. 그런데 이때 파벌이 완전히 나뉘었다. 이렇게 갈라서게 된 데에는 송시열과 윤증의 다툼도 한몫을 했다. 원래 두 사람은 사제지간이었다. 그런데 윤증이 자기 아버지 윤선거의 묘갈명(묘갈은 머리 부분을 둥글게 다듬은 형태로 무덤 앞에 세우는 비석이다)을 써달라고 했을 때, 평소 윤선거를 하찮게 보던 송시열이 무성의하게 써주면서 두 사람 사이가 벌어졌다. 송시열은 병자호란 때 강화도를 지키던 윤선거가 자살하지 않은 것을 비웃었던 것이다. 거기에 윤선거는 송시열과 분쟁이 잦았던 윤휴와도 친했다.

송시열은 회덕懷德(지금의 대전시 대덕구 회덕동)에 살고 있었고 윤증은 이산尼山(논산의 옛 이름)에 살고 있어서 이 논쟁을 '회니시비懷尼是非'라고 부른다.

기사환국

숙종은 궁녀 장씨를 좋아했는데, 어머니 명성왕후는 그녀를 싫어해서 출궁을 시켜버렸다. 1683년(숙종 9년)에 명성왕후가 죽은 뒤에 1686년(숙종 12년) 왕비 인현왕후가 궁녀 장씨를 입궁시키라 청하여 장씨가 다시 돌아왔다. 1688년(숙종 14년)에 소의가 된 장씨는 아들을 낳았다. 그녀는 곧 정1품인 빈에 책봉되었다. 그녀가 바로 그 유명한 장희빈이다. 희빈이 낳은 갓난아기는 원자에 봉해졌다. 원자는 이듬해 1월 세자로 책봉되었다.

송시열은 너무 성급한 처사라고 상소했는데, 이것이 숙종의 심기를 크게 건드렸다. 숙종은 송시열을 파직했고 이에 반하는 상소를 올리는 서인들을 대거 쫓아냈다. 남인들이 돌아왔다. 이 일련의 사건들을 기사환국己巳換局이라고 부른다. 숙종은 허견의 역모를 다시 조사하여 김익훈을 형장 아래 죽였다.

숙종은 아무 죄도 없는 인현왕후를 쫓아내고 싶어 했다. 장희빈을 왕비에 앉히고 싶었던 것이다. 하지만 이런 명분 없는 일에 신하들이 동조할 수는 없었다. 숙종은 반대 상소를 올린 박태보朴泰輔(1654~1689)를 지독하게 고문하여 다시는 이 문제로 입을 열 수 없게 만들었다. 박태보는 유배형을 받았으나 유배지로 가던 중 고문 후유증으로 죽었다.

숙종은 내친김에 송시열에게도 사약을 내렸다. 송시열의 나이를 생각해서 국문 없이 조용히 보내주기로 했다. 송시열은 83세의 나이로 파란만장한 삶을 마쳤다.

갑술환국

1693년(숙종 19년)에 무수리 출신 궁녀 최씨가 숙원에 봉해졌다. 왕비 장씨에 대한 애정이 식었다는 뜻이어서 남인들은 긴장했다. 더구나 최 숙원은 폐비를 위한 의리를 지키다가 숙종의 눈에 띈 사람이었다.

다음 해에 폐비 민씨 복위 운동이 일어났다. 남인들은 이걸 빌미로 자신들의 입지를 굳히고 싶어했다. 하지만 이때 남인이 최 숙원을 독살하려 했다는 고변이 들어왔고 숙종은 이걸 빌미로 남인을 내몰고 서인들을 다시 들였다. 이것을 갑술환국甲戌換局이라고 부른다. 이미 말했다시피 서인은 노론과 소론으로 갈라져 있었다. 숙종은 두 세력을 적당히 배치했다.

갑술환국의 결과 인현왕후가 다시 돌아왔다. 왕비 장씨는 다시 희빈으로 강등되었다. 최 숙원도 아들을 낳았다. 이 사람이 후일의 영조다. 영조를 낳고 몇 년 뒤 최 숙원은 숙빈으로 지위가 올라갔다.

1701년(숙종 27년) 인현왕후가 죽었다. 이 죽음을 계기로 장희빈이 몰락했다. 장희빈이 인현왕후를 저주했다는 이유를 들어 숙종은 결국 그녀를 죽였다. 세자의 생모를 죽인 것이다. 대신들의 입장에서는 연산군 때의 일이 생각나지 않을 수 없었을 것이다.

병신처분

1716년(숙종 42년)에 병신처분이 내려졌다. 송시열과 윤증 사이에서 벌어진 회니시비에 대해서 숙종이 송시열의 편을 들어준 것이다. 이를 계기로 정권은 노론의 손에 들어갔다. 환국이라고 부르지는 않지만 환국과 다를 바 없는 일이었다.

1717년(숙종 43년)에 세자의 대리청정이 시작되었다. 숙종의 건강은 정사를 돌볼 수 없을 정도로 나빠져 있었다. 숙종은 3년 후 승하했다.

숙종 시대의 영토 문제

1693년(숙종 19년) 어부 안용복安龍福은 울릉도에서 일본인 어부들과 부딪쳤다. 그는 일본에 건너가 울릉도와 독도가 조선 영토임을 밝히고 돌아왔다. 1696년(숙종 22년)에 그는 다시 한 번 일본에 가 울릉우산양도 감세관을 자칭하여 일본 측이 국경을 침범한 것에 대해서 사과를 받아냈다. 그는 관리를 사칭한 것 때문에 유배형을 받았다.

1712년(숙종 38년), 청나라에서 조선인들의 월경 문제를 해결하기 위해 국경을 확실히 정하고자 오라총관 목극등穆克登을 파견했다. 목극등은 조선 관리들과 백두산을 올랐는데, 늙은 대신들은 따라가지 못하고 하급 군관들만 같이 올라갔다. 이때 서쪽은 압록강으로 동쪽은 토문강으로 경계를 정했다. '토문강'이라는 이름은 뒷날 간도 문제를 낳게 되는데, 당시 수행했던 역관 김지남金指南(1654~?)이 쓴 『북정록北征錄』이나 『조선왕조실록』을 보면 토문강이 두만강의 다른 이름인 점에는 의심의 여지가 없다. 또한 목극등은 직접 두만 강을 따라가 하류까지 답사를 마친 뒤 강을 건너 청나라로 돌아갔 다. 두만강이 국경이 아니라면 할 수 없는 행동이다.

조선시대의 유명한 도적으로 임꺽정, 홍길동과 어깨를 나란히 하는 장길산이 활약했던 때도 숙종 때였다. 이익은 이 세 사람을 조선의 3대 도적이라 칭했다. 장길산은 본래 광 대였다. 황해도에서 일어나 평안도, 함경도로 신출귀몰하게 활동했다. 여러 차례 잡으 려 했지만 번번이 체포에 실패했다. 장길산은 금강산의 승려 세력과 결탁하여 역모를 꾀하기도 했었다.

내시의 처

　내시라고 하면 수염이 없는 얼굴에 허리를 구부정하게 굽히고 왕의 뒤를 졸졸 쫓아다니며 여자 같은 목소리를 내는 사람을 연상하게 된다. 드라마나 코미디에서 늘 이런 이미지로 나오기 때문이다. 따라서 당연히 내시라고 하면 '그것'이 없기 때문에 결혼을 못 하고 살았으리라 생각하기 쉽지만 사실은 결혼을 하기도 했다. 오죽했으면 이런 상소도 들어왔다. 중종 때 성균관 학생이 내시의 결혼을 금지해 달라며 올린 상소문을 소개한다.

　내시가 아내를 갖는 것은 실로 천지간의 괴이한 일입니다. 썩어버린 나머지를 가지고 부부의 즐거움이 있을 수 없으니, 보인保人(다른 사람을 보조하는 역할)으로 주어서 물 뿌리고 소제하는 일을 하게 하는 것이 본래부터 그의 분수인데, 외람되게 관작을 더럽히고 각기 가정을 가지고 있습니다. 한 여자의 원망도 재앙을 부르기에 족한 것인데 지금 내시의 아내가 그 얼마나 되는지 알 수 없습니다.

　그러니까 '그것'도 없는 내시가 결혼을 했으니, 원만한 결혼 생활이 불가능할 것이고, 그렇게 되면 내시의 아내가 가지는 불만이 하늘을 찌를 것이고 그런 결과 나라에는 재앙이 올 거라는 이야기다. 그야말로 저주에 가까운 상소문이다.

내시가 첩까지?

내시들은 심지어 첩도 두었다. 명종 때 기록을 보면 이런 일도 있었다.

사헌부가 환관 공원孔元을 가두었다. 공원이 서울 밖에 처첩을 두고서도 또 자기 육촌 누이동생인 가이加伊의 여종 은덕銀德을 첩으로 삼아 함께 지내면서 은밀히 가이까지 간음하였다. 은덕이 이를 알고 질투하자 공원이 은덕을 때려죽이고는 가이를 아내로 삼는 등 꺼림 없이 패악한 짓을 하였기 때문에 치죄하는 것이다.

환관이 아내에다가 첩을 두고도 모자라 육촌 누이동생과 그 여종까지 관계했다는 이야기다. 대체 무슨 능력으로 이런 일이 가능한 것일까? 그런데 『조선왕조실록』을 보면 이런 기록이 있어서 눈길을 끈다. 1428년(세종 10년)에 명나라에서 내시를 보내라고 명을 내려서 조선 조정이 고민하는 장면이다.

"성지聖旨(황제가 내린 명)를 듣건대, 불알을 깐 내시를 구한다 하는데, 우리나라 궁중에는 본래 불알을 깐 내시가 없으니, 이 뜻을 일러 보내는 것이 어떠한가."

세종의 말이다. 그렇다면 그동안 조선 왕실의 내시는 사실은 '그것'이 있던 사람들이었던 말인가? 고려 시대에는 내시內侍가 왕을 가까이

서 모시는 신하를 가리키는 말이었다. 즉 '그것' 없는 사람과는 다른 뜻이었다. 세종은 환관과 내시를 구분하였던 것인데, 후대에 와서는 환관을 내시라고 부르게 되면서 내시와 환관은 같은 말이 되었다. 내시를 가리키는 말로는 환자, 화자라는 말도 있다.

세종 때 기록을 보면 이런 일도 있다.

김맹金孟은 태종을 모시던 내시였는데, 태종이 승하한 뒤 태종의 위패를 모신 광효전의 시위가 되었다. 한가한 자리였던 만큼 틈만 나면 나가서 술 마시고 여자와 놀았다. 그러다가 그 여자 문제가 폭로되는 바람에 지방 고을의 관노로 쫓겨나고 말았다.

내시 부부의 이혼

내시라 해도 일단 부부의 연을 맺으면 이혼하기도 쉽지 않았다. 세종 때 남편 내시를 협박해서 이혼장을 받은 아내가 이혼한 사실이 들통나는 바람에 곤장 80대에 처해진 일도 있었다.

내시의 처 입장에서 운우지정을 찾기 위해서 뭔가 좋은 방법이 필요하지 않았을까? 조선시대에는 이런 속설이 있었다. 내시의 처와 정을 통하면 과거에 급제한다는 것이다. 영조 때 재상을 지낸 조현명은 젊은 시절에 이 말을 듣고 시험해 보기로 했다.

그는 내시가 대궐에 들어가는 날을 골라 내시의 처와 정을 통했다. 그런데 미처 집을 나서기 전에 그 집의 남편 내시가 불쑥 집에 와버렸다.

"여보, 오늘 당직이라 아니 들어오신다 하셨잖소?"

내시가 별거 아니라는 듯 대답했다.

"육상궁(숙빈 최씨의 사당)에 심부름 갔다가 돌아오는 길에 들렀소."

내시의 처는 조현명을 친척 오라비라고 둘러댔다. 조현명은 졸지에 부평 사는 김생이 되어 과거에 응시하고자 왔다고 말했다. 내시가 말했다.

"그럼 과장에 들어와서 생강밭에 앉아 있게. 내가 상감마마가 잡숫고 물린 수라와 다과를 가져다줌세."

조현명이 바보가 아닌 다음에야 생강밭에 앉아 있을 리 없었을 것이다. 그런데 과장을 둘러보던 내시가 포기하지 않고 "부평에서 온 김생은 어디 있소?"라고 외치며 자신을 찾아다녔다. 기겁한 조현명이 슬그머니 드러누워 버렸는데, 그걸 본 친구가 수상쩍게 여겼다.

"김생이 자넨가? 왜 김생을 찾는데 몸을 숨기려는 건가?"

그러고는 대뜸 내시에게 "김생이 여기 있소!"라고 외쳤다. 내시가 다가와 먹을 것을 건네주니 조현명은 아무 말도 못 했다. 친구들은 그 내막을 알게 된 후 두고두고 조현명을 놀려먹었다.

그래서 조현명이 과거 급제를 했을까? 했다. 그러니 내시의 처들은 그 후에도 이런 재미를 볼 수 있었을지도 모른다. 하지만 조현명의 일화가 실제 사실은 아니다. 이 이야기는 '내시의 처와 정을 통하면 급제한다'는 속설에 기대어 만들어진 것이다. 이런 속설을 만든 사람이 내시의 처일지도 모른다.

내시가 되는 수술

내시를 만들기 위해서는 수술을 해야 했다. 중국에서는 도자장刀子匠이라는 사람이 내시를 만드는 일을 했다. 내시가 되는 비용은 은 6냥이었다. 돈을 내지 못하면 내시가 된 뒤에 월급에서 내는 것도 가능했다. '그것'을 고환까지 다 잘라낸 다음에 구멍을 납으로 만든 침으로 막아놓는데, 사흘 후에 이 마개를 뽑았을 때 분수처럼 소변이 쏟아지면 수술이 성공한 것이었다. 우리나라의 경우 전해지는 기록이 없지만 중국의 방법과 그다지 다르지 않았을 것이다.

영조의
탕평 정치

영조는 52년이나 왕위에 있었다. 그는 탕평책을 실시하여 환국 때마다 벌어지는
살육의 향연을 멈추고자 노력했다. 한편 균역법을 실시하여 백성들이 바치는
군포의 양을 1필로 줄이고 부족한 세수는 양반과 지주에게서 거두게 했다.
『경국대전』 이후 변화한 법을 집대성한 『속대전續大典』을 편찬했다.
청계천에 쌓인 토사를 제거하는 청계천 준설 작업도 시행했다.

신축옥사

경종은 왕위에 오른 후 연잉군(최 숙빈의 아들, 영조)을 세제로
삼아 후사를 맡겼다. 뿐만 아니라 1721년(경종 1년) 연잉군에게 국정
을 대리하는 대리청정까지 허락했다. 경종을 지지하고 있던 소론은
대리청정은 불가하다고 극구 만류를 했다. 그러자 경종도 대리청정
을 거두었다. 그런데 이번에는 대리청정을 요청한 노론을 공격하는
상소가 소론 쪽에서 올라왔다. 경종은 그것을 받아들여 노론을 일
거에 조정에서 몰아냈다. 아버지 숙종이 하듯이 환국을 단행한 것이
다. 이것을 신축옥사辛丑獄事, 혹은 신축환국이라고도 부른다.

임인옥사

소론은 자신감을 가지고 노론을 끝장내기 위해서 역모를 조작했
다. 이듬해인 1722년(경종 2년) 지관 목호룡睦虎龍(1684~1724)을 이용
해서 노론 쪽 역모를 고변하게 한 것이다. 이때 경종을 제거하기 위

한 세 가지 방법이 제시되었다고 하여 삼수역三守逆이라고 부른다. 삼수역이란 자객, 독살, 폐출의 세 가지 방법이다. 노론의 대신들이 이 일에 연루되어 사형을 당했고 노론은 170여 명이나 처형되거나 쫓겨났다. 이 옥사에서 연잉군의 이름은 끊임없이 튀어나왔지만 경종이 끝까지 보호해서 연잉군은 목숨을 부지할 수 있었다. 이것을 임인옥사壬寅獄事라고 부른다.

을사처분과 정미환국

경종은 몸이 허약했고 오래 살지 못했다. 그렇기 때문에 그는 독살당했다는 소문을 같이 가지고 갔다. 독살의 주범으로 의심받은 사람은 물론 연잉군, 즉 영조였다. 하지만 소문은 소문일 뿐이므로 오늘날에 경종 독살설은 진지하게 취급되지 않는다.

영조는 1725년 즉위한 뒤 신임옥사辛壬獄死(신축옥사와 임인옥사를 합해서 부르는 말)를 무고에 의한 것이라 판정했다. 이것을 을사처분이라고 부른다. 이로써 노론들이 다시 조정에 들어올 수 있게 되었다. 반역자라는 죄명을 벗게 된 것이다.

영조는 소론이 했듯이 노론이 복수하기를 바라지 않았다. 서로 죽고 죽이는 악순환을 끊을 필요가 있었다. 영조는 당파에 관련 없이 사람들을 쓰는 탕평蕩平을 하고 싶어 했다. 하지만 노론의 입장에서는 그렇게 하기 쉬운 일이 아니었다. 노론이 계속 소론을 몰아붙이자 영조는 다시 환국을 강행했다. 1727년(영조 3년) 정미환국으로 정권은 다시 소론에게 돌아갔다.

이인좌의 난과 기유처분

1728년(영조 4년)에 윤휴의 손녀사위인 이인좌가 난을 일으켰다. 경종이 독살당했다는 명분을 걸고 거병한 이인좌는 청주성을 점령했다. 경종 편이었던 소론 정권이 이들을 토벌해야 했다. 오명항은 박문수, 조현명을 데리고 토벌에 나서서 그리 어렵지 않게 이들을 진압했다.

진압은 쉬웠지만, 이인좌의 난은 그동안 도성에서 은밀히 벌어지던 역모 놀이와는 질적으로 달랐다. 병력이 동원되었고 전국 각지에서 봉기가 있었다.

영조는 노론을 달래기 위해서 기유처분을 내렸다. 신임옥사를 통해 노론의 4대신(이이명, 김창집, 이건명, 조태채)이 모두 역적이 되었는데 이들 중 이건명, 조태채는 신원해 주기로 한 것이다. 노론의 입장에서 마땅찮은 판정이었지만 일단 조정에 들어갈 근거는 확보되었다. 노론과 소론은 쌍거호대雙擧互對라 하여 관직을 서로 나누는 방식으로 국정을 담당했다.

그러나 노론은 강력했다. 노론은 끊임없이 소론을 몰아붙였고 소론의 세력은 서서히 꺾여나갔다. 결국 소론은 몰락했다.

영조는 아버지 숙종과 달리 환국이라는 방식으로 정권을 일거에 뒤집는 일은 하지 않았다. 영조는 당파들을 등용해 서로 견제와 균형을 이루는 방식을 쓰고 싶었다. 하지만 결국은 그렇게 될 수 없다는 것을 알았다. 권력이란 나누기 힘든 것이었다.

역대 왕들은 자신의 친위 세력을 늘 길렀다. 영조도 결국 그런 세력이 필요하다는 것을 인정할 수밖에 없었다. 그렇게 하기 위해서 영조는 척신들을 키웠다. 제일 쉽고 빠르게 자기편을 만들 수 있는 방법은 인척 관계를 이용하는 것이었다. 세자의 장인 홍봉한, 중전 (정순왕후 김씨)의 아버지 김한구와 그의 아들 김귀주, 딸 화완옹주의 양아들 정후겸 등이 그 대상이었다.

사도세자의 비극

영조에게는 효장세자孝章世子라는 아들이 있었는데 열 살 때 죽고 말았다. 영조는 마흔둘에 다시 아들을 보았다. 훗날 사도세자思悼世子라 불린 아들이다.

영조는 세자를 엄하게 키웠다. 대신들로 둘러싸인 왕은 고독한 존재라는 사실을 뼈저리게 느낀 영조의 혹독한 교육이었을지도 모른다. 세자는 점점 더 아버지를 어려워했다.

세자는 마음속의 화증을 살생으로 풀었다. 동물들을 죽이고 피를 보면 마음이 가라앉았다. 이는 점점 더 발전해서 내시와 궁녀들도 죽이기 시작했다. 세자빈 혜경궁 홍씨는 이 사실을 세자의 생모 영빈 이씨에게 고했는데, 영빈도 어찌할 바를 몰라 했다. 이런 일을 영조에게 고할 수가 없었다. 세자는 자기 아이를 낳은 후궁 수칙 박씨도 죽이고 박씨가 낳은 어린 아들 은전군도 칼질을 해서 집어 던졌다. 연못에 떨어진 이 아들은 다행히 영조의 계비였던 정순왕후가 구출했다.

그러던 중 세자가 역모를 꾀하고 있다는 고변이 들어왔다. 영조는 세자를 엄히 추궁했다. 세자는 빠져나올 수 없는 덫에 걸린 기분이었을 것이다. 결국 영조는 세자를 폐서인하고 자결을 명했다. 서인이 되었으므로 혜경궁 홍씨와 세손(정조)도 궁에서 내보낸 뒤에, 세자가 자결을 거부하자 뒤주에 가둬버렸다. 1762년(영조 38년)의 일로 이 사건을 임오화변壬午禍變이라고 부른다.

8일 후 세자는 뒤주 안에서 죽었다. 영조는 즉시 세자의 지위를 회복시키고 세손을 궁으로 들였다. 영조는 세손에게 왕위를 물려주기 위해 세자를 교묘한 방법으로 죽여야만 했다. 세자는 어떤 죄명도 없이 서인으로 죽었고, 훗날 신원되었다.

정권에서 밀려나 있던 소론과 남인에게 이 사건은 호재였다. 노론이 정권 담당자이니 이 사건의 책임은 노론에게 있었다. 세자의 죽음에 따른 의혹이 꼬리를 물고 일어날 수밖에 없었다.

1764년(영조 40년)에 세손은 효장세자의 아들로 자리를 옮겼다. 사도세자로부터 완전히 분리시킨 것이다.

그러나 정조는 스물다섯의 나이로 즉위하자마자 "과인은 사도세자의 아들이다"라고 선언해 버렸다. 그는 열한 살 때 아버지가 비참하게 죽고 과연 왕위를 이을 수 있을지 불안한 세월을 보내야 했다. 그러나 이제는 달랐다. 그는 국왕이 되었다.

17세기에 들어와서 유형원柳馨遠(1622~1673)을 필두로 하여 새로운 학문 기풍이 일어났다. 서양의 신문물도 알려지면서 일어난 이 학문적 기풍을 실학이라고 부른다. 이익李瀷(1681~1763), 홍대용洪大容(1731~1783), 박지원朴趾源(1737~1805), 박제가朴齊家(1750~1805), 정약용丁若鏞(1762~1836) 등이 대표적인 실학자이다. 실학이라고 해서 성리학과 별개의 학문은 아니다. 이들은 성리학자이기도 했다.

어린 왕비의
지혜

관직도 나가지 못했던 김한구의 딸이 15세의 나이로 66세인 영조의 계비가 되었다. 한미한 집안의 여식이었던 처녀가 어떻게 중전의 자리에 오를 수 있었을까?

그녀는 본래 충청도 서산에서 컸다. 아버지 김한구는 홀로 집안을 이끌 수 없을 정도로 가난해서 친척 집에서 더부살이를 했다.

그녀가 세 살 때 역병이 돌아서 일가족이 모두 집을 나와 들판에 초막을 짓고 살았는데 도깨비들이 몰려왔다가는,

"곤전(중전을 표현하는 말)께서 여기 계시니 떠들지 말라."

라고 하면서 흩어지는 일이 있었다고 한다. 이런 이야기는 물론 그녀가 중전이 된 뒤에 붙은 신이한 이야기일 것이다. 아마도 도깨비로 표현된 이는 동네 불량배 정도였을 것이다. 그만큼 어려운 삶을 살았다는 이야기일 수도 있겠다.

김한구는 한양에 사는 집안 친척의 도움을 받을 수 있게 되어 가족을 이끌고 한양으로 길을 떠났다. 한겨울이라 날이 몹시 추운데 가난한 살림에 변변히 입을 것도 없는 고난의 여행길이었다. 다행히 김한구는 여행 중도에 관리가 된 친구 이사관을 만났다. 이사관은 이들의 처지를 보고 동정하여 말했다.

"날이 이렇게 추운데 어린 아기가 견디겠는가?"

그러면서 자신이 입고 있던 담비 갖옷을 벗어서 아기에게 입혀주어, 어린 아기도 감기에 걸리지 않고 무사히 한양에 입성할 수 있었다.

영조의 왕비 정성왕후가 1757년(영조 33년)에 죽고 난 뒤 새 왕비를 간택하는 일이 생겼을 때 정순왕후도 뽑혀서 들어갔다. 왕비를 뽑을 때는 삼간택이라 해서 세 번의 심사를 거쳤다.

초간택에 7명의 여인이 뽑혔고 이틀 후 재간택에서 세 명의 여인이, 다시 닷새 후 최종 간택에서 정순왕후가 선발되었다.

처음 사대부 집안의 딸들이 궁에 모여 있었을 때다. 다들 지정된 방석에 앉아 있는데 정순왕후만 방석 옆에 앉아 있었다. 영조가 보고 이상히 여겨 물었다.

"왜 자리를 피해 앉았느냐?"

"아비의 이름이 여기 있으니 감히 그 위에 앉을 수가 없사옵니다."

사람들을 구분하기 위해 방석 끝에는 아버지의 이름이 적혀 있었다. 그래서 정순왕후가 그 이름 위에 앉지 못하겠다고 한 것이다.

영조는 모인 왕비 후보들에게 질문을 던졌다.

"어떤 것이 가장 깊은가?"

누군가는 산이 깊다고 하고, 누군가는 물이 깊다고 말하는 중에 정순왕후는 전혀 다른 대답을 내놓았다.

"사람의 마음이 가장 깊습니다."

"무슨 이유로 그렇게 말하는가?"

"사물의 깊이는 헤아릴 수 있으나 사람의 마음은 헤아릴 수 없기 때문입니다."

영조가 두 번째 질문을 던졌다.

"꽃 중에 어떤 꽃이 가장 좋으냐?"

누군가는 복숭아꽃을, 누군가는 모란꽃을, 누군가는 해당화를 말하며 다들 다른 꽃 이름을 댔다. 정순왕후도 대답했다.

"목화꽃이 가장 좋습니다."

"목화꽃이라? 그것은 무슨 연유인가?"

"다른 꽃들은 한때의 즐거움에 지나지 않으나 목화꽃은 천하의 모든 사람들에게 옷을 만들어주어 따뜻하게 해주는 공이 있사옵니다."

이 날 마침 비가 세차게 오고 있었다. 영조가 물었다.

"행랑의 기와가 몇 줄이나 있는지 알겠느냐?"

그러자 모인 여인들이 고개를 들고 손가락으로 기와의 줄 수를 하나, 둘 세어나가기 시작했다. 하지만 정순왕후는 고개를 조아린 채 가만히 있다가 문득 몇 줄이라고 답을 했다.

"어떻게 고개도 들지 않고 알아냈느냐?"

"처마 밑에 물이 떨어져 홈이 생기니 그것을 세어보고 알았습니다."

영조는 참으로 영특한 여인이라는 것을 알았다. 이렇게 해서 새 왕비로 간택이 된 뒤에 새 옷을 짓기 위해 궁녀가 정순왕후의 치수를 재고자 했다.

"앞은 이제 되었으니 돌아서 주십시오."

궁녀가 이렇게 말하자 정순왕후가 정색을 하고 말했다.

"내가 돌아야 하느냐? 너는 움직일 줄 모르는 것이냐?"

궁녀가 황급히 자리에 엎드렸다. 열다섯 어린 소녀로만 보았으나 이미 중궁의 위엄이 있었던 것이다.

궁으로 들어온 후에 영조는 어린 왕비가 가난하게 살았다는 것을 알기 때문에 이런 질문을 했다.

"사가에 있을 때 곤궁함을 돌봐준 이가 있는가?"

"세 살 때 한양으로 올라오다가 추위에 동상에 걸릴 뻔했는데 이사관이 담비 갖옷을 벗어주어 살아났습니다."

영조는 이사관을 불러들여 중용했는데 이사관은 후일 재상의 지위까지 올랐다.

『대동기문』에는 이사관이 갖옷을 벗어준 일이 전라 감사로 부임할 때의 일이라 했으나 이사관은 전라 감사(종2품)를 한 일이 없고 그 해에는 사간원 정언(정6품)의 자리에 있었다. 정순왕후가 결혼한 해에 충청 감사직에 올랐으나 불가하다는 상소가 올라와 황주 목사로 가게 되었다. 딱히 정순왕후의 덕을 본 것은 아닌 것 같다.

정조와
어찰 정치

정조는 개혁 군주일까, 아닐까? 정조는 조선을 철저히 개혁하고자 했으나 비운에 쓰러진 군주라는 이미지가 매우 강하다. 하지만 정조는 25년을 왕좌에 있었다. 그 긴 기간 동안 개혁을 이루지 못했다면 얼마나 더 시간이 필요했을 것인가? 더구나 정조는 정정당당하게 정치를 했다기보다는 뒤에서 조종하는 공작 정치를 통해 목적을 달성하려 했다. 우리가 생각하는 정조의 이미지는 과연 실상과 일치할까?

완론 탕평과 준론 탕평

영조 말년에 이르면 조정은 탕평이라기보다 척신의 세상으로 변해 있었다. 척신의 중심에 선 사람은 세손의 외할아버지 홍봉한으로 홍봉한을 지지하는 사람들을 부홍파扶洪派, 홍봉한을 공격하는 사람들을 공홍파攻洪派라고 했다.

영조는 자신의 말을 잘 듣는 고분고분한 사람들을 뽑아 쓰고자 했다. 그래서 영조의 탕평을 완론 탕평緩論蕩平이라고 한다. 영조의 탕평 방식을 지지하지 않는 사람들도 탕평 자체에는 찬성했다. 다만 자신들의 의리를 지키고자 했는데 이를 가리켜 준론 탕평峻論蕩平이라고 했다. 그럼 의리란 무엇일까?

영조는 선비들이 말하는 의리란 공론이 아니고 붕당의 이익을 위한 편파적인 것이라고 주장했다. 하지만 정조는 의리야말로 군신 간에 지켜야 하는 핵심 가치라 판단하고 준론 탕평을 실시했다.

정조는 이를 위해 먼저 척신을 제거해야 했다. 조선 전반에 걸쳐 왕들은 선왕의 정치 기반을 허물고 자신의 기반을 세워야 하는 문제에 늘 부딪쳤다. 그것이 공신이거나 척신이었다. 선왕의 지지 기반인 공신과 척신은 현왕이 해결해야 하는 골칫거리였다. 정조는 화완옹주 등에 업고 있던 정후겸과 부홍파의 핵심 멤버인 홍인한을 유배 보냈다. 다만 어머니 혜경궁 홍씨의 아버지인 홍봉한은 건드리지 않았다.

그다음으로는 정순왕후의 외척인 김귀주를 처벌했다. 이렇게 하여 척신 그룹의 핵심들을 도려냈다. 하지만 정조는 그 이상의 무리수는 두지 않았다. 사실 전왕들의 경우 너무 무리하게 대신들을 도륙하고, 결국은 그 대가를 치른 경우가 적지 않았다는 것을 정조는 잘 알고 있었다.

정조의 오른팔 홍국영

정조의 오른팔은 홍국영洪國榮(1748~1781)이었다. 그는 홍봉한과 같은 풍산 홍씨였으나 정조를 철저히 따른 인물이었다. 1772년(영조 48년)에 스물다섯의 나이로 과거에 급제했고 이후 세자시강원 사서로 임명되었다. 홍국영은 뛰어난 두뇌와 기지를 발휘하여 세손의 마음을 사로잡았다. 정조 초년의 외척 제거에도 큰 공을 세웠다. 뿐만 아니라 송시열의 현손 송덕상을 재야에서 영입하여 정조의 위상을 올려주는 일도 해냈다.

그러나 너무 빠른 출세를 한 홍국영은 시야가 흐려졌다. 권력을 남용하기 시작했고, 척신 제거를 한 정조 앞에서 자신이 척신이 되는 길을 택했다. 자기 누이동생을 정조의 후궁으로 들인 것이다. 하지만 원빈 홍씨는 후궁이 된 지 1년 만에 사망하고 말았다. 만일 그녀가 죽 살고 아이도 낳았다면 좀 더 다른 방향의 역사가 전개되었을지도 몰랐다.

홍국영은 아직 새파랗게 젊은 정조에게 양자를 넣어 세자로 만들려고 했다. 이것은 선을 넘은 행위였다. 1779년(정조 3년)에 정조는 홍국영을 강제로 은퇴시켰다. 정조로서는 최대한의 편의를 보아준 것이었다. 권력을 잃은 홍국영은 2년 후 죽고 말았다.

정조와 친위 세력

젊은 왕에게 자기 세력을 구축하는 것은 중요한 문제였다. 정조는 정통적인 방법을 찾았다. 그는 규장각을 설립하고 젊은 학자들을 배치했다. 특히 서얼 출신을 기용한 것은 파격적인 행보였다. 규장각 검서관을 서얼 출신 이덕무, 유득공, 서이수, 박제가로 채웠다. 또한 정조는 초계문신제抄啓文臣制를 만들어 사용했다. 초계문신제는 37세 미만의 문신을 선발해서 규장각에서 재교육을 하는 것이었다.

한편 정조는 남인 채제공蔡濟恭(1720~1799)을 중용했다. 그의 준론 탕평은 의리를 중시하는 것으로 왕에 대해 충성을 바치는 의리를 지니고 있으면 당색에 관련 없이 사람을 쓸 수 있었다. 물론 사람의 마음이라는 게 그런 것이 아니어서 늘 같이 일할 수 없다고 티격태격하기 마련이긴 했지만.

서학이 들어오다

정조 때 큰 사회 문제가 된 것은 서양에서 들어온 서학, 즉 천주교였다. 마르틴 루터Martin Luther(1483~1546)의 종교개혁 이후 수세에 몰리던 가톨릭은 로욜라Sanctus Ignatius de Loyola(1491~1556)의 예수회 창립으로 돌파구를 찾았다. 아직 기독교가 전파되지 않은 곳에 가 가톨릭을 전파하는 것이었다. 이들에 의해 동아시아에도 기독교가 알려지기 시작했다.

이승훈李承薰(1756~1801)은 남인으로 분류되는 선비로 정약용의 매부였다. 그는 1784년(정조 8년)에 청나라 북경에 가서 세례를 받았다. 세례명은 베드로였다.

1791년(정조 15년)에 진산 사건이 발생했다. 진산군의 윤지충은 천주교인이었다. 그 어머니도 교인이었는데 죽으면서 교회의 가르침에 따르라고 했다. 그 때문에 윤지충은 신주를 만들지 않고 제사도 지내지 않았다. 이 이상한 장례 소문이 퍼지자 체포령이 떨어졌다. 윤지충과 그의 외사촌형 권상연은 친척들이 잡혀가자 자수했다.

진산 군수는 이들에게 배교를 명했지만 이들은 고문을 받으면서도 신앙을 버리지 않았다. 결국 이들을 엄벌하라는 여론이 들끓어 사형에 처해졌다. 이것을 신해박해辛亥迫害라 부른다. 우리나라 최초의 천주교도 박해 사건이었다.

신해통공

신해박해가 있던 해에 정조는 채제공의 제안에 따라 신해통공辛亥通共을 단행했다. 시전 상인이 난전을 금지시킬 수 있는 권리인 금난전권禁亂廛權을 없애는 조치였다. 난전亂廛은 나라에서 허가를 받은 시전 상인 외의 다른 상인이 불법으로 운영하는 가게였다. 이로

써 누구나 자유롭게 물건을 매매할 수 있게 되어 상업이 발전하게
되었다. 시전 상인들은 노론 가문과도 연결되어 그들의 경제적 기반
이기도 했다. 따라서 이 조치는 상업적이기도 하고 정치적이기도 한
것이었다. 이 정책이 남인인 체제공에 의해서 이루어진 것은 우연이
아니다. 조선 후기에 와서 상업과 수공업이 발달하고 그로 인해 시
장이 커지고 있었기 때문에 신해통공은 꼭 필요한 조치였다.

정조의 비밀 어찰

정조 8년이 되면 시파時派와 벽파僻派라는 것이 등장한다. 일반적
으로 노론이 둘로 갈라진 것이 시파와 벽파인 것처럼 말하지만 정
확한 것은 아니다. 정조 시대에는 노론, 소론, 남인의 세 정파가 있
었는데, 이들 정파 안에서 정조의 정책을 지지하는 파가 시파였고,

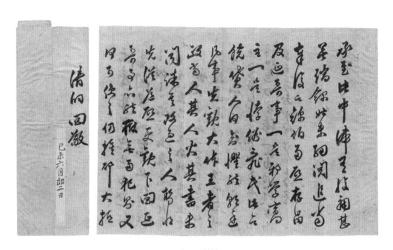

정조 어찰첩

정조가 노론 벽파의 영수 심환지에게 보낸 편지들을 모은 것이다. 정조가 노론 벽파와 적대적인 관계
였고 그들에게 독살당했다는 음모론을 반박하는 증거가 되었다.

반대하는 파가 벽파였다.

정조는 신하들에게 비밀리에 어찰御札(임금님의 편지)을 보냈다. 비밀리에 보냈다고 해서 밀찰密札이라고도 부른다. 정조가 노론 벽파 영수 심환지에게 보낸 어찰이 최근에 발굴되면서 기존의 정조 시대를 보던 시각이 많이 변화했다.

특히 정조 독살설은 심환지 어찰로 인해 불가능한 이야기라는 것이 증명되었다. 그동안은 노론 벽파가 정조에게 버림받을 것을 두려워해서 선수를 친 것으로 이해하는 경우가 있었다. 하지만 정조는 노론 벽파와 매우 가까웠다는 것을 이 어찰들을 통해 알게 되었다.

정조는 각본가였다. 그는 자기가 짜놓은 대로 연출하라고 심환지에게 비밀 지령을 내렸었다. 어찰은 본 뒤에 태워서 증거 인멸을 하라고 당부했으나 심환지는 그 편지를 보관했다. 그리고 그 기록을 통해 오늘날에 정조 시대의 역동적이고 복합적인 측면을 알게 되었다.

정조의 비밀 어찰은 그의 자유분방한 문체를 보여준다. 심지어 문장 중간에 한글을 사용하기도 했다. 하지만 정조는 겉으로는 고풍스러운 문체를 사용하라고 하면서 문체반정을 주장했다. 박지원의 『열하일기』 같은 책이 풍속을 해친다고까지 말했을 정도였다. 명말 청초의 문집들이 문장을 망친다고 해서 아예 청나라에서 가져오지 못하게까지 했다. 풍속 교화가 잘 되지 않아서 『정감록』 같은 허황된 책이 돌아다닌다고 생각하여 좋은 문장으로 쓰인 책이 많이 나와야 한다고 주장하기도 했다.

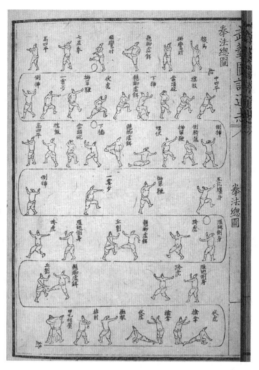

『무예도보통지』에 실려 있는 권법의 기본 자세

정조가 장용영의 병사들을 훈련시키기 위해 만든 무술 교본으로, 임진왜란 이후 수집한 무술을 집대성했다.

정조의 무력 기반

정조는 무력이 필요하다는 것을 일찌감치 알고 있었다. 처음에는 숙위소宿衛所라는 국왕 호위 관청을 만들어 홍국영이 맡게 했다. 그러나 홍국영이 실각하자 숙위소도 없앴다. 1785년(정조 6년) 재주가 뛰어난 무관 30명을 발탁했고, 3년 뒤 20명을 추가로 뽑아 국왕의 호위 부대인 장용위壯勇衛를 만들었다. 1787년(정조 11년)에는 확대 개편하여 장용청壯勇廳으로 이름을 바꾸었다. 1788년(정조 12년)에는 장용영莊勇營으로 이름을 바꾸었다. 1793년(정조 17년)에는 병사 수가 5천에 달했다.

장용영의 병사들을 위해 정조는 무술 교본을 만들었다. 장용영의 초관(종9품 무관직) 백동수에게 시범을 보이게 하고 규장각 각신 이덕무와 박제가에게 글을 짓게 하여 『무예도보통지武藝圖譜通志』를 만들어냈다. 이 책은 임진왜란 이래 수집하고 발간한 무술을 총 집대성한 책이다.

1789년(정조 13년)에 아버지 사도세자의 묘를 화성으로 옮겼다. 그리고 그곳에 화성 행궁을 짓기 시작했다. 1796년(정조 20년)에 화성 행궁이 완성되었다. 규장각-장용영-화성행궁은 정조의 미래 계획의 핵심이었을 것이다. 하지만 4년 후 정조가 쓰러지면서 이 계획은 미완에 그치고 말았다.

정조는 세손 시절부터 일기를 썼다. 처음에는 개인 일기였지만 1783년(정조 7년)부터는 국정 일기로 성격이 바뀌었다. 이 일기를 『일성록日省錄』이라고 하는데 1760년(영조 36년)부터 조선이 망하는 1910년(융희 4년)까지 작성되었다. 총 2,329권의 방대한 양이다.

억울함을
호소하라

조선에는 백성이 임금님에게 직접 민원을 제기할 수 있는 방법이 있었다. 태종 때 설치했던 신문고申聞鼓가 그것인데, 상징적인 의미는 있지만 과연 이것이 효과가 있었는가에 대해서는 의문이 많다. 영조는 없어졌던 신문고를 다시 설치했다가 아무나 마구 신문고를 친다고 몇 년 못 가서 결국 없애버리고 말았다.

이보다 임금님에게 민원을 올리는 더 좋은 방법이 있었으니 그것이 격쟁擊錚이다(영조는 신문고를 설치한 다음에 격쟁을 하지 못하게 했다). 격쟁은 임금님이 행차를 하는 길에서 기다리고 있다가 임금님이 등장하면 꽹과리를 두들겨 시선을 끈 뒤에 민원을 올리는 것이다.

물론 격쟁이라고 해서 아무 일이나 다 올릴 수는 없다. 본래 네 가지 일만 격쟁을 할 수 있었다. 이것을 '사건사四件事'라고 부른다.

1. 형륙급신刑戮及身: 자신에게 가해진 형벌에 대한 것
2. 부자분별父子分別: 부자 관계를 밝히는 것
3. 적첩분별嫡妾分別: 처첩을 가리는 것
4. 양천분별良賤分別: 양민과 천민을 가리는 것

이것 이외의 일로 격쟁을 하면 강제로 군에 징집되거나 형벌을 받거나 귀양을 갔다. 본래 격쟁은 당사자가 해야 했지만 영조는 자손, 아내, 형제, 노비가 대리로 격쟁을 할 수도 있게 허용해 주었다. 이렇게 허용을 해주었지만 부당한 격쟁에 대한 형벌도 더 강화했다.

정조는 사건사에 더해서 백성이 고통스러워하는 일에 대해서 격쟁할 수 있도록 조건을 넓혀주었다. 특히 정조는 사도세자의 묘로 행차하는 일이 잦았는데, 이때마다 백성들이 격쟁을 했다. 어떤 이는 한 가지 사안을 가지고 일곱 번이나 격쟁을 하기도 했을 정도다.

이런 덕분에 정조 때 4천 건이 넘는 격쟁이 있었다고 한다. 평균적으로 보면 한 번 행차할 때 70건 정도의 격쟁이 있었다는 이야기다. 정조는 이런 격쟁을 적극적으로 검토했다.

하지만 신문고(정조는 대궐 안에 신문고도 그냥 두었다)와 격쟁은 그 남용이 항상 문제여서 대신들이 늘 없애자고 주청하곤 했다. 1783년(정조 7년)의『조선왕조실록』을 보자.

"신문고와 쟁錚을 치도록 법을 만든 것은 백성들이 억울한 사정을 펴지 못할까 염려해서입니다. 그런데 요즘 들어서 간사한 백성들의 사기가 날로 늘어나 하찮은 일이라도 대뜸 멋대로 위에 알리고 있습니다. 여러 도에 특별히 주의시켜 쟁을 쳐서 조사하는 일은 힘써 명확히 조사하여 자잘한 폐단을 막게끔 하소서."

하니, 왕이 답하기를,

"이 일은 일례로 지킬 수만은 없다. 엄중히 막으면 아랫사람들의 사정을 알릴 수 없고 그렇다고 너무나 풀어놓으면 간사한 폐단이 더

〈화성능행도병華城陵幸圖屛**〉중 〈시흥환어행렬도**始興還御行列圖**〉(세부)**

〈화성능행도병〉은 정조가 1795년(정조 19년) 어머니 혜경궁 홍씨를 모시고 수원 화성의 사도세자 묘에 행차했을 때 했던 일들을 묘사한 병풍이다. 〈시흥환어행렬도〉는 그중 정조가 화성에서 돌아오는 모습을 묘사한 그림이다. 정조가 사도세자 묘로 행차할 때마다 백성들이 격쟁을 했다.

욱더 늘어날 것이다. 조정에서 안팎의 담당 관청에 맡겨 사실을 캐내어 처결하도록 하되, 갑자기 처결하는 관청에게는 각기 해당된 법을 적용하게 하면 어찌 두 가지가 다 타당성이 있지 않겠는가? 이로써 거듭 주의시키도록 하라."

하였다.

정조는 폐단이 있음을 인정하면서도 제도 자체를 없애려 하지 않았다. 그 폐해를 감안해서 적절하게 활용하겠다는 의지를 밝힌 것이다.

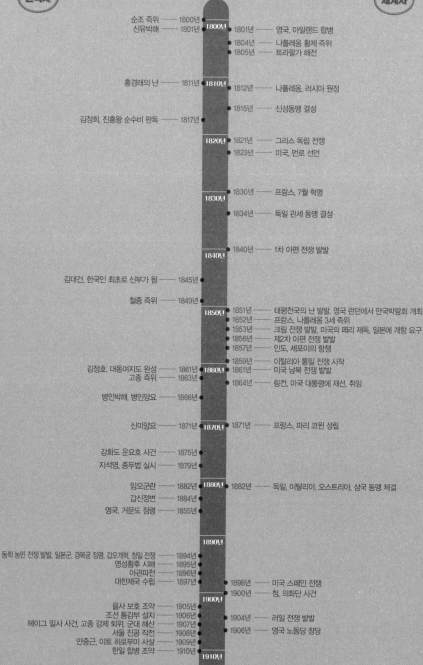

한국사

세계사

	한국사	연도	세계사	
	순조 즉위	1800년		
	신유박해	1801년	1801년	영국, 아일랜드 합병
			1804년	나폴레옹 황제 즉위
			1805년	트라팔가 해전
	홍경래의 난	1811년 1810년	1812년	나폴레옹, 러시아 원정
			1815년	신성동맹 결성
	김정희, 진흥왕 순수비 판독	1817년		
		1820년	1821년	그리스 독립 전쟁
			1823년	미국, 먼로 선언
		1830년	1830년	프랑스, 7월 혁명
			1834년	독일 관세 동맹 결성
		1840년	1840년	1차 아편 전쟁 발발
	김대건, 한국인 최초로 신부가 됨	1845년		
	철종 즉위	1849년		
		1850년	1851년	태평천국의 난 발발. 영국 런던에서 만국박람회 개최
			1852년	프랑스 나폴레옹 3세 즉위
			1853년	크림 전쟁 발발. 미국의 페리 제독, 일본에 개항 요구
			1856년	제2차 아편 전쟁 발발
			1857년	인도, 세포이의 항쟁
			1859년	이탈리아 통일 전쟁 시작
	김정호, 대동여지도 완성	1861년 1860년	1861년	미국 남북 전쟁 발발
	고종 즉위	1863년	1864년	링컨, 미국 대통령에 재선, 취임
	병인박해, 병인양요	1866년		
	신미양요	1871년 1870년	1871년	프랑스, 파리 코뮌 성립
	강화도 운요호 사건	1875년		
	지석영, 종두법 실시	1879년		
	임오군란	1882년 1880년	1882년	독일, 이탈리아, 오스트리아, 삼국 동맹 체결
	갑신정변	1884년		
	영국, 거문도 점령	1855년		
	동학 농민 전쟁 발발, 일본군, 경복궁 점령, 갑오개혁, 청일 전쟁	1894년 1890년		
	명성황후 시해	1895년		
	아관파천	1896년		
	대한제국 수립	1897년	1898년	미국 스페인 전쟁
		1900년	1900년	청, 의화단 사건
	을사 보호 조약	1905년	1904년	러일 전쟁 발발
	조선 통감부 설치	1906년	1906년	영국 노동당 창당
	헤이그 밀사 사건, 고종 강제 퇴위, 군대 해산	1907년		
	서울 진공 작전	1908년		
	안중근, 이토 히로부미 사살	1909년		
	한일 합방 조약	1910년 1910년		

제 5 장

왕조의 황혼

정조 자신은 뛰어난 능력으로 정치를 안정적으로 시행할 수 있었지만, 후계자가 장성하기 전에 사망하고 말아서 오히려 정국의 불안정을 초래하고 말았다. 조선왕조 자체에 내재했던 문제는 국왕의 역량이 부족할 경우 국가 시스템이 불안정해진다는 점이었다. 어린 왕이 즉위하는 경우 대비가 수렴청정을 했는데, 평상시 정치와 거리를 두고 있던 대비는 자연스럽게 친정 식구들에게 의지해야 했다. 이들 국왕의 외척을 척신이라고 부른다. 태종은 척신의 발호를 막기 위해 숙청이라는 무자비한 방법도 사용했지만 모든 왕들이 그럴 수는 없었다. 정조 이후 계속 어린 왕들이 즉위하면서 척신들의 힘은 강대해졌다.

오래된 시스템이 세월을 거쳐 낡으면서 백성들의 고통이 가중될 때 유력 가문 위주로 형성된 정치 세력의 등장은 최악의 수순을 밟아나갈 수밖에 없었다.

고종의 즉위는 조선의 마지막 기회였다. 고종 역시 어린 나이에 즉위했으나 정치는 왕의 아버지인 흥선대원군이 담당했다. 왕실이 중심을 잡자 조선은 빠르게 옛 기세를 회복했으나, 세계 정세가 급변 중이었기 때문에 단지 옛 제도를 복구하는 것만으로는 조선의 부흥을 가져올 수 없었다.

일찌감치 개항을 하고 서양 문물을 받아들인 일본은 조선에 대한 야욕을 감추지 않았고, 강화도 조약, 경복궁 점령, 친일 내각 수립을 거쳐 청일 전쟁과 러일 전쟁에 승리하면서 조선에서의 우위를 장악했다. 일본이 왕실의 저항을 왕비 살해로 억누르자 고종은 러시아 대사관으로 달아났다가 제국을 선언해서 상황을 역전시키고자 했다. 하지만 고종은 성장하는 민간 사회와 힘을 합할 줄 몰랐고, 그 결과 처절한 동학 농민 전쟁과 의병 전쟁도 소용없이 외교권, 군사권 등 주권이 차례로 일본에 넘어가게 되고 말았다.

왕실은 저항을 포기했지만 이 땅의 사람들은 악착같이 싸웠고 일본은 군대를 동원해 무력 진압을 한 끝에 한일 병합 조약을 맺었다. 1919년 3.1 운동을 계기로 대한민국 임시정부가 수립되었는데 이때 국체는 공화국이었다. 더 이상 왕조를 돌아보지 않았다.

세도 정치하의
조선

순조는 11세에, 헌종은 8세에 왕위에 올랐다. 철종은 19세에 왕위에 앉았지만
강화도에서 농사를 짓던 사람으로 학문도 변변치 않은 상태였다. 국왕이 국정을 잘
이끌어 나갈 수 없는 상황이니 당연히 신하들이 국정을 손안에 넣게 되었다. 이때
국정을 좌지우지한 신하들이 척신들이었다.

무시무시한 천주교도 박해

　정조의 뒤를 이은 순조는 11세의 어린 나이에 왕위에 올랐
다. 영조의 계비 정순왕후가 수렴청정을 했다. 3년 동안의 수렴청정
기간 동안 정순왕후는 공노비 해방, 장용영 혁파와 같은 일을 했다.
정순왕후의 집안인 경주 김씨는 노론 벽파에 속했다. 정순왕후는 노
론 벽파의 영수인 심환지를 영의정에 앉혔다.

　그리고 천주교 박해에 들어갔는데, 천주교도 중 남인이 많은 것
을 의식했던 탄압이었을 것이다. 1801년(순조 1년) 신유박해가 시작
되어 이승훈, 정약용 등이 체포되었다. 정조는 천주교를 싫어했으나
천주교도들을 쉽게 잡아 죽이지는 않았다. 채제공 역시 천주교에 대
해 살짝 눈을 감아주는 형국이었다. 하지만 정순왕후는 단호했다.
조선에 들어와 있던 중국인 신부 주문모周文謨(1752~1801)도 잡혀 죽
었다. 3백여 명이 이 박해로 순교했다. 이렇게 탄압이 거세지자 황
사영黃嗣永(1775~1801)은 조선 조정의 천주교 박해에 대한 내용을 비

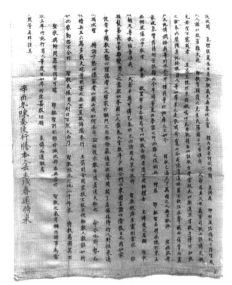

황사영이 쓴 백서

흰 비단에 써 '백서帛書'라고 한다. 신앙의 자유를 위해 외국 군대를 끌어들이자는 요청까지 해, 조선에서의 천주교 박해가 오히려 더 심해지게 했다.

단에 빼곡하게 적어서 북경의 구베아 주교에게 전달하고자 했다. 이 백서帛書에는 신앙의 자유를 위해 조선을 공격해 달라는 요청, 즉 외적을 끌어들이는 내용까지 들어 있었다. 이것이 검문에서 발각되면서 황사영은 처형당했다. 황사영 백서 사건으로 인해 천주교인들에 대한 박해는 더욱 심해졌다.

척신들의 세상

순조의 어머니는 수빈 박씨로 반남 박씨 박준원朴準源(1739~1807)의 딸이었다. 순조 즉위 후 박준원은 호조·형조·공조의 판서와 금위대장을 맡아서 병권을 장악했다. 하지만 순조 때 가장 강력했던 가문은 정순왕후의 경주 김씨도, 반남 박씨도 아니었다. 안동 김씨였다.

1802년(순조 2년)에 국혼이 있었다. 순조가 김조순金祖淳(1765~1832)의 딸과 혼례를 올렸다. 이 결혼은 정조가 이미 정해둔 것이었는데, 김조순은 노론 시파의 거물로 안동 김씨였다. 그의 집안은 병자호란 때 절의를 지켜 유명했던 김상헌을 비롯하여 김수흥, 김수항, 김창집으로 이어지는 영의정만 셋이 나온 명문이었다.

1803년(순조 3년)에 정순왕후가 수렴청정을 거두자, 김조순을 중심으로 한 왕실의 처족 세력이 크게 부각되었다. 1805년(순조 5년)에 정순왕후가 죽었고 노론 벽파의 영수 심환지는 그보다 일찍 죽었다. 이로써 노론 벽파는 구심점을 잃었다.

안동 김씨 일문이지만 벽파로 우의정이었던 김달순金達淳 (1760~1806)은 사도세자에 대한 언급을 하면서 신임을 잃었다. 이 문제는 영조와 정조 선에서 끝난 것인데, 김달순이 다시 들고나오자 순조가 못마땅해한 것이다. 김조순은 이것을 이용해 벽파를 궤멸시켰다.

김조순은 한양 장동에 살아서 안동 김씨는 장동 김씨라고도 부른다. 안동 김씨라고 해서 안동에 살고 있던 것은 물론 아니다. 이들은 이때로부터 60여 년간 세도를 누렸다. '세도世道'란 본래 세상을 올바르게 다스리는 도리를 뜻하는 것이지만 조선사에서 세도 정치란 한 가문이 전권을 농락한 것을 가리킨다.

김조순은 정조에게서 세자를 보도輔導(잘 도와서 좋은 곳으로 인도함)해 달라는 부탁을 받았었다. 이 부탁은 세자가 있던 자리에서 했던 것이라 순조도 기억하고 있었다.

친정에 나선 순조였지만 자신을 보호할 친위 세력이 따로 있지 않았다. 김조순은 반남 박씨와 풍양 조씨 두 가문을 끌어들여 정권을 운영했다.

홍경래의 난

1811년(순조 11년)에 평안도에서 홍경래洪景來(1771~1812)가 난을 일으켰다. 홍경래는 평안도 출신으로 낙방거사였다. 북도는 실제로 홀대를 받고 있었고 그에 대한 불만이 누적된 상태였다. 홍경래는 민심에 불을 지르는 데 성공했다. 홍경래가 거병하자 순식간에 8개 고을을 접수할 수 있었다.

선천 부사 김익순金益淳(1764~1812) 같은 경우는 바로 항복했다가 난이 진압된 후에 공을 세운 것으로 위장한 것이 탄로 나서 처형되기도 했다. 이 김익순의 손자가 방랑 시인으로 유명한 김삿갓이다. '김삿갓'이라는 별명으로 유명한 김병연金炳淵(1807~1863)은 향시(지방에서 실시하는 과거)에서 김익순을 비난하는 시를 써서 장원을 했는데, 김익순이 자신의 할아버지라는 사실을 알게 되었다. 그 일로 그는 세상을 볼 낯이 없다 하여 삿갓을 쓰고 전국을 방황하는 시인이 되었다.

홍경래 군은 안주성 공략을 놓고 망설이다가 시기를 놓쳤다. 관군에게 패해 정주성으로 달아났는데 이곳에서 포위되고 말았다. 그들이 견고한 정주성에서 농성을 하자 관군은 땅굴을 파고 성벽 밑에 화약을 폭발시켜 무너뜨리는 전법을 썼다. 4개월에 걸쳤던 반란은 이렇게 해서 끝났다.

홍경래의 난이라고도 흔히 부르지만 이 사건을 지금은 평안도 농민 전쟁이라고 부른다. 이 전쟁은 백성들의 마음이 조선왕조에서 떠나고 있는 증거이기도 했다. 홍경래는 죽었지만 그가 살아 있다는 소문이 계속 돌았다. 홍경래가 내건 대의명분은 척신들의 척결이었다. 그만큼 세도 정치는 벌써부터 나라를 망치고 있었던 것이다.

그러나 이 전쟁으로 김조순의 힘은 훨씬 커졌고 순조는 국정에 흥미를 잃었다. 몸도 좋지 않았다. 다행히 순조에게는 효명세자라는 똑똑한 아들이 있었다. 세자빈은 풍양 조씨 집안에서 들였다. 김조순이 허락한 혼인이었다. 노론 벽파와 정순왕후의 가문 경주 김씨를 도태시키는 데 풍양 조씨 가문의 조득영趙得永(1762~1824)이 큰 역할을 했기 때문이었다. 그뿐이 아니라 역시 척신이었던 반남 박씨 가문의 박종경朴宗慶(1765~1817) 탄핵에도 앞장섰다.

1827년(순조 27년)에 순조는 세자에게 대리청정을 맡겼다. 열아홉 살의 세자가 국정을 담당했다. 이때 순조의 나이도 서른여덟의 한창 때였으나 순조는 늘 몸이 좋지 않았다. 그런데 세자는 뜻밖에도 3년 후 급사를 하고 말았다. 안동 김씨를 견제하고자 했던 효명세자는 자신의 뜻을 펼칠 기회를 얻지 못했다. 조선의 앞날에 어두운 구름이 끼었다.

조선은 늘 척신들이 정권을 잡더라도 국왕이 바뀌거나 하는 등의 변화로 척신들을 멀리할 수 있었다. 그러나 순조를 등에 업고 큰 척신들을 척결할 왕은 이제 없는 셈이었다. 효명세자의 아들을 세손으로 책봉했는데 불과 네 살이었다. 왕의 건강은 좋지 않았다. 어린 세손이 보위를 이을 것이 분명했다.

1832년(순조 32년)에 세도 정치의 문을 연 김조순이 죽었다. 그러나 순조도 2년 뒤인 1834년(순조 34년)에 승하했다.

어린 군주의 등극

조선 역사상 가장 어린 군주가 왕위에 올랐다. 즉위 당시 헌종은 여덟 살이었다. 국정은 순조의 비인 순원왕후가 담당했다. 안동 김씨 가문의 여인이 국정을 맡은 것이다. 순원왕후는 7년간 수렴청정을 했다.

1837년(헌종 3년)에 왕비가 간택되었다. 그녀가 헌종의 정비 효현왕후이다. 효현왕후는 안동 김씨 김조근의 딸이었다. 헌종은 후사 없이 승하했기 때문에 본래는 안동 김씨가 계속 세도를 누릴 수 없는 처지였다. 하지만 순원왕후가 철종을 자기 아들로 삼아서 수렴청정을 했다. 철종의 왕비 역시 안동 김씨 가문에서 들일 수 있었다. 철종의 왕비인 철인왕후는 안동 김씨인 김문근의 딸로, 이렇게 안동 김씨는 3대에 걸쳐 왕비를 배출한 가문이 되었다.

순조와 순원왕후에게는 세 명의 딸이 있었다. 첫째 딸 명온공주明溫公主(1810~1832)는 안동 김씨 김현근에게 시집을 갔다. 둘째 딸 복온공주福溫公主(1818~1832)는 안동 김씨 김병주에게 시집갔다. 공주가 둘이나 안동 김씨 가문으로 시집을 간 것이다. 셋째 딸 덕온공주德溫公主(1822~1844)는 윤의선과 혼인했는데, 윤의선의 어머니는 안동 김씨였다.

순조, 헌종, 철종 모두 부인이 안동 김씨였다. 동성동본은 결혼하면 안 된다느니 하는 말이 얼마나 고루한 말인지 이런 부분에서도 찾아볼 수 있다. 동성동본이란 부계만 따지는 제도로 생물학적 배려 같은 것으로 만들어진 게 아니라는 점을 이런 예를 통해 알 수 있다.

세도 정치기에 왕실의 외척인 풍양 조씨 가문도 세력을 떨쳤지만 안동 김씨를 세도 정치의 중심으로 놓는 것은 바로 이런 이유 때문이다. 안동 김씨와 풍양 조씨는 협력 관계였지만 헌종 때에는 대립하기 시작해서 안동 김씨가 공격에 나서게 되었다.

삼정의 문란과 천주교의 전파

세도 정치라고 해도 정치를 잘했다면 문제는 아닐 것이다. 그러나 세도정치기에 삼정의 문란이 극심해졌다. 삼정은 군정軍政, 환정還政(환곡), 전정田政을 가리킨다.

우선 군정은 농민에게서 군포軍布를 거두는 것이다. 군포는 병역을 면제받는 대신 내는 베다. 균역법이 실시된 후로는 군포를 성인 남자 1명당 1필만 냈는데, 군정이 문란해지면서 죽은 사람과 어린 아이에게서도 군포를 거둬들이는 등 폐단이 많았다. 환정, 즉 환곡은 관청에서 봄에 농민들에게 곡식을 빌려주었다가 가을에 이자를 붙여서 받는 것이었다. 그런데 관청에서 이자를 높게 붙여 환곡은 고리대금이 되어버렸다. 삼정 중에 환곡의 폐해가 가장 컸다. 전정은 농지에 붙는 세금인데 가짜 장부를 가지고 세를 받는 등의 폐해가 있었다.

또 과거제가 문란해져 매관매직이 성행했다. 벼슬자리를 돈을 주고 샀으니, 수령이 되면 본전을 백성들에게서 긁어내야 했다.

마음을 붙일 곳이 없는 백성들을 파고든 것은 서양에서 건너온 새로운 종교, 천주교였다. 조정은 천주교를 가혹하게 탄압했다(기해

김정희의 글씨(왼쪽)와 세한도(오른쪽)
김정희는 자신만의 독특한 글씨체 추사체를 완성해 서예의 한 경지를 이루었다. 〈세한도〉에서 김정희는 추위를 견디는 소나무를 통해 어려운 시절 속에서도 지조를 잃지 않겠다는 다짐을 보여주고 있다.

사옥). 1845년(헌종 11년)에 한국인 최초의 신부 김대건이 상해에서 입국했다. 다음 해 체포되어 처형되었다. 하지만 천주교 전파의 불길은 꺼지지 않았다. 현실이 팍팍하고 어려울수록 종교를 통해 구원을 바라게 되는 것은 당연한 일이었다.

추사 김정희는 경주 김씨로 24세 때인 1809년(순조 9년) 사신으로 간 아버지를 따라 북경으로 가서 청나라 최고의 학자였던 옹방강을 만나 고증학을 배웠다. 1816년(순조 16년)에 무학대사비로 알려져 있던 북한산 순수비를 판독하여 신라 진흥왕이 세웠다는 것을 고증했다. 순조 19년(1819)에 급제하여 효명세자의 스승을 지내는 등 뛰어난 학식을 자랑했다. 그러나 안동 김씨 세력을 비난한 윤상도의 옥사에 말려들어, 1840년(헌종 6년) 제주도에 8년간 유배되었다. 그는 이곳에서 추사체를 완성했다. 김정희의 유명한 그림 〈세한도〉도 이곳에서 그린 것이다.

강화도령,
철종

조선은 왕이 될 사람을 일찍 골라 왕의 학문을 가르쳤다. 하지만 강화에서 촌부로
살던 철종은 제대로 된 공부 없이 왕이 되었다. 더 큰 문제는 중앙 정계와 아무 인연이
없었기 때문에 자기 세력을 가지지 못했다는 점이었다.

강화도령이 왕이 되다

헌종은 스물셋의 젊은 나이로 요절했다. 오래 살았다면 자
신의 친위 세력을 길렀을지도 모른다. 척신 세력 중 풍양 조씨는 중
요 인물들이 잇따라 사망하였고, 군 관계 관리들은 척신을 배제해
나가고 있었다. 하지만 건강이 좋지 못했던 헌종은 후사도 없이 사
망하고 말았다.

헌종은 정조 이후 3대 독자였다. 가까운 왕족도 없는 상황이었
다. 정조의 이복동생이었던 은언군의 손자로 강화도에 살고 있
던 이원범이 다음 왕으로 지목되었다. 형으로 영평군 이경응李景應
(1828~1902)이 있었는데, 만일 이경응이 왕이 되었다면 조선의 운명
은 바뀌었을까? 철종은 1863년(철종 14년) 죽지만, 이경응은 철종보
다 거의 40년을 더 살았다.

이원범은 이때 열아홉의 나이였지만 제왕학을 전혀 익히지 못한
사람이었다. 수렴청정은 필수적인 일이 되었다. 왕실의 제일 큰 어

른인 순원왕후가 수렴청정을 맡아서 3년간 행했다. 헌종 때의 수렴청정을 이어 두 번째 수렴청정이었다.

안동 김씨는 철종의 왕비로 김문근의 딸을 밀어 넣으며 척신의 지위를 공고히 했다. 이미 국왕은 허수아비 신세였다. 세자 시절을 거쳐 자기 세력을 조금이라도 키울 수 있었던 다른 왕들의 경우와 달리, 철종은 철저히 고립무원이었으니 정권은 안동 김씨의 손안에서 놀아날 수밖에 없었다.

동학의 발생

1860년(철종 11년)에 경주에서 최제우崔濟愚(1824~1864)가 새로운 종교를 창시했다. 서학에 대응하는 동학東學이었다. 동학은 인본주의를 기본으로 하여 유불선의 사상을 합한 것으로 학정에 허덕이는 농민들에게 깊은 울림을 주었다. 교주 최제우는 1863년(철종 14년)에 체포되었고 다음 해 3월에 나라를 어지럽혔다는 죄목으로 처형당했다. 동학은 교주의 처형에도 불구하고 널리 퍼져 1894년(고종 31년) 동학 농민 전쟁으로 발전하게 된다.

임술민란

1862년(철종 13년) 2월, 진주에서 대규모 농민 반란이 시작되었다. 진주뿐 아니라 전국 여러 곳에서 농민들의 봉기가 이어졌다. 삼정으로 인한 괴로움을 더 이상 참지 못했던 것이다. 조선은 더 이상 이런 체제로 가서는 희망이 없는 나라가 되어버렸다.

진주민란이 아무 일도 없이 갑작스레 일어난 것은 아니었다. 이미 1850년(철종 원년)에 환곡을 감당할 수 없다는 농민들의 상소가 올라왔다. 그러나 제대로 된 답변은커녕 오히려 처벌이 돌아오지 1859년(철종 10년)에는 농민들이 한양으로 올라와 비변사에 직접 호소하기에 이르렀다. 비변사는 환곡 문제를 시정하라고 명했으나, 제대로 일이 진행되지 않았다.

철종 13년에 새로 부임한 진주 목사가 환곡을 조사해 보자, 무려 총 환곡의 60%에 해당하는 2만 8천여 석의 환곡이 증발했다는 것을 알게 되었다. 비변사는 8천여 석은 탕감해 주고 모자라는 2만 석은 채워 넣으라고 지시했다. 이걸 누가 채워 넣게 되는가? 농민들이다. 또한 경상 우병영의 환곡도 60%가 증발했는데, 그 2만 4천여 석도 농민들에게 부담시켰다.

환곡은 왜 증발했을까? 아전과 관리들이 결탁해 빼돌린 것이다. 이렇게 이익은 자기들이 챙겨 먹고 몇 배의 부담을 농민들에게 전가했던 것이다.

농민이라고 해도 모두 같은 신분은 아니었다. 진주민란을 지휘한 유계춘은 몰락 양반이었다. 또 다른 지도자 이계열도 양반 가문이긴 했지만 글자 하나 모르는 농사꾼이었다. 이들은 2월 6일에 수곡 장시에 모여 집회를 열었다. 유계춘은 다음 날 체포되었는데, 며칠 후에 제사를 지내야 한다는 핑계를 대서 풀려났다. 유계춘은 가난한 농민들과 힘을 합해 시장을 습격하고 평소 농민들을 괴롭히던 부잣집들을 때려 부수며 부당한 요구를 철회하라고 외쳤다. 농민들은 관아로 쳐들어가 자신들의 요구를 관철하는 한편, 악질 아전들을 붙잡아 죽여버렸다.

진주 농민들의 봉기는 인근 고을로 확산되었다. 경상도와 전라도, 충청도 지역에서 봉기가 이어졌다. 이런 민란의 주도자는 대개 몰락 양반이었다. 삼남 지방 이외에 제주도와 경기도 광주, 함경도 함흥에서도 민란이 있었다.

민란은 삼정의 문란 때문에 벌어진 것으로 조정에서는 어찌할 바를 모르고 있었다. 민란을 다스리는 안핵사로 파견된 박규수朴珪壽(1807~1877)는 문제의 심각성을 눈으로 보고, 삼정의 문란을 해결할 개혁이 필요하다고 생각했다. 박규수는 이 문제를 다룰 특별 기구의 설치를 건의했고, 그 결과 삼정이정청이 만들어졌다. 하지만 이정청은 탁상공론만 거듭하다가 아무 성과도 거두지 못했다. 민란이 잠잠해지자 다시 수탈의 구조로 돌아가 버렸던 것이다.

농민들은 아직 체제를 변혁하는 길은 알지 못했고, 관에서 자신들의 요구를 들어주는 척하면 바로 해산해서 집으로 돌아갔다. 하지만 농민들이 자신의 의견을 내놓아 관리들이 굴복하는 모습을 본 것은 후일의 큰 자산이 되었다. 승리의 기억은 쉽게 잊히지 않는 법이다.

몰려오는 서양

1840년 청나라는 영국과 아편 전쟁을 치렀다. 1842년 청은 패배했고 홍콩을 영국에게 내주는 치욕적인 조약(난징 조약)을 맺어야 했다. 영국은 이에 만족하지 못하고 1856년 프랑스와 연합해 제2차 아편 전쟁을 일으켜 1860년에 청의 수도인 북경을 점령했다.

동쪽의 일본에도 변화가 찾아왔다. 미국의 페리 제독은 군함의

에드워드 던컨, 〈중국 함선 파괴〉, 1843.
1차 아편 전쟁 당시 중국의 전함들을 파괴하는 영국 전함 네메시스호의 모습을 그렸다.

무력 시위를 통해 1854년에 일본을 개항시켰다.

이제 서양의 손길은 청나라와 일본 사이에 있던 조선으로도 뻗쳐 오기 시작했다. 그러나 이때 33세에 불과했던 철종이 숨지고 말았다. 조선은 다시 어린 군주를 맞이해야 할 처지가 되고 말았다.

철종의 외가는 염씨였는데 어머니가 즉위 전에 죽었고 외가도 알 수 없는 형편이었다. 이때 염종수라는 사람이 나타나 외삼촌이라 하였다. 철종은 그에게 수군절도사, 병마절도사 등의 높은 벼슬을 내렸다. 그러나 그는 사기꾼이었다. 족보를 위조하여 임금의 외숙 행세를 했던 것이다. 3년간 호강을 누렸던 염종수는 가짜 외숙임이 들통나 참수형에 처해졌다.

대원군의
치세

대원군은 왕의 아버지를 가리키는 말이다. 왕의 아버지는 본래 왕이어야 했으므로, 왕위를 물려주면 상왕이라 불렸다. 하지만 먼 종친인 흥선군의 둘째 아들이 왕으로 지목되었기 때문에 흥선군은 대원군이라 불리며, 조선의 통치자 노릇을 하게 되었다.

대원군의 개혁 정치

철종에게는 후사가 없었다. 이때 두 번이나 수렴청정을 했던 순원왕후는 이미 세상을 떠났고, 그다음으로 높은 어른은 효명세자의 빈이었던 신정왕후 조씨였다. 효명세자는 왕이 되지 못했지만, 죽은 후에 익종으로 추존되었고, 그 아내 조씨는 왕후의 지위를 갖게 되었다.

왕실의 가장 높은 어른이 되면 왕위를 이을 사람을 지목할 수 있게 되는데, 신정왕후는 흥선군의 둘째 아들 이명복(고종)을 다음 왕으로 지명했다. 그리고 고종을 자신의 양자로 삼았다. 철종은 항렬이 높아서 순조의 양자가 되어 왕위를 이었기 때문에 고종이 철종의 양자가 되면 익종의 후계는 끊어지게 된다. 반면 고종을 익종의 양자로 만들면 철종의 후사가 끊어지고 익종의 대는 이어지게 된다. 신정왕후로서는 당연한 선택인 셈이었다.

이렇게 하여 철종의 뒤를 이어 열두 살의 고종이 임금이 되었다.

현재 경복궁의 전경

지금 우리가 보는 경복궁은 흥선대원군이 재건한 것이다.

고종의 즉위는 왕의 아버지가 살아 있는 특이한 형태였다. 왕의 아버지가 살아 있는데 왕이 되는 경우가 없던 건 아니다. 왕위를 물려주고 상왕이 되는 경우다. 하지만 이 경우는 달랐다.

고종이 즉위하자 흥선군은 대원군이 되었다. 왕이 된 적이 없으니 상왕이 될 수는 없었다. 국정을 담당하는 것은 조대비였다. 수렴청정이 시작되었다.

조대비는 오래 수렴청정을 하지 않았다. 고종이 열다섯 살이 되자 2년 3개월 만에 수렴청정을 거두고 물러났다. 수렴청정 기간에도 대원군과 상의하여 개혁을 진행했다. 국정의 최고 책임자는 사실상 대원군이었다.

대원군은 그동안 국정을 담당해 온 안동 김씨 일문을 몰살시키거나 내몰려고 하기보다는 자기 세력을 키우려고 했다. 그를 위해서 종친은 과거를 볼 수 없었던 제한을 철폐하고 왕실 사람들을 대거 조정으로 끌어들였다.

대원군은 과감한 개혁을 단행했다. 비변사를 없앴는데, 비변사는 본래 전시의 임시 기구였다. 하지만 전란을 거치면서 국정을 총괄하는 기구로 변해버렸다. 대원군은 의정부와 육조의 기능을 되살려 왕권과 신권이 균형을 이루는 건국 초기의 정신을 되찾고자 했다.

양반에게서도 군포를 거두는 호포제戶布制를 실시하고, 민간에서 곡식을 저장해 두고 백성들에게 빌려주는 사창제社倉制를 실시해 환곡의 폐해를 덜어냈다. 지방에 난립하여 폐해를 끼치고 있던 서원 철폐도 단행했다.

또 왕실의 권위를 되살리기 위해 임진왜란 때 불타버린 경복궁 중건 사업에 들어갔다. 그동안 어린 왕들이 즉위해 척신들에게 농락당하면서 추락한 왕의 권위를 경복궁 중건으로 되살리고 싶었을 것이다. 그는 공사 비용을 충당하기 위해 당백전을 만들어서 화폐 사용을 어지럽게 하고, 통행세를 거둬들여 백성들의 원성을

당백전

경복궁을 중건할 재원을 충당하기 위해 만든 화폐다. 일반 상평통보보다 가치가 백 배나 되었다. 화폐 가치가 너무 큰 당백전이 대량으로 발행되면서 물가가 폭등했다.

샀다. 병인양요 중에도 계속 경복궁을 지어나가 결국 3년 만인 고종 5년(1868년)에 왕실이 경복궁으로 들어갈 수 있었다.

대원군은 천주교에 대해서는 원래 온건한 입장이었다. 하지만 청나라가 서양 세력에 위협을 받는 것을 보면서 쇄국으로 정책이 결정되고 천주교를 대대적으로 탄압했다. 1866년(고종 3년)에 시작된 병인박해는 5년간이나 지속되면서 엄청난 수의 피해자를 낳았다.

서양 세력과의 충돌

이 해 7월에 미국 상선 제너럴셔먼호가 대동강으로 진입했다가 군민들과 충돌하는 일이 벌어졌다. 제너럴셔먼호가 총과 대포를 쏘며 위협을 가했다. 이때 평안 감사는 진주민란의 안핵사였던 박규수였다. 박규수는 정석대로 적선을 상대했다. 배는 불을 가장 무서워한다. 박규수는 작은 배에 불을 붙여 셔먼호를 불태워 버렸다. 서양의 이상한 배, 이양선을 상대로 깔끔하게 승리하자 조정은 서양 세력을 상대할 수 있다고 생각했다.

10월에 프랑스 함대가 강화도를 공격하는 일이 생겼다. 프랑스는 병인박해의 책임을 물어 조선 원정에 나섰다. 그들의 목표는 조선 조정을 굴복시켜 통상 조약을 맺는 것이었다. 이런 행동의 모델은 아편 전쟁이었다. 영국은 청을 공격하고 수도를 함락시켜 통상 조약을 맺었다. 프랑스 역시 그렇게 할 생각이었다.

프랑스군은 이미 말한 바와 같이 강화도부터 공격했다. 조선은 북이나 남에서 침략을 당한 적은 있어도 허리를 찔린 것은 이때가 처음이었다. 강화도를 공격한 이유는 이곳을 점령한 뒤에 육로로 한

정족산성의 남문과 성벽

양헌수의 포수 부대는 정족산성에서 프랑스군을 물리쳤다.

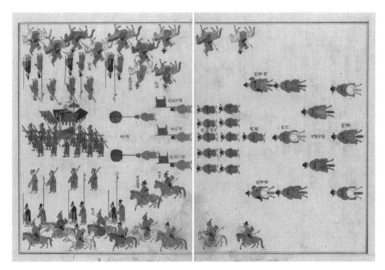

외규장각 의궤 중 「영조정순왕후가례도감의궤」

1759년(영조 35년) 영조와 계비 정순왕후의 혼례식을 기록한 의궤로, 영조가 정순왕후를 데리고 궁으로 들어가는 모습이 50면에 걸쳐 화려한 색채로 그려져 있다. 병인양요 당시 프랑스군에게 약탈되었다 2011년, 145년 만에 한국으로 반환되었다.

광성보에서 전사한 조선군들

산전수전 다 겪은 미군들도 질릴 만큼 치열한 전투였다. 이 전투에서 3백여 명의 조선군들이 전사했다.

양을 가기 위해서였다. 프랑스 군함으로는 한강을 거슬러 올라가는 것이 쉽지 않다는 것을 알고 있었다.

프랑스는 군함 7척과 1,500여 명의 병력을 동원했다. 이들은 강화도 갑곶진을 점령하고 한강 수로를 봉쇄했다.

프랑스군은 문수산성을 점령하려고 했으나 조선군의 강력한 저항에 부딪쳐 물러나야 했다. 그리고 이들은 정족산성을 공격했는데, 양헌수梁憲洙(1816~1888)가 이끄는 포수 부대가 정족산성을 지키고 있었다. 프랑스군은 여기서 크게 패배했다. 프랑스군은 만만치 않은 조선군을 상대로 더 이상 싸울 의지가 없어졌고, 강화성을 크게 약탈하고는 달아나 버렸다. 이때 외규장각 도서들이 프랑스에 넘어갔다. 이 일련의 군사적 충돌을 병인양요丙寅洋擾라고 한다.

1868년(고종 5년)에는 독일인 오페르트Ernest Jacob Oppert(1832~1903)가 대원군의 아버지 남연군의 묘를 도굴하려다 실패한 사건이 있었다. 조선시대에는 무덤을 만든 뒤에 석회를 부었는데, 오페르트는 석회를 뚫지 못해 도굴에 성공할 수가 없었다. 조상의 무덤을 공격하는 행위는 유교에서는 정말 못된 짓이었다. 서양에 대한 적개심이 더 커지게 된 사건이었다.

아편 전쟁에서 청나라가 패배한 것은 조선에게 큰 충격이었다. 병인양요를 통해서 서양의 무력이 얼마나 위험한지도 잘 알 수 있었다. 이에 따라 군사 훈련에 박차를 가하고 강화도의 진지화에도 공을 들였다.

1871년(고종 8년)에는 미국이 강화도로 쳐들어왔다. 이 사건을 신미양요辛未洋擾라 한다. 제너럴셔먼호가 격침당한 이유를 밝히고자 한 것이다. 사건이 일어난 지 몇 년이나 지난 뒤에 미국이 오게 된 것은, 그동안 남북 전쟁(1861~1865)으로 정신이 없었기 때문이었다. 미국은 5척의 배로 함대를 만들었다. 그들은 통상 수교를 원했지만 대원군은 단호하게 거절했다.

미군은 프랑스군의 병인양요를 분석하고 그것을 보강한 작전을 펼치고자 했다. 하지만 낯선 조선의 환경에서 잘 싸우기란 쉽지 않았다.

그들은 강화도를 헤매고 다닌 끝에 광성보에서 어재연魚在淵(1823~1871)이 이끄는 조선군과 전투를 벌였다. 처절한 싸움 끝에 미군은 광성보를 함락시킬 수 있었다. 광성보에서 조선군은 3백여 명 이상 전사했는데 그 누구도 달아나지 않고 끝까지 싸웠다. 산전수전

다 겪은 미군도 조선군의 악착스러움에 질리고 말았을 정도였다. 하지만 거기까지가 미군의 한계였다. 미국 군함들은 한강을 거슬러 올라갈 수 없었고, 더 싸울 형편도 되지 못했다. 결국 미군은 철수하고 말았다. 그들이 원했던 전략 목표를 달성할 수 없었다.

결과적으로 조선은 프랑스와 미국을 모두 자국 영토에서 몰아내는 데 성공했다. 이것은 임진왜란이나 마찬가지였다. 침략자들을 물러나게 함으로써 자국을 보호하는 데 성공한 것이다.

야사에는 대원군이 안동 김씨에게 수모를 당해 복수심을 키웠다는 이야기가 많다. 그럼 대원군이 집권한 후에 안동 김씨에게 정치 보복을 했을까? 뜻밖에도 대원군은 그런 일을 전혀 하지 않았다. 오히려 안동 김씨들에게 적절한 관직을 내려서 정권의 동반자로 삼았다. 사화나 당쟁 같은 피 흘리는 사태는 벌어지지 않았다. 이것이 대원군의 개혁이 성공한 원인 중의 하나일 것이다.

고종,
나라를 말아먹다

고종은 실질적인 조선의 마지막 왕이다. 서구 열강의 세력이 밀려드는 상황에서
고종은 끊임없는 선택의 기로에 서야만 했다. 하지만 변화하는 세계 정세를
따라갈 인재가 부족했고 고종은 척신들에 의지하면서 나라는 어지러운 길로
들어섰다.

다시 척신의 시대

대원군은 1873년(고종 10년)에 최익현의 탄핵 상소를 계기
로 물러났다. 이제 스물두 살 고종의 친정이 시작되었다. 고종의 왕
비는 여흥 민씨였다. 대원군의 부인, 즉 고종의 친모도 여흥 민씨였
으므로 양대에 걸쳐 척족이 여흥 민씨였다. 이는 외척의 발호를 쉽
게 가져올 수 있는 구도였다.

그보다 중요한 것은 고종의 친정이 이렇게 쉽게 이루어질 수 있
었다는 점이다. 마치 세도 정치처럼 10년 동안 권력을 움켜쥐고 있
었던, 심지어 왕의 아버지였던 대원군조차 왕이 내치기로 결심한 순
간 궁에서 밀려났다. 왕비 민씨가 대원군의 실각을 뒤에서 조종했다
는 이야기가 돌았다.

고종 역시 역대의 왕들처럼 자신만의 사람들이 필요했다. 고종은
즉각 쓸 수 있는 카드를 활용했다. 척신을 들인 것이다. 그 결과 민
씨들이 조정에 가득 차게 되었다.

1874년(고종 11년) 왕비의 양오빠 민승호閔升鎬(1830~1874)가 폭탄 테러로 사망했다. 후일 이 사건의 범인으로 신철균申哲均이 지목되었는데 그가 범인인지에 대해서는 논란이 있다. 신철균은 대원군과 가까운 사이였다. 껄끄러운 문제로 사건 당시에도 이렇다 할 조사가 없이 대원군에 대한 의심만 가득했다. 결국 이렇게 해서 대원군과 민씨 일족은 돌아올 수 없는 강을 건넜다.

강화도 조약의 체결

1876년(고종 13년)에 일본과 조일 수호 조약(강화도 조약)을 맺었다. 일본은 미국의 페리 제독에 의해 1854년(철종 5년)에 개항을 했다. 하지만 조선은 신미양요로 미국을 물리치자 자신감 속에 척화비를 건

순흥에 세워진 척화비
흥선대원군은 서양 열강과 교류하지 않겠다는 입장을 확고히 드러내기 위해 전국 곳곳에 척화비를 세우게 했다.

립했다. 척화비에는 "서양 오랑캐가 침입하는데 싸우지 않으면 화친하는 것이요, 화친을 주장하는 것은 나라를 팔아먹는 것이다洋夷侵犯 非戰則和 主和賣國"라는 글이 새겨졌다.

1764년(영조 40년) 조선통신사가 일본으로 간 이후 일본은 통신사 파견을 중지해 달라는 요청을 했다. 조선통신사 접대에 드는 막대한 경비를 감당하기 힘들다는 이유였다. 그래서 1811년(순조

일본의 군함 운요호

운요호의 무력시위로 조선은 일본에 강제로 개항하게 되었다.

11년) 쓰시마에만 들르는 것으로 바뀌었는데 그나마도 그 후에는 사라지고 말았다.

고종이 즉위했을 때 일본에서는 축하 사절을 보냈다. 두 나라는 친해지지도 않고 멀어지지도 않았다. 통신사의 사행은 여전히 재개되지 않은 상태였다.

고종 5년(1868년), 일본은 메이지 유신으로 천황이 친정을 하게 되었다. 메이지 정부는 이 사실을 조선에 통보하고자 했는데, 조선은 그들이 보낸 서한이 격식에 맞지 않는다고 하여 수령을 거부했다. 일본은 1872년(고종 9년)에 부산으로 군함을 보내 부산 왜관을 점령하겠다고 나섰다. 조선에선 왜관을 폐쇄했다. 양국 사이는 급속도로 냉각되었다.

1875년(고종 12년) 일본은 강화도로 운요호를 파견하여 조선을 도발했다. 강화도 초지진에서 접근하는 일본의 소형 보트에 포격을 가했는데 이들은 그걸 빌미로 함포 사격을 가하고 강화도를 침공해 약탈했다.

일본의 무력 시위로 조선은 강제 개항되었다. 국제 조약 같은 것을 알 리가 없었기에 어떤 함정이 있는지 모르는 채 조약에 서명을 했다. 국제 정세에 어두웠기에 당하고 만 뼈아픈 조약이었다. 일본은 이 조약으로 치외법권, 무관세, 쌀 수출입 허용 등의 엄청난 혜택을 가져갔다.

조선은 일본의 빠른 변화에 놀라고 그들의 실정을 알기 위해 수신사修信使(통신사에서 이름이 바뀌었다), 신사유람단紳士遊覽團을 파견했고, 이를 통해 일본의 발전상을 똑똑히 보게 되었다. 이 일로 조선의 개혁도 시급하다는 인식이 생겨났다.

하지만 유림에서는 이런 흐름에 반대하며 외세를 배격해야 한다고 강하게 목소리를 내었다. 급기야 왕을 몰아내야 한다는 움직임까지 생겨나, 대원군의 서자 이재선이 역모 사건에 연루되어 사형당하는 일까지 벌어졌다. 대원군이 다시 정권을 노리고 있다는 소문이 돌았다.

임오군란과 갑신정변

민씨 척족의 폭정은 과거 세도 정치와 다를 바가 없었다. 사실은 더 가혹했다. 군인들에 대한 홀대로 1882년(고종 19년) 임오군란壬午軍亂이 일어났다.

훈련도감 소속 군인들에게 급료가 제대로 지급되지 않고 있다가

1년여 만에 급료라고 준 쌀은 겨와 흙이 섞여 먹을 수도 없는 물건이었다. 군인들이 격렬히 항의하자 민씨 척족은 강경 진압으로 대응했다. 주동자들을 포도청에 감금하는 통에 군인들의 분노가 폭발하고 말았다. 이들은 수감된 동료를 구출하고 일본인 교관에게 훈련받던 별기군을 휩쓸어 버렸다. 일본인들을 보는 대로 습격하니, 일본 공사도 긴급히 자국으로 돌아가게 되었다. 여기에 그동안의 폭정에 불만을 가졌던 백성들도 합세하여 폭동은 점점 더 커졌다.

이들은 민씨 척족들의 집을 습격하고 잇따라 살해했다. 결국에는 대궐까지 침입했다. 이들의 목표는 왕비였다. 사태를 수습할 수 없었던 고종은 대원군을 불러 이들을 달래게 했다. 대원군은 분노한 군인들에게 왕비가 이미 죽었다고 발표하여 이들을 달랬다. 국상 발표까지 했지만 왕비는 죽지 않았다. 궁을 빠져나가 은신한 상태였다.

공관이 습격당하고 자국민이 살해된 일본은 군대를 파견했다. 일본군이 출동하자, 청나라도 군대를 파견했다. 청군은 대원군을 초청한 뒤에 전격적으로 체포하여 청으로 보내버렸다. 장호원에 피신해 있던 왕비는 청군의 호위를 받으며 궁으로 돌아왔다. 뒤늦게 도착한 일본은 조선과 제물포 조약을 맺었다. 이를 통해 공사관에 군대를 둘 수 있게 되었다. 이로써 조선에는 청일 양군이 모두 주둔하게 되었다. 임진왜란 이후 처음으로 조선 땅에 외국군이 주둔하게 된 것이다.

조선 정부도 개혁을 취해야 한다는 것은 알고 있었다. 그래서 청의 도움을 받아 개화의 길을 걷기 시작했다. 독일인 묄렌도르프Paul

「한성순보」
우리나라 최초의 근대 신문. 한문으로 기사가 작성됐다. 발행한 후 각 관아에 배포해 관리들이 읽게 했다.

고종이 데니에게 하사했던 태극기
미국인 오언 데니는 조선의 외교 고문으로 부임해 청이 조선에 간섭하는 것을 비판하고 조선에 우호적인 입장을 보이다, 청의 미움을 사서 1890년 미국으로 귀국했다. 이 태극기는 그때 고종이 그에게 하사한 것이다. 현존하는 태극기 중 가장 오래된 것으로 추정된다.

Georg von Möllendorff(1848~1901)를 고용하여 외교와 재정에 도움을 받았다. 또 임오군란을 일으킨 훈련도감은 폐지하고 청나라 원세개袁世凱(1859~1916)의 조력을 받아 군대를 개편했다. 그리고 이듬해 박문국을 설치하여 우리나라 최초의 근대 신문 『한성순보漢城旬報』를 발간했다. 태극기도 이 해에 조선의 공식 국기로 제정되었다.

왕비의 복귀와 더불어 민씨 척족의 세력도 다시 살아났다. 이때 민씨 척족과 친청파에 의해서 진행되는 개혁을 불만스럽게 본 일군의 세력이 있었다. 이들은 젊은 신진 세력이었다. 그중 김옥균金玉均

갑신정변 직전에 개화 세력이 모여 찍은 단체 사진

앞줄 왼쪽에서 첫 번째가 홍영식, 네 번째가 민영익, 다섯 번째가 서광범이다. 민영익과 급진 개화파는 본래 동지였지만 민영익이 온건 개화파로 노선을 변경하면서 결별했고, 갑신정변 때 서로 적대하는 관계가 되었다.

(1851~1894)은 일본 공사관에 주둔해 있는 일본군의 무력을 이용해서 정권을 장악할 수 있으리라 생각했다. 하지만 이는 큰 오산이었다. 일본 공사관의 일본군은 2백여 명밖에 되지 않았다. 청나라 군대는 훨씬 많았던 것이다.

정변 후에 청나라군과 조선군이 합세한 1,500여 명이 출동하자 일본은 바로 손을 뗐다. 김옥균이 일으킨 갑신정변은 삼일천하로 막을 내렸다. 정변 주도 세력 중 홍영식, 박영교가 청군에게 살해당했고, 살아남은 자들은 해외로 망명했다. 조선의 개혁은 아직도 먼 일이었다.

동학 농민 전쟁과 청일 전쟁

1893년(고종 30년) 전라도 고부군에 새 군수 조병갑趙秉甲 (1844~1912)이 부임했다. 조병갑은 불필요한 저수지를 만들어 물세를 받는 등 학정을 펼쳤고, 이를 시정해 달라는 농민들의 청원은 철저히 무시했다. 이 와중에 농민들의 지도자였던 전봉준全琫準 (1855~1895)의 아버지가 고문으로 죽는 일까지 생겼다.

농민들은 더 이상 말로 하는 것은 소용이 없다고 판단하고 봉기를 준비하게 되었다. 전봉준은 동학의 접주接主(동학의 교구인 접接의 우두머리)로 봉기를 지휘하였다. 1894년(고종 31년) 1월 10일 1천여 명의 농민군은 고부 관아를 습격하여 창고를 털었다. 전형적인 민란의 전개 형태가 이번에도 되풀이되었다. 조정에서는 안핵사를 파견하

전봉준을 찍은 유일한 사진

왼쪽에서 세 번째 인물이 전봉준이다. 1895년 2월 28일 한양의 일본 영사관에서 신문을 받은 전봉준이 재판을 받기 위해 법무아문으로 이송되는 모습을 찍은 것이다.

여 농민들의 요구 사항을 들었다. 하지만 안핵사 이용태는 이때 동학 농민군을 탄압 일변도로 대하면서 사태를 확대시켰다. 전봉준은 분개하여 창의문倡義文(의로서 일어나자고 호소하는 글)을 발표했는데, 고부 봉기가 보통의 민란과 다른 것임을 이로써 확실히 알 수 있다.

전봉준은 일본과 서양 오랑캐를 몰아내고, 한양으로 진격하여 권세가들을 멸할 것을 천명했다. 단순히 조세에 대한 불만을 표출하는 정도를 넘어서게 된 것이다. 또한 이들은 한 지방을 넘어서서 여러

동학 농민 전쟁의 전개 과정

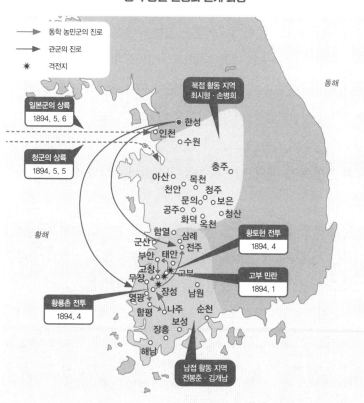

고을의 연합 세력을 형성했다. 대규모 농민군이 결성되자 정부는 안핵사를 파면하고 홍계훈을 양호초토사로 임명하여 진압군을 파견했다. 홍계훈은 임오군란 때 왕비를 구한 인물이고, 뒷날 을미사변 때 왕비를 보호하다 살해당한다.

관군과 붙은 동학 농민군은 이들을 물리치고 전주성에 입성했다. 봉기는 전국으로 확산되기 시작했다. 특히 호남 일대는 동학 농민군의 수중에 들어간 셈이었다.

조정은 동학 농민군을 막지 못할 것 같자 청나라에 파병을 요청했다. 이에 일본도 자신들이 청과 동일한 파견권을 지녔다는 명분으로 군대를 파견했다. 이때 홍계훈은 전주성의 동학 농민군을 몰아세우고 있었다. 전봉준은 폐정개혁안을 내고 조정이 이 제안을 받아들이면 해산하겠다고 약속했다. 홍계훈이 이를 받아들여 5월 7일 전주화약이 성립되었다. 폐정개혁안은 12개 조항으로 주요 내용은 탐관오리의 처벌, 양반과 토호의 횡포 징계, 신분 차별 철폐, 조세 제도와 토지 제도 개혁, 일본과 사통하는 자의 처벌 등으로 이루어져 있었다.

동학 농민 전쟁의 여파로 지방 행정은 엉망이 된 상태였다. 전라감사는 전봉준에게 치안을 위한 협조를 부탁했고, 이로써 전라도 53주읍에 집강소執綱所라는 민정기관이 설치되었다.

청군이 5월 5일 조선으로 들어왔다. 청군 2천 8백여 명이 들어온 지 얼마 되지 않아 일본은 8천 명의 군대를 조선에 들였다. 이미 동학 농민 전쟁은 수습이 된 상황이었으므로 청일 양군에 철군을 요청했는데, 일본은 말을 듣지 않았다.

일본은 6월 21일에 경복궁을 침입했다. 조선군은 격렬하게 저항했지만 고종의 명령 때문에 해산해야 했다. 일본은 고종을 겁박해서 개혁 정책을 시행하게 했는데, 이를 갑오개혁(갑오경장)이라고 부른다. 신분제 폐지와 연좌제 금지 등 좋은 개혁 방침이 많았지만 일본의 강요에 의한 것이라는 점이 큰 문제였다.

일본은 6월 23일 청군과의 충돌을 승전으로 이끌었다. 이로써 청일 전쟁이 시작되었는데, 청군은 연이어 패배했다. 9월에는 평양성을 놓고 청군과 싸워 이겼다.

사태가 심상찮게 돌아가자 동학 농민군은 다시 한 번 봉기했다. 이번에는 그동안 소극적이었던 동학의 북접도 참여해서 동학 농민군은 무려 20만에 달하게 되었다. 조선은 일본의 1개 대대를 포함한 조일 연합군으로 동학 농민군을 대적했다. 정부군에 대항한 동학 농민군의 의기는 높았지만 전술적으로 상대가 되지 않았다. 공주 인근에서 벌어진 전투에서 동학 농민군은 연패했고, 11월에 공주 우금치에서 대대적인 전투가 벌어졌는데, 동학 농민군은 이곳에서 대패하고 말았다.

동학 농민군의 지도자들은 모두 죽임을 당했다. 동학 농민군의 영수였던 전봉준도 한양으로 잡혀 와 교수형에 처해졌다.

그 결과 동학은 그 면모를 유지하기 힘들어졌고, 3대 교주가 된 손병희는 일본으로 망명했다. 동학은 후일 천도교天道敎로 이름을 바꾸고 3.1 운동의 중심 역할을 하여 해방으로 가는 길을 여는 데 큰 기여를 했다.

일본군의 경복궁 침입과 그 뒤에 이어진 갑오개혁에 대한 반발로

의병 봉기가 일어났다. 이것을 갑오의병甲午義兵이라고 부른다. 왕실은 싸우기를 포기했지만 백성들은 이때부터 계속 싸우게 된다.

을미사변과 아관파천

1895년(고종 32년) 청일 전쟁에서 청나라가 패배했다. 일본은 승전의 대가로 요동반도 할양을 요구했는데, 뜻밖에도 러시아·프랑스·독일이 끼어들어 요동반도를 청나라에 돌려주라고 압박했다. 일본은 이에 굴복하고 말았다. 이것을 삼국 간섭이라고 한다. 국제 정세가 눈이 돌아가도록 빠르게 변화하고 있었다.

삼국 간섭으로 서구 열강의 힘을 본 고종은 러시아 쪽에 의지하기 시작했다. 일본은 이 배후에 왕비가 있음을 알고, 경복궁을 침입해 왕비를 죽이는 참극을 연출했다. 이 사건을 을미사변乙未事變이라고 부른다. 일본은 이후 친일 정권을 수립했고, 친일 정권은 을미개혁乙未改革이라는 일련의 개혁 조치를 단행했다. 을미개혁으로 1896년 1월부터 양력을 사용하도록 하였다.

일본의 참혹한 만행에 분개한 유림의 봉기가 일어났는데, 이를 을미의병乙未義兵이라고 부른다. 을미의병을 봉기한 데는 1895년 11월에 내려진 단발령의 영향도 컸다. '신체발부身體髮膚는 수지부모受之父母요, 불감훼상不敢毁傷이 효지시야孝之始也라(우리 몸의 피부와 머리털은 부모로부터 받은 것이니 감히 훼손하지 않는 것이 효도의 시작이다)'라는 유교 관념에 정면으로 충돌하는 조치였던 것이다. 물론 유교의 근본 정신이라기보다는 전통을 깨뜨리는 것에 대한 심리적 저항이 더 컸을 것이다. 몽골의 지배 때에도 머리 모양은 지켜졌고, 청나라도 머리 모양을 건드린 적이 없었다. 이리하여 1896년 1월 중순에 시작된 의병 항쟁은 곧 전국으로 확산되었다.

이 무렵 고종은 연금된 것이나 마찬가지였다. 의병을 진압하기 위해 일본군과 친일 내각의 조선군이 한양을 빠져나가면서 고종에 대한 감시도 느슨해졌다. 고종은 이를 일본의 세력에서 벗어날 기회로 여겨, 러시아 공사관으로 도망쳤다.

단발령이 내려져 상투를 자르는 모습
단발령은 조선 백성들 사이에서 격렬한 반발을 불러일으켰고, 을미의병이 일어나는 데도 영향을 미쳤다.

1896년(고종 33년) 2월의 일이었다. 이 일을 아관파천俄館播遷이라고 부르는데 '아관俄館'이란 '러시아 공사관'이라는 뜻이다. 일국의 왕

고종이 피신한 옛 러시아 공사관 건물 사진
고종은 당시 세자였던 순종과 함께 이곳으로 피신을 와 1년 정도 지냈다.

이 다른 나라 공사관으로 도망친 초유의 사태였다.

허울뿐인 제국의 성립

고종은 1년 후 환궁하여 조선이 제국임을 선포했다. 1897년 10월, 국호는 '대한제국大韓帝國'으로, 연호는 광무光武로 결정했다.

조선은 본질적으로 독립 국가였지만 형식적으로는 청나라의 속국이었다. 청나라는 인조의 항복 이래 조선의 내정에 간섭한 적은 없지만 어디까지나 상국이었다. 대한제국의 선포는 이 연결 고리를 끊는 것이었다.

개혁 정책도 추진되었다. 하지만 근본적으로 새로운 국가로 나아갈 동력이 부족했다. 고종은 여전히 백성들을 다스리는 군주의 지위에 있었던 것이다. 여기에다 1905년(광무 9년), 의지하고 있던 러시아는 일본과의 전쟁에서 패배했다.

러일 전쟁에서 일본이 이긴 것은 엄청난 충격을 낳았다. 아시아 국가가 유럽 국가를 이길 수 있다는 것을 보여주었고, 일본에 대한 선망이 전 아시아에 퍼

서양식 제복을 입은 고종 황제
황제로서 군의 통수권자인 대원수의 예복을 입고 있다.

헤이그 밀사들
왼쪽부터 이준, 이상설, 이위종.

졌다. 조선도 예외가 아니었다. 이때 이른바 친일파들이 대거 탄생했다.

그러나 일본이 어떤 대의를 위해서 러시아와 싸운 것은 아니었다. 한반도에 대한 야욕으로 진행된 일이었다. 러일 전쟁의 승리로 대한제국은 이미 일본에 넘어간 것이나 다름없었다. 일본은 을사늑약을 체결하여 대한제국의 외교권을 박탈했다. 이 조약에 대한 반발로 여러 대신과 선비들이 목숨을 끊어 항의했다. 그렇다고 대세를 돌이킬 수는 없었다.

무력 항쟁도 발생했다. 을사늑약에 반발해 을사의병(제2차 의병 봉기, 1905~1907)이 일어났다. 고종은 세계 각국에 항의하기 위해 1907년(광무 11년) 네덜란드 헤이그에서 열린 제2회 만국 평화 회의에 이준李儁(1859~1907), 이상설李相卨(1871~1917), 이위종李瑋鍾(1884~?)을 특사로 파견했다. 하지만 이를 알아챈 일본의 방해로 이들은 회의에 참석할 수 없었고, 고종은 이 사건에 대한 책임 추궁을 당한 끝에 강제로 퇴위되고 말았다. 대한제국의 멸망이 다가왔다.

1896년(고종 33년)에 서재필이 독립협회를 창립했다. 동학의 이름을 '천도교'로 바꾼 천도교 교주 손병희와 이상재, 윤치호, 남궁억 등이 독립협회에 몸을 담았다. 입헌 군주제를 목표로 하는 자유 민권 운동 시민 단체였다. 독립문을 세우고 순 한글 신문 『독립신문』을 발행했으며 일반 시민들이 참여하는 대토론회 만민공동회를 개최했다. 고종은 이런 시민 운동을 용납할 수 없었다. 그는 보부상을 중심으로 한 어용단체 황국협회를 만들어서 양측이 충돌하게 하여 해산시켜 버렸다. 이때 황국협회에는 김옥균 암살범인 홍종우도 가담하고 있었다. 시민들의 힘을 정부에 유리하게 이용할 안목도 고종에게는 없었다.

독립문
청으로부터의 자주 독립을 상징하는 건축물로 독립협회에서 세운 것이다. 서양의 개선문 형태를 하고 있다.

『독립신문』
1896년 창간된 우리나라 최초의 민간 신문으로, 한글로 제작되었다. 근대 사회로 나아가는 데 필요한 지식과 사상들을 대중들에게 전달하려고 했다.

프랑스 유학파
홍종우

홍종우는 조선 왕실을 위해서 1894년(고종 31년)에 김옥균을 암살했다. 김옥균은 암살당하기 10년 전인 1884년(고종 21년)에 정권을 잡기 위해 갑신정변을 일으켰다. 일본의 힘을 등에 업고 일으킨 정변이었지만 일본 측의 태도가 미적지근했고 즉각적인 청나라의 무력 개입으로 김옥균의 정변은 삼일천하로 끝나고 말았다. 김옥균은 일본으로 망명했고 청나라에서 홍종우에게 암살당할 때까지 일본 안에 머물고 있었다. 그의 해외 경험은 일본에 그쳐 있었지만 홍종우는 그와 달리 프랑스 유학생으로 서양의 문화를 직접 겪은 사람이었다.

서양, 그것도 문화의 중심지인 프랑스 파리에서 유학 생활을 한 홍종우는 신문물을 전파하는 진보 개혁가가 아니라 왕

홍종우가 프랑스 유학 시절에 찍은 사진
그는 프랑스 유학 시절에도 늘 한복을 입고 다녔다고 한다.

에게 충성하기 위해서 암살을 하는 전근대적 인물로 남았다. 그는 김옥균을 암살한 대가로 귀국하자마자 과거에 응시할 자격을 얻어서 급제를 했다. 급제 후에 특지가 내려 홍문관 부수찬(종6품)에 임명되었다. 그리고 일주일 후에는 사간원 헌납(정5품)으로 승진했다. 고종은 그에게 집을 내려주기도 했다.

홍종우는 프랑스 유학 시절 파리 기메Guimet 박물관 촉탁 직원으로 있었다. 그는 〈춘향전〉, 〈심청전〉을 번역하는 일을 돕기도 했다. 번역가로 홍종우의 이름을 달고 나온 책은 프랑스어 제목이 『마른 나무에 꽃이 다시 핀 향기로운 봄Printemps parfumé suivi du bois sec refleuri』이라고 되어 있다. 번역자는 프랑스 소설가 조제프 앙리 로니Joseph-Henry Rosny로 되어 있다. 이 소설은 마치 〈심청전〉에 〈춘향전〉을 섞어 넣은 듯한 모습이다. 홍종우가 구술한 것을 로니가 받아 쓴 것으로 소설의 줄거리는 다음과 같다.

『향기로운 봄Printemps Parfumé』
홍종우와 프랑스 소설가 로니가 〈춘향전〉을 함께 프랑스어로 번역해서 출간한 소설. 주인공 춘향春香의 이름 뜻(봄 향기)을 풀어낸 제목이다. 번역자의 이름은 로니로 되어 있다.

이 소설에는 심 봉사 역할로 순현이라는 정부 고관이 등장한다. 순현은 백성들의 어려움을 상소했다가 강진으로 유배를 당하게 된다. 유배지에서 딸

청이를 낳은 뒤에 아내는 죽고 순현은 눈이 먼다. 이 와중에 순현의 친구였던 상훈도 고금도로 유배되었는데, 유배 도중에 하인 수황에게 살해당한다. 임신 중이던 아내 정씨는 아들 상성을 낳고는 아들을 버리고 비구니를 따라 도망친다. 수황은 상성을 찾아내 키웠는데 상성은 16세가 되어 부모를 찾아 가출하고 전주에서 한 소녀를 만나 백년가약을 맺는다.

「마른 나무에 꽃이 다시 핀 향기로운 봄Printemps parfumé suivi du bois sec refleuri」의 표지
1897년에 처음 출간된 책을 2016년에 재출간한 것이다. 번역자가 홍종우와 로니 두 사람으로 되어 있다.

이 무렵에 폭군이었던 왕은 죽고 어린 왕자가 왕위를 이었는데, 순현을 몰아낸 간신 자조미가 반란을 일으켜서 새 왕을 섬으로 유배 보냈다.

공양미 3백 석에 팔린 청이는 바다에 제물로 바쳐졌다 거북이가 왕이 유배된 섬으로 데려다주어 왕과 결혼하게 된다. 둘은 섬에서 탈출하는데 해안에서 상성을 만나 목숨을 건진다. 상성은 장군으로 임명되고 왕과 상성은 군사를 모아 서울로 진격한다. 왕위를 되찾은 왕은 상성을 암행어사로 삼아서 민심을 살펴보게 한다.

한편 상성과 혼인을 약속했던 장 소저는 집안이 몰락하여 남장을 하고 상성을 찾아 나섰다. 이 여행에서 장 소저는 상성의 어머니를 만났는데 묵었던 숙소 주인의 흉계로 투옥되고 만다. 관원은 장 소저에게 청혼을 하는데 거절당하자 사형을 언도한다. 다행히 사형 집행 전에 도착한 암행어사 상성이 장 소저와 어머니 모두를 구한다. 상성은 수황을 체포하는 데 성공한다. 상성이 서울로 돌아온 뒤에 청이는 아버지를 찾기 위한 맹인 초청 잔치를 연다. 순현은 딸과 재회하고 재상에 임명되어 이상 정치를 구현한다.

이쯤 되면 이것은 그냥 새로운 창작 소설이라 보아도 무방할 것이다. 홍종우는 자신의 소설 속에서 왕을 중심으로 이상 정치를 구현하는 순현을 그리고 있는데, 이것이야말로 홍종우가 달성하고 싶었던 이상이라 하겠다. 이 때문에 홍종우는 왕의 뜻에 대항한 김옥균을 암살하고 권력으로 나아가게 되었던 것이다. 이후 그는 왕의 뜻을 실현하는 데만 이바지했다.

1898년 3월 10일 서울 종로 네거리에서는 독립협회가 주관한 새로운 정치 실험이 시작되었다. 만민공동회라는 집회가 열려 1만여 명이 운집한 가운데 시국에 대한 일대 연설이 행해졌다. 제정 러시아의 간섭과 이권 침탈을 규탄하였다. 이틀 후에는 시민들의 자발적인 모임이 다시 벌어졌고 첫 모임보다 더 많이 모여들었다. 이로써 제정 러시아의 간섭도 중지되는 큰 성과를 거둘 수 있었다. 이후 만민공동회는 4월에 다시 열리고 6개월간 쉼 없이 시민들의 목소리를 내보내는 역할을 수행했다. 그야말로 새로운 민주주의의 실험이 시작되었던 것이다. 10월 29일에는 조정의 관리들도 참여하는 관민공동회가 열렸고 여기서 시민들과 독립협회는 '헌의 6조'라는 개혁 강령을 올려 개혁을 요구했다. 고종은 그들의 압력에 눌려 헌의 6조를 받아들이는 척했으

만민공동회 집회 장면으로 추정되는 사진

1차 만민공동회는 1898년 3월 10일 종로에서 열렸다. 이 사진은 종로에 모여 있는 군중들의 모습을 담고 있다.

나 보수파 세력은 독립협회가 군주제를 무너뜨리려 하는 거라고 모함을 했다. 고종은 즉각 보수파의 손을 들어서 독립협회 지도자 17명을 체포하였다. 하지만 만민공동회는 이런 탄압에 굴복하지 않고 집회를 이어갔다. 이에 대해서도 고종에게는 준비된 수가 있었다. 그는 이미 비밀리에 지시를 내려 황국협회라는 단체를 6월에 이미 만들어두었다. 여기 회원들은 보부상들이었다. 이 조직의 핵심 간부 중 하나가 바로 홍종우였다.

이들은 독립협회에 편지를 보내 집회를 해산하고 황제의 조치를 기다리라고 말하는 등 독립협회와 만민공동회에 일일이 시비를 걸기 시작한다. 이 배후에 황제가 있었음은 두말할 나위가 없다. 고종은 만민공동회가 어리석은 백성들을 부추겨 헛된 거짓말로 속이고 있다고 역정을 냈다. 만민공동회는 연설자가 욕설을 내뱉으면 "규칙"이라고 외치며 중지시킬 정도로 평화롭게 집회를 진행하고 있었으나 권력은 이들에게 폭력으로 응대하기에 이르렀다.

11월 21일 황국협회가 만민공동회를 습격했다. 길영수라는 자가 우두머리였고 홍종우가 부두목이었다. 이들은 각각 천여 명을 이끌고 양방향으로 쳐들어갔다. 이때 사망자가 한 명, 부상자는 셀 수 없이 나올 만큼 격렬한 충돌이 빚어졌다. 이 일을 계기로 시민들의 분노는 하늘을 뚫을 것처럼 치솟았다. 고종은 오히려 열세에 몰려 만민공동회의 요구를 받아들여야 하는 처지로 몰렸다.

시민에게 몰리던 고종은 일본 공사 가토 마스오의 "우리도 메이지 유신 초기에 군대로 민회를 억눌러 제압했다"는 말을 듣고 군을 동원하기로 결심하여 12월 22일 군대를 배치하고 12월 23일 드디어 군으로 하여금 만민공동회를 해산하게 했다. 황국협회의 보부상들은 "민회를 짓밟아라!"라고 외치며 군을 독려했다.

홍종우는 1899년 평리원 재판장으로 있을 때, 이승만의 재판을 맡았다. 이승만에게 사형을 선고할 수도 있었지만 무기징역으로 형을 낮췄고 곤장 백 대도 집행하는 척만 해서 이승만의 목숨을 건져주었다. 그는 근왕자주파로 외세를 혐오하고 국부를 증가시킬 여러 방책을 내놓기도 했지만 제대로 시행시킬 힘은 가지지 못했다. 결국 말년에는 조선을 떠나 다른 곳으로 갔다는 말만 전해진다.

이완용,
나라를 팔아먹다

나라의 멸망에 한 사람만이 책임을 지는 것은 아니다.
하지만 그 책임의 몫이 큰 사람은 존재한다.
이것은 한때 촉망받던 인재였던 이완용이 벌인
매국 행위에 대한 기록이다.

이완용李完用(1858~1926)은 나라를 망하게 한 3개의 조약에 서명을 한 사람이다. 을사늑약(을사 보호 조약), 한일 신협약(정미 7조약), 한일 병합 조약이 그것이다.

을사 보호 조약의 내막

1905년 11월 9일 이토 히로부미伊藤博文(1841~1909)가 서울에 도착했다. 그는 15일에 고종에게 외교권을 넘기라고 통보했다. 고종은 외교권을 가져가도 좋지만 형식적으로나마 대한제국에 외교권이 있는 걸로 해달라고 이토 히로부미에게 통사정했다. 그러나 이토 히로부미는 오히려 위협으로 일관했고 결국 고종은 내각으로 이 문제를 넘겨버렸다.

16일에 이토 히로부미는 대한제국의 각료와 원로대신 들을 자신의 숙소인 손탁 호텔로 불렀다. 이토 히로부미의 호출에 참정대신 한규설, 학부대신 이완용 등 대신들이 참석했다.

이토 히로부미

일본에서는 메이지 유신을 이끌고 일본 제국 헌법
의 초안을 작성하는 등 근대 일본의 기틀을 닦은 인
물로 평가받지만, 한국에서는 식민지화를 주도한
원흉으로 지목된다.

이토 히로부미는 당시 상황
을 이렇게 설명했다.

"내가 한국 대신들에게 일한
협약 문제를 제의했을 때, 그
들 가운데 감히 의견을 말하는
자가 없었다. 그런데 당시 학
부대신이던 이완용이 나서서
'오늘의 동아시아 형세를 살펴
볼 때 대사의 제안은 어찌할
수 없는 것이다'라고 말함으
로써 협약이 성취되기에 이르
렀다."

이완용은 이때 이토 히로부
미를 처음 만나 그가 죽은 1909년 10월 26일까지 충성을 다 바쳤
다. "이토 히로부미 공은 나의 스승이다."라고 말했을 뿐만 아니라
그가 죽은 뒤, 세상일을 개탄하며 희망을 잃은 사람처럼 속히 이토
히로부미를 따라 죽지 못함을 한탄하고 슬퍼했다. 그는 고종이 죽었
을 때도 이런 모습을 보이지 않았다.

손탁 호텔에서 한규설만이 고종처럼 외교에 대해서 형식만이라
도 유지하게 해달라고 애원했으나 이토 히로부미는 냉정하게 거절
했다.

이날 일본 측 공관에서는 일본 공사 하야시 곤스케林權助와 대한
제국 외부대신 박제순朴齊純이 을사 보호 조약의 내용을 검토하고

있었다.

17일 오전 11시 이토 히로부미의 지시에 따라 한국 대신 8명은 일본 공사관에 집결했다. 일본 공사 측은 조약 체결을 강행하고자 했으나 농상공부대신 권중현의 반발이 있자, 오후 3시 일본 공사는 한국 대신들을 거느리고 덕수궁으로 향했다. 고종은 일본 공사 하야시를 내보내고 대신들과 어전 회의를 열었다.

이완용은 일본의 입장이 확고하니 할 수 없이 조약을 받아들여야 할 것인데, 조항 중 일부는 수정할 수 있을 것이라고 고종을 설득했다. 이런 이완용의 노력으로 결국 조약이 받아들여지게 되었다. 이때 농상공부대신 권중현이 말했다.

"신이 외부에서 얻어본 일본 황제의 친서 부분에는 우리 황실의 안녕과 존엄에 조금도 손상을 주지 말라는 말이 있었는데 이번 조약 조문에는 여기에 대한 언급이 없습니다. 이것도 응당 따로 한 조항을 만들어야 하리라고 봅니다."

권중현의 말은 고종에게 만족스러운 것이었다. 이토 히로부미는 오후 8시 대궐 안팎을 일본군으로 포위하고 한국 대신들을 불러 하나씩 조약 체결에 대한 가부를 물었다.

참정대신 한규설은 반대, 외부대신 박제순은 찬성, 탁지부대신 민영기는 반대, 법부대신 이하영은 반대하였으나 이토 히로부미는 그를 찬성으로 분류했다. 학부대신 이완용은 적극 찬성했고, 권중현, 군부대신 이근택, 내부대신 이지용은 모두 찬성을 표했다. 바로 여기서 찬성한 다섯 대신을 을사오적乙巳五賊이라고 부른다.

이완용은 "내정에는 간섭하지 않는다"는 문구를 넣고 싶어 했으

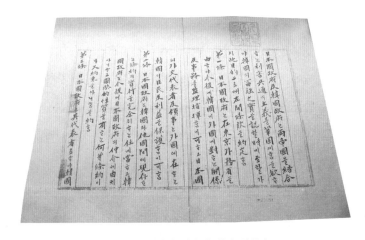

덕수궁 중명전에 전시되어 있는 을사조약 문서

전문과 5개 조항, 결문, 외부대신 박제순과 일본 특명 전권 공사 하야시의 서명으로 구성되어 있다.

나 이토 히로부미는 허락해 주지 않았다. 권중현이 주장한 황실을 보호한다는 조항은 제5조로 들어가게 되었다. 조약 체결이 끝난 것은 자정을 지난 11월 18일 오전 1시였다.

분개한 의사들의 을사오적 처단 시도가 이어졌다. 후일 대종교를 세운 나철羅喆(1863~1916)도 그런 사람 중 하나였다. 그는 유신회維新會라는 비밀 결사를 만들어 나라의 장래를 염려하고 있다가 일본으로 건너가 민간 외교 활동을 벌였다. 일본을 세 차례 오가며 구국 활동을 펼치던 나철은 매국노 대신들이 있는 한 문제를 해결할 수 없다는 사실을 깨닫고 그들을 처단하고자 단도 두 자루를 구입하여 귀국했다. 그는 1907년 3월 25일 의거에 나섰지만 실패하고 말았다. 나철은 10년형을 선고받았으나 다행히 고종의 특사로 곧 풀려날 수 있었다. 그 후 1909년 단군을 신으로 섬기는 대종교를 만들었다. 대종교는 이후 우리나라의 독립운동에 혁혁한 공을 세웠다.

고종의 퇴위

1906년 3월 2일 1대 통감으로 이토 히로부미가 부임했다. 이토 히로부미는 학교에서 일본어를 가르치라는 지시를 내렸다. 공교육에서 일본어를 가르치겠다는 방침은 당연히 반발에 부딪쳤다. 그러나 학부대신 이완용은 일본어를 가장 중요한 학과목으로 만들고 주당 수업 시간도 가장 많이 배정하는 용단을 내렸다. 일본인들은 이완용 사후, 이 결단이야말로 훌륭한 것이고 이완용이 아니고는 할 수 없는 일이었다고 칭송할 정도였다.

이토 히로부미는 고종이 고분고분하지 않자, 그를 퇴위시키고자 했다. 물러난 한규설 대신 참정대신의 자리에 오른 박제순은 이런 이토 히로부미의 움직임에 호응하지 않았다. 그러자 이토 히로부미는 박제순을 물러나게 하고 자신의 오른팔인 이완용을 참정대신의 자리에 추천했다. 1907년 5월 22일 망설이던 고종은 결국 이완용을 참정대신으로 임명했다.

1907년 7월 1일 헤이그 밀사 사건이 국내에 알려졌다. 7월 3일 오후 이토 히로부미는 이완용을 불러 질책하고 궁으로 들어가 고종을 추궁했다. 그날 밤 이완용은 고종을 단독 면담해서 양위하라고 말했다. 고종은 화를 내고 이완용을 물리쳤다. 그러나 이완용은 7월 6일 내각 회의를 소집하고 대신들을 이끌고 어전으로 나아가 양위하라고 다시 상주했다. 농상공부대신 송병준은 고종에게 일본 천황이나 일본 한국주차군(러일 전쟁 이후 대한제국에 주둔하면서 치안을 담당하던 일본군) 사령관에게 가서 사과하라고 고종을 윽박질렀다. 고종의 거듭된 양위 거부에도 아랑곳하지 않고 이완용은 7월 16일 또다시 양위를 상주했다. 다시 17일에도 양위를 거듭 상주했다.

18일 고종은 이토 히로부미를 불러 양위에 대한 그의 의견을 물었다. 결국 이완용은 허수아비라는 것을 간파한 고종이 이완용을 제치고 이토 히로부미와 직접 담판을 지으려 한 것이다. 하지만 이토 히로부미는 그것은 자기가 할 말이 아니라고 끝까지 이완용에게 이 일을 미뤄놓았다.

이날 밤 송병준은 고종에게 가장 강경하고 불손하게 양위를 강요했으며, 이완용은 황실의 안위를 위해 양위해야 한다고 은근한 협박을 했다. 고종은 원로대신들을 불러 대책을 논의했으나 이들도 양위밖에 길이 없다고 고종을 압박했다. 결국 고종은 자정을 넘긴 19일 새벽 5시에 황태자에게 황제 대리를 명한다고 말하게 되었다. 고종은 양위가 아니라 황제 대리를 명하였으나 이미 고종의 뜻대로 돌아가는 조정이 아니었다.

이완용은 19일 바로 황제 대리 의식을 치르려고 했다. 본래 이 일을 주관해야 하는 궁내부대신 박영효는 이런 일을 하기 싫어서 궁에 나오지 않았다. 그러자 다음 날 이완용은 자신을 궁내부대신 서리로 임명한 뒤, 양위식을 집행했다. 이 소식에 분개한 백성들이 이완용의 집을 불살라 버렸다.

7월 20일 일본 천황은 황태자의 황제 즉위를 축하하는 전보를 보내서 황태자가 대리청정하는 것이 아니라 황제가 된 것이라고 선언했다. 이완용은 7월 22일 황제라고 부르자는 상주를 해서 황태자를

서양식 제복을 입은 순종 황제
이때는 대한제국 황제가 대원수에서 육군대장으로 지위가 격하되어 육
군대장 제복을 입고 있다.

황제로 확정해 버렸다. 조선의 마지막 왕이자 대한제국의 마지막 황
제인 순종은 이렇게 얼렁뚱땅 즉위했다.

한일 신협약의 내막

껄끄러웠던 고종을 완전히 내친 이토 히로부미는 7월 23일 이완
용을 불러다가 내정까지 모두 통감의 지휘를 받는다는 내용의 조
약을 내밀었다. 정미 7조약, 한일 신협약이라 불리는 이 조약이 7월
24일 체결되었다. 협상이 없었음은 물론 조약 내용을 검토하거나

1907년 군대 해산 이후 무장 해제당하는 대한제국 군대
이때 해산된 대한제국군은 정미의병에 합류해 일제에 맞서 싸웠다.

수정하지도 않았다. 을사 보호 조약과는 달리 대한제국 황실의 안위를 보장하겠다는 내용도 들어 있지 않았다. 이완용이 장악한 내각에서는 일사불란하게 이 일이 처리되어 아무 잡음도 나오지 않았다. 한일 신협약의 가장 중요한 대목은 군대의 해산이었다.

8월 1일 대한제국 군대가 해산되었다. 철저히 준비를 해서 무기를 빼앗은 상태에서 군대 해산이 선언되었다. 시위대 1연대 1대대장 박승환이 해산에 항의하여 권총 자살을 하자, 그의 휘하에 있던 1대대 병사들이 무기고를 습격하여 무장한 뒤 일본군과 충돌했다. 제2연대 2대대 병사들도 공격에 합류했다. 남대문을 중심으로 펼쳐진 전투는 패배로 끝났다. 이미 그 전날 폭동 진압 준비를 마친 일본군을 이길 수는 없었다.

정미의병에 참여한 의병들

영국 신문 『데일리 메일Daily Mail』의 아시아 특파원 프레더릭 메켄지 기자가 찍은 사진이다. 조선 말기 일본 제국주의에 저항했던 의병을 대표하는 이미지가 되었다.

해산된 대한제국군은 정미의병丁未義兵에 합류하게 되었다. 이완용은 이들을 효과적으로 제압하기 위해 헌병 보조원에 한국인을 채용하여 이이제이로 의병을 물리치자는 제안을 했다. 1910년부터 1919년에 이어지는 헌병 무단 정치의 기초는 이완용이 다져놓은 것이었다.

이토 히로부미는 이처럼 열과 성을 다해 자신과 일본 정부에 충성을 다하는 이완용에게 욱일동화장이라는 훈장을 내려 격려했다. 또한 대한제국 정부에서는 태극훈장을 내려 공로를 치하하게 했다.

이완용은 한국인으로서는 무소불위의 자리에 올라갔다. 그는 내각에 자기 친인척을 채워 넣었다. 궁내부대신 이윤용은 이완용의 형이고, 탁지부대신 임선준은 사돈, 승녕부 총관(고종의 비서실장) 조민희는 처남, 승녕부 시종 이항구는 아들이었다. 게다가 황태자 책봉 문제 같은 것에도 개입해서 한밑천을 챙기고 있었다.

사법권 위임과 남한 대토벌

1909년 이토 히로부미는 통감 자리에서 물러났다. 이때 이토 히로부미와 이완용은 또 한 건, 대한제국을 무너뜨릴 공작을 하게 된다.

1909년 7월 10일 송별 연회가 끝난 후 이토 히로부미는 이완용을 불러 대한제국의 사법권을 넘기라고 말했다. 이완용은 11일에 자기 집으로 대신들을 불러 이토 히로부미의 지시에 대해 논의했다.

이때 탁지부대신 임선준, 학부대신 이재곤, 법부대신 고영희는 반대를 표하고 내각 총 사퇴를 결의하자고 했다. 그러나 내부대신 박제순, 군부대신 이병무는 입장을 뚜렷이 밝히지 않은 채 모호하게 발언했을 뿐이었고, 농상공부대신 조중응은 내각 총 사퇴를 하는 것은 사태를 더 어렵게 만드는 것이라는 얼빠진 발언을 했다.

12일 다시 회의가 열렸는데, 결국 반대로 결정이 나고 내각 총 사퇴로 의견이 모였다. 일이 불리하게 돌아가자 이완용은 13일, 2대 통감인 소네 아라스케曾彌荒助와 단독으로 사법권 위임 각서에 서명했다. 체결 일자도 하루 전인 7월 12일로 했다. 그리고 대신들에게는 사법권 문제가 해결되었으니 회의를 열지 않는다고 통보까지 했다. 이렇게 체결한 각서를 기유각서己酉覺書라고 한다. 기유각서로 대한제국은 일본에 사법권을 넘겼다.

1909년 9월 의병이 가장 활발하게 활동하는 호남의 의병을 뿌리

뽑기 위한 남한 대토벌 작전이 개시되었다. 민간과 의병 사이의 연결 고리를 깨뜨려 근거지를 없애기 위한 작전이 펼쳐졌고 이 결과 호남 의병들은 북쪽으로 달아나게 되었다. 의병의 본거지는 황해도로 바뀌었다가 대한제국 멸망 후에는 만주 지방으로 바뀌게 된다.

의병은 1894년의 갑오의병부터 시작하여 을미의병을 포함하는 1896년까지를 1기, 을사늑약에 반대하여 일어난 을사의병 시기인 1905년부터 1907년까지를 2기, 군대 해산으로 시작된 정미의병부터 남한 대토벌까지를 3기로 구분한다. 남한 대토벌 이후 만주로 이동한 때부터는 4기(1909~1915)로 보기도 하는데, 1910년 한일 강제 병합 후는 의병이 아니라 독립군으로 봐야 한다는 주장도 있다. 이 시기에 의병은 만주로 이동해서 독립군으로 성격이 변화하게 된다.

1907년부터 1911년까지 일본의 공식기록에 의하면 17,968명이 죽임을 당했고, 3,648명이 부상을 입었으며, 1,994명이 체포되었다. 이보다 훨씬 많은 사상자가 나왔을 것은 분명하다. 체포된 사람이 적은 이유는 일본군이 의병을 죽이는 것을 목표로 했기 때문이었다. 대신들이 나라를 착착 팔아먹고 있는 동안에도 의병들은 저항을 멈추지 않았다. 피를 흘리지 않고 나라를 빼앗긴 것은 결코 아니다.

안중근의 의거, 이재명의 의거

1909년 10월 26일 이토 히로부미는 만주 하얼빈역에서 안중근에게 사살되었다. 그리고 이를 계기로 한국 병합 문제는 초미의 문제로 대두되었다. 1909년 7월 6일에는 한국 병합안이 일본 내각에서 통과되어 있는 상태였다.

안중근

뤼순 감옥에서 찍은 사진이다. 안중근은 1909년 이토 히로부미를 사살한 뒤 뤼순의 일본 고등법원으로 송치되었다. 그는 이듬해 3월 26일 뤼순 감옥에서 처형되었다.

1909년 12월 4일 친일단체인 일진회는 한일 합방 성명서를 발표했다. 이들은 이대로 가면 한국은 일본의 종이 될 것이니, 그 전에 일본과 동등한 자격을 가질 수 있도록 합방을 하는 것이 살아남을 유일한 길이라는 해괴한 주장을 내세웠다. 양국이 동등한 관계로서 합방하자는 것이었다. 이들의 합방안은 이완용이 체결한 병합안보다 한국에 훨씬 유리한 것이었다는 지적도 있다.

뜻밖에도 이완용은 이 합방 운동에 반대했다. 이완용은 합방의 공을 일진회에 빼앗기지 않으려고 반대했던 것이다.

12월 22일 명동성당 앞에서 이재명 의사가 이완용을 칼로 찔렀다. 이재명은 그가 겉으로는 합방을 반대하지만 사실은 자신이 주도하여 합방코자 하고 있음을 간파하고 그를 처단하려고 했다. 이완용은 큰 부상을 입었지만 살아남았다. 이완용은 1910년 2월 14일 퇴원했고, 24세의 청년 이재명은 5월 18일 사형 선고를 받았다. 이재명은 한일 병합 후 9월 30일 교수형에 처해졌다.

한일 병합 조약이 체결되다

1910년 5월 30일 2대 통감 소네 아라스케가 물러나고 3대 통감 데라우치 마사타케寺內正毅가 취임했다. 그는 일본 군부 내 강경파로, 그를 통감으로 임명한 것은 한국을 병합하겠다는 의지를 내보인 셈이었다. 이완용은 등청하지 않는 상태였으나 여전히 내각총리대신의 자리를 유지하고 있었다.

데라우치는 군부 출신답게 의논 같은 것은 하지 않았다. 그는 일방적으로 대한제국의 경찰권을 회수한다고 통보했고, 무력한 내각은 6월 24일 그냥 경찰권을 넘겨주었다.

데라우치가 한국에 들어온 것은 7월 23일이었다. 그는 왜 이렇게 늦게 부임한 것일까? 한국 병합에 대한 세부적인 사항을 만들 시간이 필요했기 때문이었다. 그는 7월 25일 태황제 고종과 순종을 알현하는 것으로 공식 임무를 시작했다.

데라우치는 한국에 오기 전에 한 사내를 만나 병합에 대한 조언을 들었다. 군부 실세인 데라우치에게 충고를 한 사나이는 일본의 극우 조직 흑룡회의 설립자 우치다 료헤이內田良平(1874~1937)였다.

우치다 료헤이는 병합을 위해서는 한국 내각의 찬성이 있어야 하고 반대가 나오지 않게 잘 조치해야 한다고 충고했다. 그는 일진회의 고문이기도 해서 한국 사정을 잘 알고 있었다.

1910년 8월 4일 이완용은 일진회의 합방 청원을 반대했던 일은 까맣게 잊은 듯이 자신의 비서 이인직(『혈의 누』작가)을 통감부 외사국장 고마쓰 미도리小松綠에게 보내 병합을 제의했다. 일본이 아직 말도 꺼내기 전에 선수를 친 것이다. 이완용이 이렇게 한 것은 선수를 치지 않았다가는 송병준이 자기 자리를 차고 올라올 가능성이 있었기 때문이었다. 데라우치 입장에서는 누가 총리대신이건 상관이 없었다.

고마쓰 미도리도 놀란 모양이었다. 그는 후일 "그물도 치지 않았는데 물고기가 뛰어들었다"라고 그 일을 설명했다. 일본은 병합 조약문 작성에 들어갔다.

8월 16일 이완용은 일본에서 일어난 수재水災를 위로한다는 핑계를 대고 통역으로 농상공부대신 조중응을 데리고 통감부에 방문했다. 여기서 병합 조약문이 이완용에게 건네졌다.

이완용은 병합 조약문에서 두 가지 부분에 이의를 제기했다. 우선 데라우치는 황제를 대공으로 격하하려고 했는데, 이완용은 황제에게 왕 칭호를 허용해 달라고 했다. 그리고 국칭을 조선으로 바꾸지 말고 한국으로 쓰도록 해달라는 것이었다. 데라우치는 받아들일 수 없다고 이야기했다. 회담은 한 시간 만에 끝났다. 이완용은 일단 물러났다가 그날 밤 조중응을 다시 보내 왕 칭호와 국칭 한국은 절대 양보할 수 없고, 이를 무시하면 큰 혼란이 일어날 것이라고 말했다. 데라우치는 국호 문제는 자기 권한이 아니라고 말한 뒤, 황제를 이왕 전하, 태황제를 이태왕 전하로 칭하는 정도는 허락한다고 답했다. 이로써 협상도 끝났다.

8월 18일 한일 병합 조약이 내각에 상정되었다. 그런데 뜻밖의 일이 생겼다. 학부대신 이용직이 반대한 것이다. 이용직의 반대로 조약은 내각을 통과하지 못했다. 이완용은 당황했다.

8월 19일 궁내부대신 민병석과 시종원경 윤덕영을 불러 협조를 요청했다. 두 사람이 주저하자 이완용은 데라우치에게 일러바쳐 이들에게 압력을 행사하게 했다. 그리고 반대파인 이용직은 일본 수해 위문 사절로 만들어 도쿄로 보내버렸다. 그러나 이용직은 이완용이 자신을 보낸 뒤 병합안을 처리하려는 속셈인 줄 알고 병을 핑계로 삼아 도쿄로 떠나지 않았다.

데라우치는 8월 21일 민병석과 윤덕영을 불러서 회유와 협박을 가했다. 이들은 쉽사리 굴복했다. 그날 밤 이완용은 순종을 찾아가 윤허를 받았다. 이어 이완용은 덕수궁으로 가 고종을 만났다. 이완용은 이렇게 말했다.

"신 등이 지금 합방 토의를 배척한다 하여도 송병준과 일진회 일당이 내각을 조직하여 신들을 대신하여 이 일을 단행할 것이 자명하니, 폐하께서는 대세를 살펴 신의 말을 용납하소서."

불과 몇 달 전에 합방을 반대하던 이완용이 병합안을 들고 나타났으니 고종으로서는 참담하고 놀라운 심경이었을 것이다. 어쩔 수 없다 생각하고 윤허한 고종은 이완용이 물러가자 통곡하며 이렇게 말했다.

한일 병합 조약의 전권위임장
순종의 이름인 '척坧'이 적혀 있지만 순종이 직접 쓴 서명이 아니다. 날조된 것이다.

"앞서 일진회가 합방을 제의했을 때 신 등은 죽는 한이 있더라도 그런 매국의 거사는 하지 않겠다고 비분강개한 것이 바로 이완용 아니더냐! 그렇거늘 그가 무슨 낯으로 짐을 본단 말인가!"

다음 날인 8월 22일 오후 1시 병합안을 놓고 어전 회의가 열렸다. 학부대신 이용직에게는 이 사실을 통보하지 않고, 심복을 보내 주의를 돌려놓았다. 아무 반대 없이 일사천리로 병합안을 처리한 이완용은 오후 4시 데라우치를 만나 병합안을 체결했다.

병합 조약 사실은 일주일간 발표를 유보했다가 8월 29일에 대내외에 공표되었다. 이렇게 이완용은 나이 쉰셋에 나라를 팔아먹었다. 한일 병합 후 그는 백작 작위를 받았고 총독부 중추원 고문에 임명됐다.

이완용만 나쁜 놈이 아니라는 주장도 있다. 그렇다. 이완용만 나쁜 놈이 아니다. 하지만 그렇다고 해서 이완용이 나쁜 놈이 아닌 것은 아니다.

이완용 못지않게 고종에게도 큰 책임이 있다. 망국 때 군주는 순종이지만 조선의 망국까지 실질적인 통치자는 고종이었다고 보는 것이 맞을 것이다. 고종은 44년이라는 오랜 기간 왕위에 있었다. 대원군이 집정한 10년을 뺀다 해도 엄청난 세월이었다. 그는 역대 훌륭했던 왕처럼 자신을 지지하는 세력을 키우고 그 힘으로 개혁을 단행할 시간이 있었으나 그런 일을 해내지 못했다. 마지막까지 붙들고 있었던 것은 결국 이씨 왕실의 안위뿐이었다. 이미 시대는 왕이 홀로 정사를 돌보는 때에서 벗어났다. 1919년 대한민국 임시 정부는 군주 국가 조선이 멸망한 지 불과 9년 만에 공화국을 선포했다.

을사 보호 조약 체결 때 외무대신을 지낸 바 있던 민영환이 자결했다. 한일 병합 조약이 알려졌을 때 매천 황현은 음독자살했다. 이 당시 자결은 항의의 극단적 표현이었다. 현재까지 알려진 바만 살펴도 을사 보호 조약에 항의해 자결한 사람이 24명, 한일 병합 조약 때문에 자결한 사람이 46명이다. 황실이 스스로 나라를 외면할 때도 이 땅의 진정한 주인인 백성들은 목숨을 걸고 저항했다.

참고 도서

강명관, 『가짜 남편 만들기, 1564년 백씨 부인의 생존전략』, 푸른역사, 2021.

구범진, 『병자호란, 홍타이지의 전쟁』, 까치, 2019.

국립진주박물관, 『임진왜란과 도요토미 히데요시』, 부키, 2003.

계승범, 『모후의 반역』, 역사비평사, 2021.

김영진, 『임진왜란』, 성균관대학교출판부, 2021.

손승철, 『조선통신사, 일본과 통하다』, 동아시아, 2006.

신류, 계승범 역, 『북정록』, 서해문집, 2018.

신효승, 『전쟁으로 보는 한국 근대사』, EBS BOOKS, 2022.

유성룡, 이재호 역, 『국역 징비록』, 서애선생기념사업회, 2001.

윤은숙, 『몽골제국의 만주 지배사』, 소나무, 2010.

이민웅, 『임진왜란 해전사』, 청어람미디어, 2004.

이성무, 『조선시대 당쟁사』 1, 2, 동방미디어, 2000.

이순신, 노승석 역, 『교감완역 난중일기』, 민음사, 2010.

정요근 외, 『고려에서 조선으로』, 역사비평사, 2019.

조동걸, 『한국독립운동사 총설』(우사 조동걸 전집 3권), 역사공간, 2011.

조재곤, 『그래서 나는 김옥균을 쏘았다』, 푸른역사, 2005.

존 B. 던컨, 김범 역, 『조선왕조의 기원』, 너머북스, 2013.

최봉영, 『영조와 사도세자 이야기』, 한국학중앙연구원, 2013.

최용범 · 이우형, 『하룻밤에 읽는 한국 근현대사』 개정 증보판, 페이퍼로드, 2019.

한명기, 『병자호란』 1, 2, 푸른역사, 2013

헨드릭 하멜, 김태진 역, 『하멜 표류기』, 서해문집, 2003.

참고 논문

강명관, 「조선 초기 실행 여성에 대한 도덕 권력의 처벌 – 조화의 처 이씨의 경우」, 『여성연구논집』 28, 2018.

계승범, 「의병의 개념과 임진의병」, 『서강인문논총』, 2012.4.

권내현, 「한국사 교과서 조선시대 신분제 서술의 함의와 오류」, 『역사교육논집』 81, 2022.

김순남, 「조선전기 만포진과 만포첨사」, 『사학연구』 97, 2010.3.

김정신, 「무오사화를 둘러싼 정치론의 갈등과 그 성격」, 『한국사연구』 168, 2015.

박경, 「서얼 관직 진출 관련 법과 논의에 반영된 조선의 친족 질서」, 『국학연구』 40, 2019.11.

─── , 「중부(重父) 관념을 통해 본 조선 전기의 종량(從良) 정책」, 『조선시대사학보』 70, 2014.9.

배재홍, 「조선 태조 이성계의 고조 목조 이안사와 삼척」, 『조선사연구』 12, 2003.10.

서정화, 「유교 담론의 자장과 순국의 관계성 ―한말·일제강점기의 자결순국을 중심으로」, 『국어문학』 75, 2020

소순규, 「여말선초 전제개혁의 역사적 성격에 대한 재검토 ─ '사전 개혁'에 관한 비판적 관점에서」, 『한국사연구』 190, 2020.9.

오수창, 「병자호란에 대한 기억의 왜곡과 그 현재적 의미」, 『역사와현실』 104, 2017.

윤은숙, 「14~15세기 우량카이 3위와 몽골·명 관계」, 『명청사연구』 43, 2015.4.

윤훈표, 「고려말 이성계의 군사 활동과 조선 건국 주도 세력의 결집 양상」, 『한국사학사학보』 33, 2016.6.

이상훈, 「고려말 왜구토벌의 전략과 전술」, 『군사연구』 134, 2012.

장경준, 「18-19세기 노비 호구수 변화 양상에 대한 재검토 ─ 호적대장을 바라보는 새로운 시각」, 『역사민속학』 52, 2017.6.

장정아·이상현·이은령, 「외국문학텍스트로서 고소설 번역본 연구(Ⅱ): 홍종우의 불역본 『심청전』 Le Bois sec refleuri와 볼테르 그리고 19세기 말 프랑스문단의 문화생태」, 『한국프랑스학논집』 95, 2016.

전해종, 「한중조공관계고: 한중관계사의 조감을 위한 도론」, 『동양사학연구』 1, 1966.

정완희·민승식, 「칠천량해전과 명량해전의 유형 전투력 분석」, 『국방』 91, 2014.6.

조용철, 「조선 초기 여진 관계의 변화와 동북면 지역 진출 과정 ─ 세종 14년(1432) 영북진 설치 이전 시기를 중심으로」, 『역사학보』 233, 2017.3.

지승종, 「조선전기 '노비소유의 계기'에 관한 연구」, 『마르크스주의 연구』 15, 1997.2.

최이돈, 「조선초기 천인천민론(賤人天民論)의 전개」, 『조선시대사학보』 57, 2011.6.

허태근, 「대종교 중광 전후 나철의 구국활동과 영향」, 『역사와 경계』 100, 2016.9.

도판
출처

저자 제공: 242p, 246p, 250p

간송미술관: 87p

경기도미술관: 27p

국가기록원: 366p

국립고궁박물관: 23p, 84p(자격루), 106p, 342p

국립중앙도서관: 124p

국립중앙박물관: 84p(혼천의), 349p, 365p(외규장각 의궤), 374p(데니의 태극기), 384p(「독립신문」)

국사편찬위원회: 375p

대구향교: 156p

동학농민혁명기념재단: 376p

문경 옛길박물관: 58p

문화재청: 31p, 81p(「승정원일기」), 83p, 192p, 218p, 240p, 336p, 355p(김정희의 글씨), 362p, 383p, 384p(독립문)

서울역사박물관: 117p

서울역사편찬원: 81p(경복궁 수정전), 182p, 274p

안중근의사기념사업회: 402p

우리역사넷: 85p, 229p, 231p, 268p, 344p, 355p(〈세한도〉), 365p(정족산성)

위키피디아: 34p, 84p(앙부일구), 100p, 206p, 211p, 311p, 360p, 371p, 382p, 385p, 392p, 394p, 406p

제승당 관리사무소: 205p, 237p

토지주택박물관: 36p

한국천문연구원: 84p(간의)

한국학중앙연구원: 63p, 82p, 338p, 370p(ⓒ유남해), 280p, 363p(ⓒ김연삼), 374p(「한성순보」),

개인 소장(주한 프랑스 공사 프랑댕의 후손 칼메트): 381p(구 러시아 공사관 전경)

Frederick Mckenzie, *The Tragedy of Korea*(Dutton, 1908): 399p

Hendrik Hamel, *Journael van de Ongeluckige Voyagie van't Jacht de Sperwer*(Stichter, 1668): 300p

L'Illustration(1907년 9월 7일 자 기사): 393p

『李王家紀念写真帖』(半島時論社, 1919): 397p

하룻밤에 읽는
조선시대사

초판 1쇄 발행 2022년 12월 20일
초판 2쇄 발행 2023년 12월 20일

지은이	이문영
펴낸이	최용범
편집	이자연, 예진수
디자인	김규림(본문), 황규성(표지)
관리	이영희
인쇄	㈜다온피앤피

펴낸곳	페이퍼로드
출판등록	제10-2427호(2002년 8월 7일)
주소	서울시 동작구 보라매로5가길 7 1322호
이메일	book@paperroad.net
페이스북	www.facebook.com/paperroadbook
전화	(02)326-0328
팩스	(02)335-0334
ISBN	979-11-92376-12-7(03910)